财经
法治

投服中心系列丛书
China Securities Investor Services Center

投服研究

第4辑·2018年

郭文英　徐　明◎主编

ISC Research

法律出版社
LAW PRESS·CHINA

投服研究

ISC Research

总 序

2018 年金秋，中证中小投资者服务中心（以下简称投服中心）主编的“投服中心系列丛书”终于与大家见面了。投服中心是中国证监会直属的证券金融类公益机构，成立 3 年来，不忘初心，始终坚守保护中小投资者合法权益的使命，积极探索投资者保护新路径，努力引导投资者理性投资、全面知权、积极行权、依法维权。“投服中心系列丛书”的出版是对“知权、行权、维权”工作的一个总结，希望借此契机能凝聚一批法学学者、市场实务人士等专家对资本市场的热点难点问题进行长期的探讨研究。

自 2014 年成立以来，投服中心在中国证监会党委的领导和部署下，在证监会投资者保护局的指导和相关部门、各派出机构的支持下，在证监会系统兄弟单位和社会各界的大力支持下，从中小投资者权益保护和救济诉讼的实际需求出发，创新了一套适合我国资本市场中小投资者保护的机制和实现路径——以投资者教育工作为基础，通过事前持股行权、事中纠纷调解、事后支持诉讼来切实维护广大中小投资者的合法权益。投资者是资本市场发展的重要基石，培育良好的投资者群体，保护好广大中小投资者合法权益，是促进资本市场健康发展的重要一环，直接关系维护社会的公平正义，直接关乎亿万人民群众的切身利益。但中国资本市场的中小投资者既是数量上的多数，又是专业知识、投资理念、维权能力等方面的“弱势少数”，因此，中小投资者合法权益时常受到漠视甚至侵害。长期以来，中小投资者权益保护问题既是资本市场的一个宏观问题，又是要落实到每位投资者身上的微观问题。如何从立法层面更细致地规定中小投资者保护的内容，形成法律、行政法规、部门规章及操作性指引；如何从司法层面推动示范判决制度、探索强制调解机制等制度的建设；如何从监管层面创新机制，加大对侵害中小投资者合法权益的违法违规行为的打击和惩罚力度,更多地保护中小投资者的合法权益;如何帮助中小投资者树立权利意识,建立长期投资、价值投资理念,强化风险意识,提高维权能力。这些问题的解决都不是一蹴而就的,我们需要扎根于中国资本市场的土壤,需要政策、法律的研究,需要投保机制的创新,需要与广大中小投资者面对面的交流。为此,投服中心出版系列丛书,以投服中心工作为蓝本,研究了一些热点问题,探索了一条"投服模式"的投资者保护道路,积累了一些经验分享给读者。

"投服中心系列丛书"由《投资者权益知识读本》《重大资产重组行权案例评析》《纠纷调解案例评析》《支持诉讼维权案例评析》《投服研究》等书组成。其中《投资者权益知识读本》登载的"权益360"系列文章,根据我国资本市场和广大投资者的实际情况,接地气、聚人气,本着知识性、实用性、趣味性的宗旨,为投资者普及权益知识。《重大资产重组行权案例评析》《纠纷调解案例评析》《支持诉讼维权案例评析》汇集了投服中心持股行权、纠纷调解及支持诉讼工作中具有代表性的实际案例,旨在进一步发挥投服中心示范引领作用,唤醒广大中小投资者的股东意识,督促上市公司提高依法运营水平;以及进一步探讨在全国范围内的建立调解合作、小额速调、诉调对接、证券支持诉讼示范判决等机制。《投服研究》选取了投服中心课题中较突出的研究报告,包含投资者交易行为研究、上市公司章程反收购条款效力研究、证券市场投资者保护条例等一系列资本市场热点、难点问题的研究。"投服中心系列丛书"综合了普及性、专业性及学术性的特点,面向广大投资者、上市公司及专家学者等群体,期望与其一道共同推动中小投资者权益保护工作。

我们希望,"投服中心系列丛书"是一涓细流,能不断汇集中国资本市场土壤上的经验与创新机制,不断丰富学术理论,不断普及权益知识。我们相信,中国中小投资者保护事业能在资本市场各方的努力下,共同谱写新的篇章。

2018年8月

目　　录

第一篇

资本市场民事赔偿金、行政罚款与刑法罚金制度研究*

ISC

Research

* 本课题承接方为香港中文大学。课题负责人：黄辉；课题组成员：肖宇、李海龙、黄江东。

前　言

本篇对我国资本市场民事赔偿金、行政罚款与刑法罚金制度的关系进行了全面和深入的研究，指出了民事赔偿责任优先原则的现实困境。在此背景下探讨了民事赔偿责任优先原则的法理基础，分别讨论了如何实现民事赔偿责任优先原则的几个路径，包括国库管理制度上证券罚没款的暂缓入库和申请退库机制、让保荐机构等责任主体先期赔付的机制和将证券罚没款用于赔偿投资者损失的公平基金机制等，考量其各自的优缺点，进行可行性分析，并对相关程序的协调和衔接进行顶层设计，在借鉴境外相关经验和考虑我国本土条件的基础上提出完善建议，以提升我国资本市场投资者保护水平。

虽然我国包括证券法在内的相关法律明确规定了民事赔偿责任优先原则，然而，在现实中该原则经常难以实现的一个主要原因是证券民事赔偿诉讼的前置程序要求，即提起民事赔偿诉讼的前提是对证券不当行为已经进行了行政处罚或刑事判决。由于行政处罚和刑事制裁在时间上先于民事赔偿，而违法者财产有限，在缴纳完行政处罚没款或刑事罚金后可能已没有足够资产去赔偿投资者。

民事赔偿责任优先原则的法理基础在于，体现了证券法保护投资者的核心价值目标，彰显了新时代中国特色社会主义的民本思想，在投资者权益保护和心理抚慰等方面具有独特的作用，符合法金融学的理论逻辑和实证结果，并契合国际潮流和我国需要保护中小投资者的特殊国情。因此，很有必要加强民事赔偿责任优先原则的实现机制。

对于实现民事赔偿责任优先原则的几个路径进行的分析表明：第一，证券罚没款暂缓入库和申请退库两种路径都存在较大的现实操作难度，存在较明显的体制性障碍，因而难以作为近期方案，只可作为中长期方案予以考虑；第二，先期赔付制度在我国已经有成功案例,而且证券法的修订稿也明文规定了该制度,故而现实可行性很大,可以作为近期方案,但该制度在适用范围上存在局限性;第三,公平基金制度旨在将证券罚没款用以补偿由于证券不当行为而受害的投资者的损失,而不是传统上的将其直接上交国库,该机制与民事诉讼赔偿和证券先期赔付制度等相互补充,其引进虽然存在一些体制性问题,但值得争取和尝试。

最后,本篇在程序上提出证券行政处罚、证券刑事诉讼与民事赔偿诉讼、先期赔付机制有效对接、交叉进行的设想。比如,在证券行政处罚程序中,证监会作出行政处罚事先告知之后,而不是最终的处罚之后,就可以提起民事赔偿诉讼或启动先期赔付程序等,待投资者经济损失得到赔偿后,证监会在考虑违法行为人已赔偿的基础上,再从轻或减轻予以行政处罚。

引　言

我国《证券法》第232条规定："违反本法规定，应当承担民事赔偿责任和缴纳罚款、罚金，其财产不足以同时支付时，先承担民事赔偿责任。"2017年刚颁布的《民法总则》第187条也明确规定："民事主体因同一行为应当承担民事责任、行政责任和刑事责任的，承担行政责任或者刑事责任不影响承担民事责任；民事主体的财产不足以支付的，优先用于承担民事责任。"此外，《公司法》《侵权责任法》《刑法》及相关司法解释等众多法律，都在条文中明确规定了"民事赔偿责任优先"的原则，可见，该原则已被我国现行法全面确认。

虚假陈述等证券不当行为通常引发多种法律责任，包括行政责任、刑事责任和民事责任。在这些法律责任发生竞合的情况下，虽然上述的民事赔偿责任优先原则已经明文确立，但在现实中经常难以实现。其中一个主要原因是，2003年最高人民法院发布《关于审理证券市场因虚假陈述引发的民事赔偿案件的若干规定》（法释〔2003〕2号）为虚假陈述民事赔偿诉讼的提起规定了前置程序，即提起民事赔偿诉讼的前提是对于证券不当行为已经进行了行政处罚或刑事判决。由于行政处罚和刑事制裁在时间上先于民事赔偿，而违法者财产有限，在缴纳完行政处罚没款或刑事罚金后可能已没有足够资产去赔偿投资者。

自2015年5月实行立案登记制改革以来，国内有些法院取消了上述的前置程序，投资者起诉就会获得受理，但有不少法院仍在坚持前置程序规定，甚至有些法院一开始取消了前置程序但后来又恢复了前置程序。究其原因，主要有以下几点。首先，当初最高人民法院引入前置程序的理由就是，法院缺乏经验和能力去处理复杂的证券诉讼案件，而需要依赖证券监管机关的专业判断。虽然虚假陈述民事赔偿诉讼已经开展了10多年，但上述状况仍然存在。其次，如果不通过前置程序对证券诉讼进行控制，证券诉讼的数量可能过多，将使审判资源本已非常紧张的法院更加无法承受。最后，从投资者保护的角度来看，前置程序对提高民事诉讼的胜诉率和赔付率有积极的作用。研究发现，在美国的证券民事诉讼中，虚假陈述行为的事实和责任认定经常是一个非常困难的问题，涉及信息的重大性标准、尽职调查标准以及行为人的主观心理状态等，使原告方很难事先预测诉讼结果，从而导致现实中的赔付率很低。但在中国，由于前置条件的存在，这一难题在中国的证券民事诉讼中根本不存在，因为在证监会对证券欺诈行为进行处罚之后提起民事诉讼，就绕开了对违法行为事实认定的难点问题，从而有助于提升诉讼的胜诉率和赔付率。①

由于民事赔偿责任优先原则存在实施难度，我国证券虚假陈述民事赔偿案件的提起率远低于预期，提起案件后诉讼时间非常漫长，而且，很多案件在胜诉后由于被告无力支付赔偿金而使判决无法有效执行，导致现实中投资者保护严重不足。② 在内幕交易和市场操纵等违法案件中，民事责任优先原则的实现问题更为突出。近年来，我国加大了对于内幕交易和市场操纵等违法行为的打击力度，进行顶格处罚的频率明显增加，多次出现巨额的罚金或行政罚款。譬如，2017年1月23日，青岛中级人民法院对被告人徐某、王某、竺某操纵证券市场案进行一审宣判，被告人徐某、王某、竺某犯操纵证券市场罪，分别被判处有期徒刑5年6个月、有期徒刑3年、有期徒刑2年缓刑3年，同时并处罚金，其中，徐某个人此次被处罚金金额高达110亿元！③ 另外，2017年3月30日，证监会对鲜某操纵市场和信息披露违法行为作出行政处罚，没收违法所得5.78亿元，并按照违法所得的5倍进行顶格罚款，金额为28.92亿元之巨。④ 这些罚金和罚款金额巨大，且对于个人作出，因此，违法者在支付上述处罚金额之后，是否还有能力全面赔偿中小投资者的损失，已经成为一个需要我们认真面对和思考的现实问题。

本篇将综合运用法教义学、比较研究和实证分析等多种研究方法，充分发挥课题组成员来自境内外、高校和监管机关的背景优势，对于上述问题进行全面和深入

① 参见黄辉：《注册制改革背景下的虚假陈述民事赔偿制度：现状与未来》，载《经济法研究》2016年第2期。

② 参见黄辉：《中国证券虚假陈述民事赔偿制度：实证分析与政策建议》，载黄红元、徐明主编：《证券法苑》（第9卷），法律出版社2013年版，第757～798页。

③ 《徐翔犯操纵证券市场罪一审被判五年半罚110亿》，载网易财经：http://money.163.com/17/0123/11/CBF9MSVQ00258169.html，最后访问日期：2018年3月12日。

④ 中国证监会行政处罚决定书（鲜某），〔2017〕29号。

的研究。本篇结构如下：第一章探讨民事赔偿责任优先的法理基础。此后的三个部分逐次讨论解决问题的几个路径，考量其各自的优缺点，进行可行性分析。第二章探讨国库管理制度上证券罚没款暂缓入库和申请退库的可能性。第三章探讨保荐机构等责任主体先期赔付的机制。第四章探讨证券罚没款用于赔偿投资者损失的公平基金制度。第五章是对相关程序的协调和衔接进行顶层设计。最后是结论，归纳和提出相关的建议。

第一章　民事赔偿责任优先的法理基础

一、体现证券法保护投资者的核心价值目标

一般而言，从法的价值的内生性出发，法能指引人们遵守法律规范，评价人们的法律行为，使人们能够预测自身行为产生的法律后果，从而有意识地规避违法行为的产生；从法的价值的外延性出发，通过法的规范作用，对不法行为进行惩戒，纠正其产生的负面社会效果。法的内生性与外延性相结合，规制不法行为，平衡各方利益，从而达到维护社会秩序、促进社会公平、捍卫社会正义的目标。

保护投资者的合法权益是我国证券法领域立法和执法所期望达到的目标。《证券法》第1条规定，“为了规范证券发行和交易行为，保护投资者的合法权益，维护社会经济秩序和社会公共利益，促进社会主义市场经济的发展，制定本法”。由此可见，对投资者合法权益的保护是我国《证券法》所希望达到的社会目的之一，也体现了《证券法》的最终价值取向。此外，《证券法》第232条规定，“违反本法规定，应当承担民事赔偿责任和缴纳罚款、罚金，其财产不足以同时支付时，先承担民事赔偿责任”。故为了实现前述价值目标，应当将民事责任优先作为一项原则予以确立。

然而，在现实中，在针对证券市场主体违反禁止性规定而施加法律责任时，绝大多数都是诸如吊销资格证书、责令停业或关闭、没收违法所得、罚款等行政责任以及当该违法行为构成犯罪时产生的刑事责任，而对民事责任的追究寥若晨星。此种现象反映了多年来我国经济立法中长期存在的重行政、刑事责任而轻民事责

任的倾向。[①] 该倾向使我国证券法的价值目标与实际操作背离，投资者权益缺乏有效保护。要解决我国证券法目前价值目标与实际效果不切合的问题，需要进一步强化民事责任在证券领域的角色，民事责任优先将投资者私人利益的保护置于优先地位，是能够充分保障投资者利益的现实举措。民事责任优先通过优化执法程序来改善我国经济法领域重行政、刑事责任，轻民事责任的现状，有利于我国《证券法》投资者利益保护价值目标的实现。

二、彰显新时代中国特色社会主义的民本思想

进言之，民事赔偿责任优先是民本思想的体现。北宋政治家司马光指出，"天地所生财货百物，止有此数，不在民间则在公家"，[②]此言形容因证券违法行为需要支付的金额尤为贴切。证券违法者既要支付罚款又要支付赔偿，意味着其财产需要在国家财政收入与公民赔偿金额之间分配，固定金额的公私占比存在此消彼长的矛盾，而且，现实中证券违法者财力有限，经常无力同时支付罚款和赔偿。如果民事赔偿责任不优先实现，就会导致国家与民争利的问题，即巨额的行政或刑事罚没款上交国库但投资者无法获得经济赔偿，出现"国库吃饱，百姓趴倒"的现象。

长久以来，我国就有国不与民争利的思想。西汉司马迁将国家的经济政策分为五等："善者因之，其次利道之，其次教诲之，其次整齐之，最下者与之争。"[③]但是，在中国古代，由于专制体制等原因，该思想并未产生大的效用。[④] 改革开放以来，随着我国市场经济的发展，国不与民争利等传统民本思想对于公民财产权利的保障、市场机制的发挥具有重要的理论指导意义。2017 年 12 月 19 日到 21 日，中央经济工作会议首次提出了"习近平新时代中国特色社会主义经济思想"，其中在民生方向重点着墨，努力让老百姓有更多的获得感。民事责任让受害投资者切实地获得赔偿，强调民事财产权利优先于国家财政收入，符合我国在新时代中国特色社会主义背景下的民本思想。

---

① 参见王利明：《我国证券法中民事责任制度的完善》，载《法学研究》2001 年第 4 期。

② 司马光：《传家集·卷三十四》。

③ 《史记·货殖列传》。

④ 参见曹钦白：《论中国古代经济思想中的"国不与民争利"》，载《财政监督》2016 年第 22 期。

从实际效果来看,罚款对国家财政和赔偿以及对个体投资者具有迥然不同的意义。刑法财产刑的罚金与没收财产和行政责任的罚款与没收最终是上缴国家财政,而民事赔偿责任的执行结果是交付给利益受损害方。罚金、没收财产和行政罚款并不是国家财政的主要来源,其在国库收入中的作用甚微。[①] 根据我国财政部发布的《2016年财政收支情况》,我国1~12月累计,全国一般公共预算收入159,552亿元。[②] 根据证监会发布的《2016年行政处罚情况综述》,罚没金额共计42.83亿元,[③]在总体财政收入中占比仅为0.002%。更重要的是,罚没金额上缴国库后,受损投资者难以从罚没金额中直接获益,其受损利益难以得到填补,从而缺乏获得感。

后文将要述及,我国证券市场上的中小个人投资者所占比重较大,风险承担能力较弱。很多投资者的收入水平并不高,因此,证券违法行为给他们带来的经济损失可能难以承受,甚至对正常生活都产生影响。根据中国证券投资者保护基金有限公司发布的《中国证券投资者综合调查分析报告(2012年)》,我国证券投资者2012年家庭总收入低于15万元的高达81.57%;[④]根据中国证券投资基金业协会发布的《基金投资者情况调查分析报告(2014年度)》,2014年基金个人投资者税后收入在15万元以下的所占比例为85%;[⑤]而我国香港特别行政区股票投资者家庭月收入中位数就已高达45,000港元,[⑥]美国家庭平均收入5万美元以上的达到75%,[⑦]远高于我国内地投资者收入水平。我国证券投资者的家庭收入所能承载的风险系数远低于发达国家或地区的水平。因此,当投资者投资受损时,我国证券投

---

① 参见李明发:《民事赔偿责任优先的理论基础及其法律构建》,载《江淮论坛》2014年第6期。

② 资料来源:《2016年财政收支情况》,载财政部网:http://gks.mof.gov.cn/zhengfuxinxi/tongjishuju/201701/t20170123_2526014.html,最后访问日期:2018年1月3日。

③ 资料来源:《2016年行政处罚情况综述》,载中国证券监督管理委员会网:http://www.csrc.gov.cn/pub/newsite/zjhxwfb/xwdd/201612/t20161230_308832.html,最后访问日期:2018年1月3日。

④ 资料来源:《中国证券投资者综合调查分析报告(2012年)》,载中国证券投资者保护基金有限公司网:http://www.sipf.com.cn/images/NewCH/zxdc/2013/03/01/EC3861DC3E3764896A8CB1DC5F4E94C7.pdf,第43页,最后访问日期:2018年3月12日。

⑤ 资料来源:《基金投资者情况调查分析报告(2014年度)》,载中国证券投资基金业协会网:http://www.amac.org.cn/tjsj/sjbg/389549.shtml,第10页,最后访问日期:2018年3月12日。

⑥ 资料来源:《2014年个人投资者调查》,载香港交易及结算所有限公司网:https://www.hkex.com.hk/-/media/HKEX-Market/News/Research-Reports/HKEX-Surveys/Retail-Investor-Survey_2014/RIS2014.pdf? la=en,第1页,最后访问日期:2018年3月12日。

⑦ Investor Education Fundation: Investors in the United States 2016, http://www.usfinancialcapability.org/downloads/NFCS_2015_Inv_Survey_Full_Report.pdf, p.3, Mar. 12, 2018.

资者的基本生活更容易被影响。民事责任能直接赔偿受损害的投资者，直接填补投资者损失，对投资者个人意义重大。而部分罚没金额的缺失对国家整体而言并不会产生重大不利影响，国家承受损失的能力要远远强于一般债权人。[①] 因此，民事责任优先，不仅是国不与民争利思想的体现，更是我国新时代保障民生政策的具体措施。

三、发挥民事赔偿责任对投资者权益保护和心理抚慰的独特作用

法律责任是指因违反了法定义务或者契约义务，或不当行使法律权利、权力所产生的，由行为人承担的不利后果。我国法律责任主要分为民事责任、刑事责任和行政责任，每类责任都有其独有的功能和意义，因此其侧重点也各有差异。民事法律责任是指违反民事法律规定所应承担的不利后果，民事责任主要是财产责任，其目的是补偿受损一方；在证券法领域，民事责任的主旨在于修复被破坏的投资者与责任主体之间的民事法律关系，为遭受损失的投资者挽回损失，维护受害投资者的民事权利和微观个体利益。[②] 行政法律责任是行政法律关系主体由于违反行政法律义务构成行政违法而应承担的否定性的法律后果，它是由行政违法主体向国家承担的责任；[③]在证券领域，行政责任的主旨在于修复被破坏的监管者与违法者之间的行政法律关系，恢复应有的证券市场秩序，维护广大证券投资者的整体利益。[④] 刑事法律责任即违反刑事法律规定所应承担的法律后果，包括财产刑与自由刑，其实质是强制犯罪者向以国家为代表的社会所承担的责任；[⑤]在证券领域，刑事责任对最严重的证券违法行为进行制裁，以达到遏制犯罪，维护社会公共利益的目的。

刑事责任、行政责任与民事责任的功能不同。刑事责任、行政责任具有惩罚性，其着力点为整体利益（证券市场整体利益或社会公共利益），其主要目的是规制和威慑不法行为。行政责任与刑事责任中不仅存在罚金、没收违法所得等财产性

① 参见胡纪平：《财产刑与民事执行的竞合及其处理》，载《当代经济》2007 年第 9 期。

② 参见刘俊海：《论证券市场法律责任的立法和司法协调》，载《现代法学》2003 年第 1 期。

③ 参见任志宽：《行政法律责任概论》，人民出版社 1990 年版，第 1 页。

④ 参见刘俊海：《论证券市场法律责任的立法和司法协调》，载《现代法学》2003 年第 1 期。

⑤ 参见杜飞进：《试论法律责任的若干问题》，载《中国法学》1990 年第 6 期。

罚没规定,也存在吊销执照、人身刑等其他惩罚措施。但财产的罚没规定与自由刑、吊销资质等处罚手段的功能具备一致性,都为威慑手段,而不能增加财政收入。而民事责任具有补偿性,赔偿规定是其保护当事人利益的主要措施。为达到最优效果,刑事责任、行政责任、民事责任的承担比例应当基于不同情况进行调整,有所侧重。在我国证券市场中投资者的脆弱性决定了其需要被给予特殊保护,因此应当优先保障民事责任功能的发挥即民事责任优先。

刑事、行政责任的可替代性与民事责任的不可替代性。刑事责任与行政责任的处罚手段更加多样化,基于刑责适当,不同责任之间的比例尚可相互协调,如侵害人的行政责任除了罚没之外,还可以用其他行政处罚、行政处分来惩戒,刑事责任也可以用施加自由刑加以威慑。而对投资者的损失仅能用民事责任的承担加以填补,其他责任措施很难产生与赔偿相匹配的救济效果。

心理学相关研究表明,民事赔偿对于受害投资者具有独特的心理抚慰效应。如果拒绝民事责任优先,投资者获得赔偿的权利则让位于国家。根据相对剥夺理论,某一主体想要获得某一标的物,该主体认为其获得该标的物是有权并可行的,却获取失败并且该等失败不可归责于该主体,在此情况下其他类似主体获得了该标的物,这一主体便会产生相对剥夺感的愤懑情绪。① 虽然国家与个人不能类比为相似主体,但是在某种意义上说,同一犯罪行为所产生的刑事责任、行政责任、民事责任具有平等性,所以当本应补偿给投资者的金额转移到国家财政,也将引起投资者相对剥夺感的产生。如果无法在一国证券市场得到足够保护,投资者会提高对该国证券市场的风险估值,基于损失厌恶理论,即对于投资者来说,一些有风险的投资在投资者的近视评估下会变得没那么有吸引力,②从而减少在该国的投资。投资者的投资欲望降低,对一国的证券市场发展显然是不利的。

投资者不满、愤怒等情绪产生和扩张也会增加社会的不稳定因素,可能引发从糟糕的身心健康到群体行为。③ 在2008年经济危机期间,我国香港特别行政区部分投资者由于购买迷你债券而损失惨重,由于未得到相应补偿而组织了多次游行

---

① Crosby F, "A Model of Egoistical Relative Deprivation", *Psychological Review*, 1976, Volume 83(83), p. 85.

② 参见张希、黄登仕:《基于决策者身份视角的损失厌恶实验研究综述》,载《西南交通大学学报》(社会科学版)2017年第1期。

③ 参见孙灯勇、郭永玉:《相对剥夺感:想得、应得、怨愤于未得》,载《心理科学》2016年第3期。

示威活动。与之相反，民事责任优先确保投资者最大限度地获得赔偿金额，有利于营造和谐的投资氛围，促进社会稳定。

受损害投资者作为证券违法行为中最大最直接的受损方，应当被给予足够的关注与赔偿。刑事、行政责任的惩戒着眼于整体利益，无法实现对投资者的直接救济；民事责任的赔偿属性与不可替代性决定了民事责任在投资者保护中的基础性作用。民事责任优先是对民事责任的进一步强化，对投资者的救济更加直接与全面。民事责任优先对于投资者心理也具有抚慰作用，避免了投资者因不能获得足额赔偿而产生不满、愤懑的情绪，对于维护社会稳定有重要的意义。

四、符合法金融学的理论逻辑和实证结果

法金融学是 20 世纪 90 年代兴起的一门将法学运用至金融分析的学科，该理论宏观层面的核心思想为一国金融市场发展的程度与一国对投资者的保护力度呈正相关关系，即一国投资者保护机制越完善，其金融市场发展越蓬勃；一国投资者保护机制越弱化，其金融市场发展越疲软。① 从法金融学的观点出发，要提升一国证券市场的发展水平，立足点在于，无论是立法还是执法都必须加强投资者保护的力度。

在证券市场中，投资者保护机制主要体现为民事责任，即通过民事赔偿对投资者进行直接救济。我国证券民事诉讼存在前置程序的规定，即民事诉讼在行政或刑事程序完结后才可提起。因此，当被侵害人提起民事诉讼时，证券违法者大多已经履行完毕行政或刑事罚没责任。在证券违法者财产有限的情况下，因其已经支付了罚没款项，将无法向投资者支付足额赔偿。当投资者合法权益的保护沦为空谈，其继续参与证券投资活动的积极性将会大为降低。投资者投资积极性的降低会产生一系列连锁效应：证券市场投资减少、交易频次降低，资本市场规模缩小、活跃度下降；公司融资难度和成本增加，股票转让难度增大导致公司股权集中；股权集中使大股东操控公司的难度下降，中小股东受大股东侵害的风险增加；继而投资

---

① Porta R, Lopez-de-Silanes F, Shleifer A, et al., "Legal Determinants of External Finance", *The Journal of Finance*, Volume 52(3), 1997, p. 1149.

者对一国投资者保护机制进一步丧失信心,证券市场发展前景堪忧,甚至一国经济的发展也会因此受阻。而如果一国注重证券市场中对投资者权利的保护,在侵害人财产不足以支付全部责任所产生的赔偿、罚没金额时,选择民事责任优先,会极大地促进投资者信心的建立,从而提高其参与证券市场投资的积极性。投资者在一国证券市场中投资频次的提高、投资额的增加,将会使公司股权更分散,从而大股东或管理层难以擅权侵害中小股东利益,证券市场将会更稳定地发展。

民事责任优先的实现,对我国来说有特别的意义。在大众创业、万众创新的潮流下,该举措将有助于降低我国创业企业的融资难度。创业公司在我国证券市场中即能获得足够的外部融资,从而减少他国上市、发行债券的比例。融资难度的下降有助于加速我国创业企业的资本化进程,促进我国实体经济的发展。证券市场中强有力的投资者保护措施也有助于塑造积极正面的国际形象,吸引外国投资进入本国资本市场。不可否认,长期以来行政机制对我国证券市场起到了重要的规制和监督效用。然而,随着我国证券市场规模的扩大,根据证监会发布的我国证券市场概况统计数据,截至 2017 年 9 月,境内上市 A 股、B 股合计 3399 家,股票市值总价已达 568,928.61 亿元。[①] 巨大的体量、庞杂的监管事务使行政监管压力日益增大,行政监管资源的有限性使其难以对每一证券违法行为作出有效的反应。投资者作为证券市场的主要参与者,对证券市场的异常变化有着敏锐的嗅觉,因此提高投资者参与证券市场监督的积极性,有助于证券市场监督体系的优化,促进证券市场的健康发展。切实贯彻执行民事责任优先,投资者应得的赔偿额不会被行政、刑事罚没金额挤占,即在资源有限的情况下,投资者的经济利益将会得到更大程度的补偿。基于此,投资者参与证券市场监督与管理的活跃度将会提高,这样,一方面减轻了行政监管的负担,另一方面提高了证券市场监督的全面性和有效性。

强调民事责任优先是实现投资者保护的重要举措,不仅有助于一国金融市场的发展,而且携带着伴生福利,如改善国内融资环境,促进本国创业企业发展;调动投资者参与监督管理,减轻行政机关监管压力;提升国际形象,吸引境外投资等。

---

① 资料来源:《2017 年 9 月份证券市场概况统计表》,载中国证券监督管理委员会网:http://www.csrc.gov.cn/pub/zjhpublic/G00306204/zqscyb/201711/W020171106599933710223.xls,最后访问日期:2017 年 12 月 19 日。

五、契合国际潮流和我国需要保护中小投资者的特殊国情

域外经验表明,民事责任优先已成为国际潮流。比如,《英格兰刑事法庭权力法》第130条规定,①在被告的财产状况不允许既支付赔偿又支付罚款的情形下,法院应优先判定赔偿责任,但也可以同时判定支付罚金。从具体做法来看,现在很多国家和地区在面临违法行为产生的侵权责任、刑事责任、行政责任并存时,都倾向于优先保护受害人的民事权益。②

我国香港特别行政区也通过判例明确提出了民事责任优先的原则。在"香港证监会诉杜某案"(SFC v. Du Jun)中,③杜某被指控从事内幕交易等违法行为,香港特别行政区律政司提起刑事检控。与此同时,香港证监会也代表投资者提起了民事诉讼,要求杜某赔偿损失,民事诉讼提起后就被中止,等待刑事法院的判决结果。2009年9月18日,香港初审法院判决杜某的内幕交易罪名成立,相关惩罚包括7年监禁(这是香港特别行政区迄今为止由于内幕交易而判决的最长刑期)和高达23,324,117港元的罚金等。杜某随后上诉,3年之后的2012年9月20日,香港上诉法院作出裁决,维持杜某的内幕交易罪名,但将罚金数额从23,324,117港元降至1,688,000港元。

需要指出,降低罚金数额不是因为香港上诉法院认为杜某的内幕交易问题不严重,而是为了让杜某有钱去履行民事案件中的赔偿投资者的命令。香港上诉法院明确指出,刑事罚款数额的确定应当遵循三个原则:第一,通过罚款使得违法者不能从违法行为中获利;第二,罚款数额要在违法者的支付能力之内;第三,民事诉讼通过赔偿交易损失而保护投资者的目标非常重要,刑事罚款不应影响这一目标的实现。在本案中,杜某的资产有限,如果按照一审刑事判决支付了23,324,117港

---

① Powers of Criminal Courts(Sentencing)Act 2000, Article 130: Compensation orders against convicted persons.

(12) Where the court considers

(a) that it would be appropriate both to impose a fine and to make a compensation order, but

(b) that the offender has insufficient means to pay both an appropriate fine and appropriate compensation, the court shall givepreference to compensation(though it may impose a fine as well).

② 参见李明发:《民事赔偿责任优先的理论基础及其法律构建》,载《江淮论坛》2014年第6期。

③ HKSAR v. Du Jun[2012]HKEC 1280.

元的罚金,杜某将没有足够资产再去赔偿民事诉讼中的投资者。因此,香港上诉法院参考了民事诉讼的赔偿请求金额,将罚金水平进行相应调整,以保证民事诉讼的赔偿判决的执行。2013年12月12日,民事诉讼进行判决,法院作出杜某向受害投资者赔偿23,900,000港元的命令。2015年8月18日,香港证监会宣布,除了三名投资者无法联系之外,其他294位全部获得赔偿,赔偿总金额为23,086,314港元,赔偿率高达96.6%,从而有效保护了投资者的正当利益,有力维护了香港作为国际金融中心的地位。

从宏观角度来看,我国证券市场起步较晚,发展仍不完善,证券投资风险较高;从微观角度来看,目前我国的投资者多为非专业的个人投资者,个人投资者在证券市场的投资金额占比也维持在高位。根据《上海证券交易所统计年鉴(2017卷)》显示,截至2016年12月31日,股票投资者开户累计为16,994.8万户,其中自然人开户数量为16,936.5万户,占比99.66%,机构投资者开户数量为58.3万户,占比0.34%。2016年全年自然人投资者买卖净额-1896.27亿元,占比85.62%,一般法人与专业机构买卖净额合计为1441.15亿元,合计占比为13.62%。[①] 我国证券投资者的学历水平相较于发达国家或地区证券交易所的投资者的学历水平,总体上偏低。根据《上海证券交易所统计年鉴(2016卷)》,截至2015年年底,投资者拥有中专及以上学历的人员占比为76.41%。[②] 根据香港交易及结算所有限公司发布的《2014年个人投资者调查》,截至2014年年底,股票投资者中等教育及以上学历者占比为94%。[③] 随着证券产品的复杂化,证券投资者的专业能力也日益重要。如诱发2007~2008年经济危机的资产证券化产品,因投资者未理解其结构的复杂性,在购买相关投资产品时无法正确评估风险,从而遭受了巨额损失。我国投资者总体学历偏低,这在一定程度上也影响着其对证券产品风险的识别能力。同时,我国投资者非理性投资行为较普遍。根据《深交所2016年个人投资者状况调查》显示,超

---

① 《上海证券交易所统计年鉴(2017卷)》,载上海证券交易所网:http://www.sse.com.cn/aboutus/publication/yearly/documents/c/tjnj_2017.pdf,第623页、第625页,最后访问日期:2018年2月19日。

② 同上。

③ 《2014年个人投资者调查》,载香港交易及结算所有限公司网:https://www.hkex.com.hk/-/media/HKEX-Market/News/Research-Reports/HKEX-Surveys/Retail-Investor-Survey_2014/RIS2014.pdf?la=en,第14页,最后访问日期:2018年2月19日。

半数投资者至少每周交易一次，交易频率均值为 5.6 次/月；[①]而香港特别行政区的股票投资者 2014 年股票交易的中间数仅为 6 次/年；[②]美国证券市场投资者年交易数在 10 次以下的占比为 80%。[③] 由此可见，我国证券市场投资者交易频次明显高于美国、我国香港特别行政区市场的投资者，证券投资者盲目跟风交易行为在我国更常见。上述数据表明，自然人投资者在我国证券市场无论是数量还是交易总额都为压倒性占比。然而，由于投资者风险识别能力、专业水平有限以及非理性交易的特点，他们成为证券市场最脆弱的一环，需要被给予特别保护。

民事责任优先，在我国具有特殊的意义。我国经济发展水平、文化教育水平以及证券市场发展程度与发达国家（地区）存在差异，中小投资者的专业水平与风险承受能力相对较低，因此，中小投资者的脆弱性成为我国证券市场的特色。民事责任优先，基于优先保障投资者权益的原则，使投资者享有优先填补其损失的权利，可以有效缓解我国中小投资者的脆弱性，提高证券市场的稳定性。

下文将对于如何保障民事赔偿责任优先原则的问题提出几个可能的解决路径，在探讨时重点关注其可行性，并提出具体建议。从理论上讲，在这几个路径中，只要一个可以实现，就可基本保障民事赔偿责任优先原则。但它们各有优点和不足，也存在相互协调和衔接的问题，故一并探讨，以寻求最佳解决方案。

---

① 资料来源：《深交所 2016 年个人投资者状况调查》，载深圳证券交易所网：https://www.szse.cn/main/images/2017/03/16/20170316084922948.pdf，最后访问日期：2018 年 2 月 19 日。

② 资料来源：《2014 年个人投资者调查》，载香港交易及结算所有限公司网：https://www.hkex.com.hk/-/media/HKEX-Market/News/Research-Reports/HKEX-Surveys/Retail-Investor-Survey_2014/RIS2014.pdf? la = en，第 19 页，最后访问日期：2018 年 2 月 19 日。

③ Investor Education Fundation: Investors in the United States 2016, http://www.usfinancialcapability.org/downloads/NFCS_2015_Inv_Survey_Full_Report.pdf, p.5, Mar.12, 2018.

第二章 国库管理制度上证券罚没款暂缓入库和申请退库：可能性探讨

虽然行政处罚和刑事罚金先于民事责任得到执行，但如果能够建立行政处罚和刑事罚金暂缓入库制度或申请退库制度，则投资者经济损失也能得到有效弥补，但这就牵涉我国财政国库管理制度问题。学者关于国库相关财政制度的相关文献，多为对具体国库财产的经济效率研究、宏观效应研究、支付制度研究与监管体系研究，涉及国库资金调拨的文献寥寥。法学学者虽然意识到民事赔偿优先原则难以实现的困境并试图给出解决方案，包括证券罚没款的暂缓入库和财政回拨等途径，[①]但较简略，没有进行深入探讨，特别是可行性分析。因此，本章拟针对证券罚没款探讨暂缓入库和财政回拨机制的现实可能性，并对其利弊作出比较分析，以便决策参考。

一、我国国库管理的基本制度

根据《国家金库条例》（1985 年）和《预算法》（2014 年）（以下简称《预算法》），国家金库（以下简称国库）是由中国人民银行经理，并且受到财政部的指导和监督。国库担负着国家预算资金吸纳和库款的支拨、代理政府债券的发行与兑付、反映国家预算执行情况等重任。国库现金管理的目的在于在确保国库现金支出需要的前提下，实现国库闲置现金余额最小化、投资收益最大化的一系列财政资金管理活动。

---

① 参见陈洁：《证券民事赔偿责任优先原则的实现机制》，载《证券市场导报》2017 年第 6 期。

为了满足国库限制现金最小化及投资者收益最大化的目的，国库制度在资金的支付清算服务中，采取了由商业银行参与扩库运作体系的方式。它通过对商业银行进行招标来引入银行竞争，从而保证中标银行的服务质量，由商业银行作为清算服务商，财政部门支付相应的金融服务。《罚款决定与罚款收缴分离实施办法》第5条规定，经中国人民银行批准有代理收付款项业务的商业银行、信用合作社，可以开办代收罚没款的业务。

我国的国库管理模式可简单分为两个阶段：在2001年之前，财政部与各部委之间设立了多重账户，形成了批发式的拨款关系，各上级单位再对下级单位层层零售，账户多头管理造成了透明化减损、资金使用效率不高；2001年，我国的国库管理模式由从原来传统资金缴拨模式转为以国库单一账户体系为基础、资金缴拨以国库集中收付为主要形式的管理模式，即由财政部直接开具支付令或者以授权额度的方式直接进行支付，相关财政收入也直接收取。

国库集中收付制度是我国国库管理的核心制度，一般也称为国库单一账户制度，是指由财政部门代表政府设置国库单一账户体系，所有的财政性资金均纳入国库单一账户体系收缴、支付和管理的制度。通过建立国库单一账户体系，财政资金由过去各单位分散管理转变为财政部门统一管理，不仅财政资金调度能力发生根本改变，各项重大支出的保障能力和财政理财能力也得到根本增强。财政资金运行由“层层转”变为“直通车”，各类财政收入通过国库集中收缴方式直接缴入国库单一账户体系，各类财政支出通过财政直接支付或财政授权支付方式，直接支付到最终收款人或用款单位，大幅提高了财政资金的运行效率。

二、证券罚没款暂缓入库的理论分析与现实可能

（一）暂缓入库的制度价值

为实现民事责任优先原则，有学者提出了罚没款项暂缓入库的意见，[①]也有学者进一步认为刑事罚金和行政罚没款应当按照相应完整的民事诉讼的诉讼期间来确定合理的暂缓期限，同时建议由中小投资者服务中心代为保管行政罚没款，由人

① 参见席朝阳：《论民事责任优先的实现》，载《企业家天地》（理论版）2011年第8期。

民法院代为保管刑事罚金。[①] 综合学者观点,所谓罚没款暂缓入库,是指为保证法律上民事责任优先原则的实现,对本应即时上缴国库的行政处罚和刑事判决中的罚没款经特定的审批程序后暂缓入库,保存于特定账户,以备相关受害人民事赔偿之用,待用于满足相关受害人民事赔偿后或经过一定时效期间后,相应余款再上交国库。在我国证券罚没款越来越巨大的今天,[②]如果暂缓入库制度得以确立,就可以在保证财政资金不流失的同时,有效保障证券投资者及时获得赔偿的经济权利,让相关法律规则不再成为一纸空文,这对于落实法律上"民事赔偿优先原则"具有很大的制度价值。

(二)暂缓入库与现行国库相关管理法律及发展趋势的冲突

首先,我国现行《行政处罚法》等法律法规要求行政罚没款及时入库,这构成暂缓入库的刚性法律障碍。罚没收入是执法和司法过程中行政、司法机关依法对违法违规者实施的经济罚没价款,属于我国财政收入的非税收入的一部分。从法律定性上看,罚没收入既包括刑法中的罚金和没收违法所得及相关变价款,也包括行政处罚中的罚没款。同时,根据我国《预算法》的规定,罚没收入纳入财政预算,列入其他预算收入。从性质上看,中国证监会所执行的罚没款收入属于中央预算外收入,缴入中央国库。[③] 而对刑事罚金,由法院负责执行,直接上缴国库,其法理与行政罚没款类似。为表述简洁起见,下文仅以证券行政罚没款为论述对象。

对罚没款等非税收入的处置,我国的法律及财政部、人民银行等多个部门发文多次强调,罚没收入需要全额上缴国库或预算外财政专户:如《行政处罚法》第46条、[④]1998年1月开始实施的《罚款决定与罚款收缴分离实施办法》的第4条、1999

① 参见陈洁:《证券民事赔偿责任优先原则的实现机制》,载《证券市场导报》2017年第6期。

② 《2017年中国证监会全年作出行政处罚决定224件,罚没款金额74.79亿元》,载中国证券监督管理委员会网:http://www.csrc.gov.cn/pub/newsite/,最后访问日期:2018年1月3日。

③ 证监会1999年发布了《关于罚没收入缴库问题的通知》,要求各地证监会监管机构的罚没收入须统一交至中国证监会账户,由其统一交至中央国库。证监会出具的《行政处罚决定书》均明确告知:当事人应自收到本处罚决定书之日起15日内,将罚没款汇交中国证券监督管理委员会(开户银行:×××,账号:×××,由该行直接上缴国库)。

④ 《行政处罚法》第46条第3款规定:"当事人应当自收到行政处罚决定书之日起十五日内,到指定的银行缴纳罚款。银行应当收受罚款,并将罚款直接上缴国库。"

年的《关于行政事业性收费和罚没收入实行“收支两条线”管理的若干规定》第2条[①]等。2016年3月，全国人大常委会预算工作委员会副主任刘修文强调，“所有的罚没收入都应该上缴国库。根据现行法律法规的有关规定，所有的执法机关对执法的罚款、没收的违法所得，以及没收非法物品的变价款，都应该上缴国库，纳入一般公共预算进行统筹安排”。[②] 所以，罚没收入的国家预算收入的特性以及法律上强制入库的规定，使相应款项无法满足特殊需要而采取暂缓入库等灵活管理措施，这也是导致证券民事赔偿优先原则无法有效落实的根本原因。

其次，通过设立财政专户以实现暂缓入库的设想亦与当前财政管理方面清理整顿财政专户的趋势不符，实现难度很大。财政专户，是指财政部门为履行财政管理职能，在银行业金融机构开设用于管理核算特定资金的银行结算账户。特定资金，包括社会保险基金、国际金融组织和外国政府贷款赠款、偿债准备金、待缴国库单一账户的非税收入、教育收费、彩票发行机构和销售机构业务费、代管预算单位资金等。[③]《财政专户管理办法》第6条“规定开立财政专户须具备下列条件之一：(一)法律、行政法规或国务院、财政部文件规定开立财政专户；(二)国际金融组织或外国政府贷款、赠款协议条款规定开立财政专户；(三)国库单一账户不能满足资金管理核算要求，需要开立财政专户。”虽然上述规定对开立财政专户的实质条件规定得并不严格、清晰，但近年来财政管理的大趋势是清理、整顿、缩减财政专户，并逐步过渡到国库单一账户管理。理论界关于财政专户弊端的研究较多，概述如下：[④]一是财政专户清理力度不足，专户总量仍处高位。二是部分财政专户余额高且超过国库库存，对目前的预算管理形成负面冲击。虽然近年来财政专户数量有所下降，但存款余额持续攀升，且超过国库库存，成为“第二国库”，冲击预算管理。三是大量国库资金在月末集中流向财政专户，干扰货币政策执行效果。四是财政

---

① 该条规定：“具有执收执罚职能的单位(以下称‘执行执罚单位’)根据国家法律、法规和规章收取的行政事业性收费(基金，下同)和罚没收入，属于财政性资金，均应实行财政‘收支两条线’管理。即上述行政事业性收费和罚没收入按财政部门规定全额上缴国库或预算外资金财政专户，支出按财政部门批准的计划统筹安排，从国库或预算外资金财政专户中核拨给执收执罚单位使用。”

② 《刘修文回应中国网记者提问：所有罚没收入都应上缴国库》，载中国网：http://www.china.com.cn/lianghui/news/2016-03/11/content_38000977.htm，最后访问日期：2018年3月12日。

③ 参见《财政专户管理办法》第2条。

④ 参见吕进中：《加快清理财政专户》，载《中国金融》2015年第16期；廖伟生、郭永明：《整顿规范后的财政专户管理情况探析》，载《金融与经济》2012年第1期；姜新华等：《我国国库集中收付制度下财政专户治理路径的选择》，载《财政监督》2014年第10期。

专户多头重复开立,影响国家金融秩序。五是财政专户资金性质界定不清,增加了财政资金风险。六是随意开立社保专户,违反相关制度规定。七是非税收入滞留财政专户,阻碍集中收付制度改革进程。提出的相关政策建议主要有:①加快制定相关法律法规,规范财政专户管理;清理整顿现有财政专户,严控新设财政专户;严格控制财政专户增量和专户资金膨胀;全面清理财政专户,着重处理睡眠账户和多头开户情况。加快非税收入直接缴库的改革步伐,实现政府全部收入上缴国家金库;加快落实《预算法》及国务院相关制度,推进非税收入直接缴库改革,取消非税收入财政专户。可见,财政体制改革中清理整顿财政专户的导向是非常清晰的。在此情况下,试图再就证券罚没款新设财政专户,与上述总体趋势相冲突,其难度因而也极大。

最后,当前设立证券罚没款财政专户的实质理由尚不够充分。② 一是证券罚没款及时入库,这是《行政处罚法》等法律明确规定的,前文已述,此处不赘。二是财政专户主要是为满足特定资金的特殊管理要求而设立,如社保基金、国际组织捐赠款等。相比而言,当前设立证券罚没款财政专户的理由尚不足以与上述事项相比肩。三是是否需要使用证券罚没款用于赔偿投资者经济损失,具有较大不确定性。行政处罚后,投资者是否会提起民事诉讼不确定。从目前的实践来看,比例并不高。四是提起民事诉讼后,相应的赔偿金额难以在短时间内确定,须待民事诉讼程序结束后方可确定,这需要较长过程。五是违法行为人的财产是否足以支持民事赔偿具有不确定性,因为根据《证券法》第232条,只有在违法行为人财产不足以同时承担行政罚款及民事责任时,方有民事责任优先原则之适用。也就是说,如果违法行为人财产足够,此时就不存在使用证券罚没款用于民事赔偿的问题。而从目前实践来看,很少出现违法行为人财产不足以承担责任的情况。可见,设立证券罚没款专户以达到暂缓入库目的的理由并不充分,且如果一律将证券罚没款暂缓入库,则将使财政资金使用效率大为降低,并大大增加了管理难度。

综上所述,从现行法规规定、财政专户清理整顿趋势以及设立证券罚没款专户

---

① 参见吕进中:《加快清理财政专户》,载《中国金融》2015年第16期。

② 课题组于2018年1月17~20日期间就此问题现场走访、电话访谈了财政部国库司相关处室多名资深工作人员,其意见基本一致,均表示就证券罚没款设立财政专户的可能性很低,甚至可以说几乎没有。此处主要综合了相关人员观点。

的实质理由等方面分析，当前财政管理部门同意设立该专户的可能性非常低。

三、证券罚没款财政退库的理论争议与现实可能

所谓财政退库，即预算收入退库，指征收机关根据财政、税务管理体制的有关规定，将已入库的预算收入从国库中退付给纳税人的一种方法。财政退库是现行国库管理中的一项成熟制度，《国库资金管理办法》《国家金库条例》《中央级罚（没）款退库审批办事指南》《关于印发〈罚没款代收代缴管理办法〉的通知（财预字〔1998〕201号）》等众多法规都有相应规定。总结起来，我国相关法规所允许退库的情形包括：（1）由于工作疏忽，发生技术性差错需要退库的；（2）因改变企业隶属关系、财务结算方式需要退库的；（3）企业按计划上缴利税，超过应缴数额需要退库的；（4）国家政策性计划亏损补贴的退库；（5）财政部门明文规定或专项批准的其他退库项目。财政退库的程序明确、路径清晰，如果在违法行为人财产不足以承担投资者损失时可以申请财政退库，那将是保护投资者利益的上佳选择。但需要注意的是，我国现行法规对于罚没款退库虽有相关规定，但其范围限于司法机关、行政机关、海关作出改判、复议等改变原金额等情况。所以，对因为证券民事责任的赔偿款的优先执行，是否可以适用财政退库制度，理论上有争议，实践中无先例。

否定的理由主要包括：①第一，证券罚没款入库，具有充分的法律依据，没有其他足够充分的理由（如错交、多交、相关行政处罚决定被撤销等）不得退库；第二，《证券法》第232条仅适用于“不足以同时支付”的情形，在证券罚没款或刑事罚金已先行入库，此后违法行为人的财产不足以承担民事责任时，不属“同时支付”的情形，而是存在先后顺序，因此不能以《证券法》第232条作为申请财政退库的理由；第三，行政处罚和刑事程序前置是造成违法行为人财产不足以承担投资者的主要原因，因此证券监管部门应与最高人民法院商议完善改进相关司法程序，以使投资者经济损失优先得到补偿，把问题解决在前端；第四，即使投资者经济损失不能从违法行为人那里得到弥补，证券监管部门还可以通过动用投资者保护基金等方式

① 课题组于2018年1月17~20日期间就此问题现场走访、电话访谈了财政部国库司相关处室多名资深工作人员，此处综合了其主要观点。

先行补偿投资者,再代位向违法行为人求偿。

尽管存在上述争议,我们认为,证券罚没款退库制度仍有一定制度空间。理由主要是:第一,党的十九大报告再次强调要坚持"以人民为中心"的发展理念,在资本市场上就是要高度注重保护投资者——尤其是中小投资者的合法权益,在此理念指导下,给予受害中小投资者以及时、充分的经济补偿理应得到支持;第二,在证券罚没款或刑事罚金已先行入库,此后违法行为人的财产不足以承担民事赔偿责任时,确实不属狭义的"同时支付",但相关民事责任、行政责任、刑事责任均是同一个不法行为的结果。从这个角度来看,也可以说此三种责任是同时的;第三,固然可以考虑通过动用投资者保护基金等方式先行补偿投资者,但这只是投资者保护的可选路径之一,不妨碍申请财政退库的合理性。

从操作上考虑,我们认为有如下要点:第一,证券监管部门应将证券罚没款在一定条件下财政退库的合法合理性与财政部、人民银行等相关部门充分沟通、争取支持,以联合发文的方式就此作出明确规定,以便实践操作。必要时,提请国务院发文批准。第二,鉴于受害投资者往往人数众多,且相关工作具有较高专业性,为方便操作,可指定由相关公益性投资者保护机构代为集中办理,以免出现大量个人分别多次申请退库的情况。第三,申请财政退库时应提供违法行为人确已无法承担相应民事赔偿责任的证据,如提供法院就判决执行情况提供的说明等。第四,鉴于投资者提起民事诉讼的时间可能不一,有的可能怠于行使权利,为保证国库资金的确定性、提高资金使用效率,应明确可以申请退库的时间期限,以免出现证券罚没款入库很长时间以后再办理退库的情况。原则上可将相关案件的民事诉讼时效期间作为申请退库的时限。

综上所述,我们认为,从财政国库管理的角度考虑,证券罚没款暂缓入库和申请退库两种路径都存在较大操作难度,存在较明显的体制性障碍。相较而言,暂缓入库的难度更大,而申请退库尚有一定可能。

第三章　主动事先赔付投资人:证券先期赔付制度

证券先期赔付,是在我国实践中发展起来的,利于受损投资者优先、及时、充分获得民事赔偿的制度。最早先由平安证券先期赔付万福生科虚假陈述上市案开始,目前还有海联讯主要股东就虚假陈述的先期赔付案、兴业证券先期赔付欣泰电气虚假陈述上市案共三起实践。对于证券先期赔付,尚无统一的定义。有学者认为,其是指在证券市场中发生虚假陈述案件时,在对发行人、上市公司等市场主体据以承担赔偿责任的行政处罚、司法裁判作出之前,由虚假陈述民事赔偿责任可能的连带责任人之一先行垫资向投资者承担赔偿责任,然后再由先期赔付者向未参与先期赔付的发行人、上市公司以及其他责任人进行追偿的一种措施。[①]

在 2017 年 4 月《证券法(修订案)》的二审稿中"投资者保护"一章中规定明确了先期赔付制度,规定发行人因欺诈发行、虚假陈述或者其他重大违法行为给投资者造成损失的,发行人的控股股东、实际控制人、相关的证券公司、证券服务机构可以委托国家设立的投资者保护机构,就赔偿事宜与投资者达成协议,予以先期赔付。先期赔付后,可依法向发行人以及其他连带责任人追偿。[②] 但由于二审稿的搁浅,该制度目前尚未能正式在立法中明确。

综合上述学者意见与立法审议稿的规定,我们认为,现行的主流观点认为证券先期赔付有以下几个构成要件:(1)适用于欺诈发行、虚假陈述等重大违法案件;(2)赔偿的主体是发行人的控股股东、实际控制人、保荐人及相关的证券中介经营机构以及证券服务机构;(3)先期赔付工作是由国家设立的投资者保护机构协助展

① 参见陈洁:《证券市场先期赔付制度的引入及适用》,载《法律适用》2015 年第 8 期。

② 人民日报海外版:《证券法修订草案二审聚焦 7 大市场焦点》,载央视网:http://news.cctv.com/2017/04/25/ARTIkivV9TQ4upZsfZskeoap170425.shtml,最后访问日期:2018 年 2 月 25 日。

开;(4)先期赔付人是要代所有的责任人进行垫付,事后再进行追偿。课题组认为,该制度是实现投资人民事责任优先,利于投资人及时和充分受偿的重要方式。本节通过对现行的三起实践进行经验总结和评议,提炼出其制度的精髓,通过与民事诉讼等制度的对比,构建我国的证券先期赔付制度,同时也指出该制度的适用范围与局限性。

一、我国证券先期赔付的实践

2012年9月,湖南农业企业万福生科在上市一年后因首次公开募股(Initial Public Offerings,IPO)和上市后的财务报表造假被证监会立案调查,其保荐人平安证券也在2013年3月被调查。同年5月,平安证券为因万福生科欺诈上市受损的投资者成立补偿基金,代所有的责任人出资3亿元进行先期赔付,耗时2个月,在证监会作出行政处罚前完成了对投资者的赔付工作,开启了我国证券先期赔付的先例。之后,陆续有"海联讯案"和"欣泰电气案"也采用了先期赔付的方式,达到了投资人民事责任优先的良好效果。

本部分整理了50余份涉案上市公司的相关公告和证监会的处罚书,以立案调查、先期赔付和处罚作为主线,整理出重要的时间点,以及先期赔付和处罚的内容,探寻其规律,总结其经验,作为进一步制度化和推广的基础。

(一)平安证券对万福生科虚假陈述的先期赔付

1. 案件相关的重要事件与时间节点(见表1)

表1 相关重要事件与时间节点

时间	重要事件
2011年	
9月2日	证监会核准万福生科首次公开发行股票并在创业板上市的申请
9月27日	万福生科在深交所创业板上市,股票代码300268,发行量1700万股,每股发行价25元,发行总市值4.25亿元
2012年	
9月18日	万福生科公告称收到证监会调查通知书
9月24日	湖南证监局对万福生科采取监管谈话措施。原因是现场检查中发现,万福生科2012年年度中期报告存在虚假记载和重大遗漏

续表

时间	重要事件
2013 年	
3 月 31 日	证监会对平安证券涉嫌违法违规行为立案调查
5 月 10 日	平安证券公告设立万福生科虚假陈述事件投资者利益补偿专项基金。基金出资人为平安证券,基金管理人为中国证券投资者保护基金有限责任公司,基金规模为人民币 3 亿元,基金托管银行为中国建设银行股份有限公司。基金当日成立,存续期间为成立之日起 2 个月
5 月 21 日	中国平安保险(集团)股份有限公司公告称,平安证券收到中国证监会处罚事先告知书的公告
7 月 11 日	历时两个月的万福生科专项补偿基金收官,12,756 名万福生科虚假陈述案适格投资者与平安证券达成和解,补偿金额约 1.79 亿元。基金管理人 11 日公告称,自 2013 年 7 月 11 日起,基金进入清算及审计阶段,剩余资金返还平安证券
9 月 24 日	证监会对湖南博鳌律师事务所、刘某(签字律师)、胡某(签字律师)作出行政处罚 证监会对刘某、胡某作出终身证券市场禁入决定 证监会对万福生科公司及龚某某等 21 名责任人作出行政处罚,将龚某某(万福生科董事长、总经理、法定代表人),覃某某(财务总监)移送司法机关 证监会对龚某某、覃某某作出终身证券市场禁入决定 证监会对中磊会计师事务所、王某(签字会计师)、黄某某(签字会计师)作出行政处罚,对中磊会计师事务所没收业务收入 98 万元,罚款 196 万元。对王某、黄某某分别罚款 10 万元 证监会对王某、黄某某作出终身证券市场禁入决定 证监会对平安证券及吴某某(万福生科项目保代)、何某(万福生科项目保代)等 7 名责任人作出行政处罚。 具体为: 责令平安证券改正违法行为,给予警告,没收业务收入 2555 万元,并处以 5110 万元罚款,暂停保荐业务许可 3 个月。 对吴某某、何某、薛某某(平安证券总经理)、曾某某(平安证券总经理助理)、崔某(平安证券投行部上海业务负责人)给予警告,并分别处以 30 万元罚款,撤销证券从业资格。 对汤某某(万福生科项目组成员)给予警告,并处以 10 万元罚款,撤销证券从业资格 证监会对吴某某、何某作出终身证券市场禁入决定
10 月 8 日	证监会、财政部对中磊会计师事务所作出撤销证券服务业务许可的处罚决定
2014 年	
3 月 21 日	证监会对崔某的申请作出行政复议维持决定 证监会对吴某某的申请作出行政复议维持决定

资料来源:根据万福生科、平安证券的公司公告,中投保基金的公告,证监会的处罚书整理。

2. 对该案的评议

平安证券对万福生科的先期赔付,是我国首例行政相对人在民事诉讼前主动赔偿的案例。平安证券的赔偿也是很有效率的,在2012年3月31日立案调查后,1个月10天后就设立基金,基金成立后2个月内,就完成了申请权利的12,756名万福生科虚假陈述案适格投资者的补偿,补偿金额约1.79亿元。平安证券在完成对投资者的赔付后,证监会对其进行了行政处罚。

从行政处罚内容来看,万福生科是欺诈上市,性质比较恶劣,证监会对于上市公司主要负责人、平安证券该项目的保荐代表人、律师和会计师都作出了终身市场禁入的处罚。对于会计师事务所,证监会撤销了其证券服务业务许可。终身市场禁入和吊销撤销经营资格,都是最严厉的行政处罚。但对保荐机构,平安证券的处罚,还是相对温和的,“没收业务收入2555万元,并处以5110万元罚款,暂停保荐业务许可3个月。”罚款5000余万元,是其收入的2倍;暂停保荐业务3个月,并没有取消其市场主体资格,虽也对业务有影响,但并不是致命的。可见,监管机构对平安证券的积极补偿投资者的行为,在行政处罚时,有从轻考虑处罚。

(二)海联讯主要股东对海联讯虚假陈述的先期赔付

1. 案件相关的重要事件与时间节点(见表2)

表2 相关重要事件与时间节点

时间	重要事件
2009年	
12月25日	证监会作出不予核准深圳海联讯科技股份有限公司首次公开发行股票并在创业板上市申请的决定
2011年	
11月3日	证监会作出核准海联讯首次公开发行股票并在创业板上市的批复
11月23日	海联讯在深交所创业板上市,A股代码300277,发行量1700万股,每股发行价23元,发行总市值3.91亿元
2013年	
3月22日	海联讯公告称收到证监会立案调查通知书
2014年	
7月18日	海联讯公司股东章某、孔某、邢某某、杨某某发布公告,设立海联讯虚假陈述事件投资者利益补偿专项基金

续表

时间	重要事件
9 月 19 日	基金出资人为海联讯股东章某先生(第一大股东、实际控制人)、孔某先生(第二大股东)、邢某某先生(第三大股东)、杨某某先生(第五大股东)。基金管理人为中国证券投资者保护基金有限责任公司,基金顾问为平安证券,基金托管银行为建设银行,基金规模为人民币 2 亿元。基金当日成立,存续期间为成立之日起 2 个月。基金管理人可根据基金运作的实际情况延长存续期间,但最迟不超过 2014 年 12 月 31 日 中国证券投资者保护基金有限责任公司发布《海联讯虚假陈述事件投资者利益补偿专项基金的终止公告》。 依公告,截至 2014 年 9 月 10 日 15 时,9823 名适格投资者与基金出资人达成有效和解,占适格投资者总人数的 95.70%,支付补偿金额 88,827,698 元,占应补偿总金额的 98.81%,前述补偿金额已于 2014 年 9 月 15 日支付至适格投资者的证券交易结算资金账户,赔付工作已基本完成 章某、孔某、邢某某、杨某某发布《海联讯虚假陈述事件投资者利益补偿后续工作的公告》
11 月 14 日	证监会对海联讯、章某(第一大股东、实际控制人、董事长),邢某某(第三大股东、总经理、董事、法定代表人)等 18 名责任人作出行政处罚 证监会对章某、邢某某、杨某某(第五大股东、时任财务总监、董事会秘书)作出 8 年证券市场禁入的决定
12 月 8 日	证监会对平安证券、韩某某(海联讯项目签字保代)、霍某某(海联讯项目签字保代)作出行政处罚。 对平安证券给予警告,没收保荐业务收入 400 万元,没收承销股票违法所得 2867 万元,并处以 440 万元罚款; 对韩某某、霍某某给予警告,分别罚款 30 万元,撤销证券从业资格 证监会对韩某某、霍某某作出 5 年证券市场禁入的决定
2016 年	
8 月 31 日	证监会对李某(签字会计师)、刘某(签字会计师)作出行政处罚。鉴于鹏城所已于 2015 年 12 月 28 日注销,证监会不再予以行政处罚 证监会对李某、刘某作出 5 年证券市场禁入的决定

资料来源:根据海联讯、平安证券的公司公告,中投保基金的公告,证监会的处罚书整理。

2. 对该案的评议

海联讯案设立基金的主体是海联讯的主要股东,有意思的是,海联讯的保荐机构也是平安证券,平安证券在设立基金工作中方面也起着积极的作用。海联讯的先期赔付是在 2013 年 3 月 22 日立案调查后约 1 年 4 个月的时间展开,比起万福生科,海联讯设立基金的时间较晚。海联讯的基金也是用 2 个月完成了赔付,之后 2

个月证监会对其作出了行政处罚。

从行政处罚内容来看,对海联讯的主要股东是8年市场禁入,平安证券的保荐代理人的处罚是5年市场禁入,并没有终身市场禁入;除了没收违法所得以外,罚款金额仅是保荐费用的1倍左右,整体而言,处罚还算温和。其中一个小细节值得关注,在证监会对平安证券及其项目保荐人的处罚书中提道,海联讯的保荐人韩某某、霍某某曾在调查过程中进行申辩,认为他们"主动配合证监会的调查取证工作,提议并推动海联讯主要股东设立专项补偿基金赔偿投资者,促使海联讯主要股东承诺补偿无法收回的应收账款,积极消除海联讯违法行为的危害后果等",因此请求证监会对其免予对他们采取撤销证券从业资格和5年证券市场禁入措施,并同时减少对霍某某的罚款金额。对此申辩,证监会在处罚书中答复道,"对平安证券、韩某某、霍某某等配合调查和推动海联讯主要股东赔偿投资者等情节,证监会在作出处理决定前已予充分考虑,韩某某、霍某某二人提出的进一步减轻处理的请求没有法律依据"。[①] 这段描述可见,监管机构认为对投资者的先期赔付是积极消除危害后果的表现,是从轻和减轻处罚的重要考虑。

(三)兴业证券对欣泰电气虚假陈述的先期赔付

1. 案件相关的重要事件与时间节点(见表3)

表3 相关重要事件与时间节点

时间	重要事件
2011年	
3月30日	证监会作出不予核准欣泰电气首次公开发行股票并在创业板上市申请的决定
2014年	
1月3日	证监会作出核准欣泰电气首次公开发行股票并在创业板上市的批复
1月27日	欣泰电气在深交所创业板上市,A股代码300372,发行量2145万股,每股发行价16.31元,发行总市值3.50亿元

① 《中国证监会市场禁入决定书(平安证券有限责任公司、韩某某、霍某某)〔2014〕18号》,载中国证券监督管理委员会网:http://www.csrc.gov.cn/pub/zjhpublic/G00306212/201412/t20141215_265064.htm? keywords=%E6%B5%B7%E8%81%94%E8%AE%AF,最后访问日期:2018年3月12日;《中国证监会行政处罚决定书(平安证券有限责任公司、韩某某、霍某某)〔2014〕103号》,载中国证券监督管理委员会网:http://www.csrc.gov.cn/pub/zjhpublic/G00306212/201412/t20141215_265059.htm? keywords=%E6%B5%B7%E8%81%94%E8%AE%AF,最后访问日期:2018年3月12日。

续表

时间	重要事件
2015 年	
6 月 12 日	欣泰电气公告收到辽宁证监局对其作出的责令改正的处罚决定书
7 月 14 日	欣泰电气公告被证监会立案调查
2016 年	
6 月 2 日	欣泰电气公告收到证监会行政处罚和市场禁入事先告知书
7 月 5 日	证监会对欣泰电气作出行政处罚 对欣泰电气处以非法所募资金的 3% 即 772 万元罚款； 对温某某处以 802 万元罚款，其中作为直接负责的主管人员处以 30 万元罚款，作为实际控制人处以欣泰电气非法所募资金的 3% 即 772 万元罚款
7 月 9 日	兴业证券公告称，拟设立欣泰电气欺诈发行先期赔付专项基金，未公布赔付方案
7 月 25 日	证监会对兴业证券作出行政处罚 对兴业证券给予警告，没收保荐业务收入 1200 万元，并处以 2400 万元罚款；没收承销股票违法所得 2078 万元，并处以 60 万元罚款。 对兰某（签字保代）、伍某某（签字保代）给予警告，并分别处以 30 万元罚款，撤销证券从业资格 2016 年 6 月，兴业证券因欣泰电气财务造假问题被证监会立案调查，保荐项目被暂停受理。2016 年 7 月 27 日，兴业证券收到证监会的《行政处罚决定书》，该案调查、审理终结。2016 年 7 月 28 日兴业证券保荐的另一个项目首航节能发布公告称，此前被中止审查的非公开发行股票相关工作将继续推进。证监会并未暂停兴业证券的保荐业务资格，兴业证券保荐的全部 IPO、再融资和并购重组项目即日起恢复受理
11 月 30 日	证监会作出对欣泰电气、温某某处罚的复议维持决定
2017 年	
1 月 3 日	欣泰电气发布了向北京市第一中级人民法院提起行政诉讼的公告，起诉证监会
2 月	分别有投资者将欣泰电气和兴业证券起诉至福州市中级人民法院和沈阳市中级人民法院，并获受理立案。未纳入兴业证券赔付方案的投资者对方案（草案）提出质疑
5 月 4 日	北京市第一中级人民法院就欣泰电气欺诈发行、虚假披露证券行政处罚案，欣泰电气原董事胡某某证券行政处罚两案一审公开宣判。该院一审认定欣泰电气及原董事胡某某的相关违法行为成立，中国证监会作出的行政处罚并无不当，判决驳回了欣泰电气及胡某某的诉讼请求 一审败诉后，欣泰电气向北京市高级人民法院提起上诉

续表

时间	重要事件
6月9日	兴业证券公告设立欣泰电气欺诈发行先期赔付专项基金,公告中包含赔付方案。基金出资人为兴业证券,基金管理人为中国证券投资者保护基金有限责任公司,托管银行为兴业银行,基金规模人民币5.5亿元,基金当日成立,存续期间为成立日起5个月
6月23日	深交所对欣泰电气作出退市决定
7月17日	欣泰电气进入退市整理期
8月28日	欣泰电气被深交所予以摘牌
9月18日	兴业证券将欣泰电气、北京兴华会计师事务所及直接主管人员、北京市东易律师事务所及直接主管人员、欣泰电气相关责任人、欣泰电气控股股东辽宁欣泰股份有限公司等26名被告诉至法院,为向其他连带责任人追偿自己先期赔付投资者而支付的超出自己应赔数额的2.27亿元损失
11月9日	中国证券投资者保护基金有限责任公司发布《关于欣泰电气欺诈发行先期赔付专项基金的终止公告》。 依公告,截至2017年10月20日,11,727名适格投资者与基金出资人达成有效和解,占适格投资者总人数的95.16%,支付补偿金额241,981,273元,占应补偿总金额的99.46%,前述赔付金额已于2017年8月3日、10月16日支付至适格投资者的证券交易结算资金账户或银行账号,赔付工作已基本完成
12月19日	北京市高级人民法院公开审理此案,证监会主席助理黄炜出庭应诉。 庭审中主要围绕以下三个争议焦点展开:一是关于欣泰电气的违法行为是否符合《证券法》第189条规定的欺诈发行构成要件;二是关于证监会对相关财务数据造假的认定,是否应当以司法鉴定部门或者专业审计部门的意见作为依据;三是关于欣泰电气是否存在应当从轻或减轻处罚的情节,本案处理是否存在畸轻畸重

资料来源:根据欣泰电气、兴业证券的公司公告,中投保基金的公告,证监会的处罚书整理。

2. 对该案的评议

兴业证券就欣泰电气虚假陈述的先期赔付,与前两起案件相比,有一定的特殊性。首先,兴业证券在行政处罚前,公告成立赔付基金,但基金赔付工作的启动,是在处罚后快1年的时间。根据最高人民法院的司法解释,存在着行政处罚后2年诉讼时效的问题。因此,在基金启动赔付前就有投资者向法院提起民事赔偿的诉讼,[①]以免错过诉讼时效。

① 参见贾丽:《欣泰电气惹"新麻烦" 提起诉讼投资者已达千余人》,载网易财经:http://money.163.com/17/0215/04/CD9PCKRV002580S6.html,最后访问日期:2018年1月15日。

其次，欣泰电气是首例因欺诈发行退市的上市公司，出现了多起与该案相关的诉讼。具体包括欣泰电气对证监会的行政处罚提起了行政诉讼；赔付方案中未适格投资者对欣泰电气和兴业证券提起诉讼，对方案的合理性提出质疑；先期赔付的兴业证券在赔付后向欣泰电气、律师事务所等连带责任人追偿超出自己应赔付金额的损失。特别是欣泰电气对证监会的诉讼，影响了基金赔付工作的启动。

最后，作为先期赔付的兴业证券，本案对其业务影响较小，虽项目保荐代表人被撤销证券从业资格，但券商本身的保荐的其他 IPO、再融资和并购重组项目从收到欣泰电气案的行政处罚书第 2 日起恢复受理。①

二、证券先期赔付的经验总结

表 4 将先期赔付实践中几个重要的环节整理如下。

表 4　证券先期赔付金额

法人	对上市公司处罚	对保荐人处罚	基金设立人	赔付用时	基金规模	分配情况
万福生科	万福生科 30 万元罚款；主要责任人 30 万元罚款； 实际责任人终身市场禁入	警告，没收业务收入 2555 万元，处以 5110 万元罚款，暂停保荐业务许可 3 个月； 保荐代表人终身市场禁入	平安证券（保荐人）	2 个月	3 亿元	完成有效申报、达成有效和解的适格投资者人数为 12,756 人，占总人数的 95.01%，支付的补偿金额为 1.785 亿元，占应补偿总金额的 99.56%

① 参见敖晓波：《兴业证券投行项目恢复　首航节能定增重新启动》，载新浪财经：http://finance.sina.com.cn/roll/2016-07-29/doc-ifxunyyf6165794.shtml，最后访问日期：2018 年 1 月 15 日。

续表

法人	对上市公司处罚	对保荐人处罚	基金设立人	赔付用时	基金规模	分配情况
海联讯	海联讯822万元罚款;实际控制人1203万元罚款; 实际责任人8年市场禁入	对平安证券给予警告,没收保荐业务收入400万元,没收承销股票违法所得2867万元,处以440万元罚款。 保荐代表人30万元罚款,撤销证券从业资格,5年市场禁入	海联讯主要股东	2个月	2亿元	完成有效申报、与专项补偿基金出资人达成有效和解的适格投资者人数为9823人,占适格投资者总人数的95.70%,对适格投资者支付的补偿金额为0.888亿元,占应补偿总金额的98.81%
欣泰电气	欣泰电气和实际控制人分别处以非法所募资金的3%即772万元罚款; 实际责任人终身市场禁入	对兴业证券给予警告,没收保荐业务收入1200万元,并处以2400万元罚款;没收承销股票违法所得2078万元,处以60万元罚款。 保荐代表人撤销证券从业资格	兴业证券(保荐人)	2个月(一阶段) 4个月(二阶段)	5.5亿元	完成有效申报、与专项赔付基金出资人达成有效和解的适格投资者人数为11,727人,占适格投资者总人数的95.16%,对适格投资者支付的赔付金额为2.4198亿元,占应赔付总金额的99.46%

我们认为,先行的证券先期赔付实践可以总结出以下几个特点:

1. 适用的是虚假陈述欺诈上市案件

万福生科、海联讯和欣泰电气三家企业是在上市后,监管机构发现其欺诈上市的严重问题。如在IPO申请文件中相关财务数据存在虚假记载,上市后披露的定期报告中存在虚假记载和重大遗漏;作为保荐人的证券公司未遵守业务规则和行业规范,未勤勉尽责地对公司的IPO申请文件进行审慎核查,出具的保荐书等文件存在虚假记载的行为,上市公司的责任人、保荐人等中介机构违反了《证券法》《证券发行上市保荐业务管理办法》《保荐人尽职调查工作准则》的相关规定。

保荐人在这三起实践中起着积极的作用,万福生科案和欣泰电气案是由保荐人平安证券和兴业证券先行垫资赔付,海联讯是由主要股东出资,但从保荐代表人听证会前的申辩可以看出中，[①]他们在推动并协助设立专项补偿基金中，起着重要作用。

可以认为，证券市场的持牌机构，特别是保荐机构是有动力进行先期赔付的。这些机构作为证监会的监管对象，他们有动力“知错就改，将功补过”，以期望能在证券市场上持续经营。只要还有市场主体的资格，罚金及赔偿金的经济损失就能够通过以后的诚信经营进行弥补。而一旦机构被吊销执照，则再无东山再起的机会。因此，证券市场的持牌机构特别是保荐人最有动力进行先期赔付。

按此逻辑，当上市公司欣泰电气最终因行政处罚被强制退市，它就选择对证监会提起了行政诉讼，最后一搏。在先期赔付中，欣泰电气没有事先出资，也没有能力出资，[②]兴业证券垫付赔偿后对其提起了连带责任诉讼。

2. 证券监管机构对先期赔付人的行政处罚从轻或减轻

根据《证券法》第 192 条的规定，保荐人出具有虚假记载、误导性陈述或者重大遗漏的保荐书，或者不履行其他法定职责的，责令改正，给予警告，没收业务收入，并处以业务收入 1 倍以上 5 倍以下的罚款；情节严重的，暂停或者撤销相关业务许可。对直接负责的主管人员和其他直接责任人员给予警告，并处以 3 万元以上 30 万元以下的罚款；情节严重的，撤销任职资格或者证券从业资格。通过表 2 分析可见，从对券商的罚款数额上来看，对万福生科的保荐人平安证券的罚款是收入的 2 倍，暂停受理业务 3 个月；对海联讯的保荐人平安证券的罚款的收入的 1 倍多，没有暂停受理业务；对欣泰电气的保荐人兴业证券的罚款是收入的 2 倍，没有暂停受理业务。

那么，对先期赔付人的处罚，是否有所减轻或从轻呢？从罚款金额上来看，除没收违法所得外，最高对他们进行采用了 1 ~ 2 倍收入的罚款。而光大证券因为乌龙指的内幕交易被处以 5 倍的顶格处罚。另外，对保荐人更重要的是，他们其他保荐业务的在证监会的受理，受到的影响并不大。兴业证券和平安证券的业务受理并未因欣泰电气和海联讯案被中止，平安证券在万福生科案件中也只暂停了 3 个

---

① 《中国证监会行政处罚决定书(平安证券有限责任公司、韩长风、霍永涛)〔2014〕103 号》，载中国证券监督管理委员会网：http://www.csrc.gov.cn/pub/zjhpublic/G00306212/201412/t20141215_265059.htm? keywords = %E6%B5%B7%E8%81%94%E8%AE%AF，最后访问日期：2018 年 1 月 15 日。

② 《欣泰电气董事长回应退市：将考虑走破产程序》，载东方财富网：http://finance.eastmoney.com/news/1344,20160708640248319.html，最后访问日期：2018 年 1 月 15 日。

月。而从比较法角度来看,在我国香港特别行政区同类型的"洪良国际案"中,保荐机构兆丰资本不但受到香港史上最高的罚款金额,而且还吊销了牌照,彻底被赶出了市场,因此,有学者认为,万福生科案件中平安证券受到的处罚明显偏轻。[①] 综上,我们认为,上述的处罚是从轻和减轻行政处罚的表现。

3. 赔付效果总体很好

从赔付效率来看(如表4所示),"万福生科案"和"海联讯案",在行政处罚前就已完成了对投资者的赔付,从基金的设立到赔付完毕仅用了2个月时间。"欣泰电气案"是在行政处罚前公告设立基金,由于受到欣泰电气诉证监会等影响,赔付工作是在行政处罚后近1年才开始展开,赔付完毕用了4个月的时间。即便如此,与行政处罚后通过民事诉讼的方式获得赔偿相比,已经高效得多。以"五粮液虚假陈述案"为例,其是在行政处罚后3年5个月上市公司才与相对人达成庭外和解结案。课题组通过对审理五粮液案的成都中院的相关人士调研了解到,"五粮液案"之所以在诉讼时效结束后才进入调解程序,是因为上市公司当时接受调解的前提是,要确定提起诉求的投资者人数,以确定公司的赔偿预算。因此,只有等诉讼时效到期,才能确定提起诉讼的投资者人数,才得以进入调解程序。

从补偿金额来看,如表4所示,三起先期赔付案的补偿金额是较充分的。设立基金的垫资规模,"欣泰电气案"高达5.5亿元,其他两起也分别是3亿元和2亿元。而最后的赔偿金额,欣泰电气案是2.42亿元,其他两起是1.79亿元和0.89亿元。而之前的通过民事诉讼的赔偿金额,五粮液案赔付1344万元,东盛科技赔付1295.84万元,虽然有个案差异,但确实与先期赔付的金额不在一个等量级。先期赔付的赔付总额巨大的原因,主要在于其覆盖的适格投资人的范围较宽,基本达到了95%左右。"五粮液案"提起民事诉讼的投资者仅有154人,而先期赔付中每起案件的获偿投资者都在1万人左右。

4. 公益性投资者保护机构在先期赔付中的重要作用

目前,投资者补偿基金是由中国证券投资者保护基金公司(中投保基金)受托管理专项补偿基金,其具体从事的工作主要包括:(1)发布基金的公告;(2)计算赔付金额,并公布计算方法;(3)在投资者自愿提供联系方式的基础上,中投保基金就

---

① 参见黄辉:《注册制改革背景下的虚假陈述赔偿制度:现状与未来》,载《经济法研究》2016年第2期。

赔付事宜与其沟通;(4)提供相关咨询等。[①] 中投保基金在这三起案件的处理中已经积累了一定的经验,作为基金的管理人,接受并分配补偿资金,为证券先期赔付提供平台和服务。

三、先期赔付的制度优势:与民事诉讼比较及域外启示

为什么要推动证券先期赔付制度?从前述的实践可以看出,其最核心的作用在于可以实现受损投资人的优先、及时和充分的受偿。那么,传统上的通过民事诉讼进行民事救济,效果如何呢?

1. 与民事诉讼效率的比较

在2015年法院系统立案登记制度改革之前,内幕交易案和操纵市场案法院基本不受理,虚假陈述案需要行政前置程序。通过统计,当时的情形大体是,首先,民事诉讼的提起率不高。据统计,在2002年到2013年期间,符合前置条件要求的各类处罚总计为253个,即可诉案件是253个,但已诉案件只有65个,仅占前者的大约25.7%。而在美国,几乎所有的对于证券欺诈行为的证监会处罚都引发了私人民事诉讼。显然,我国的诉讼提起率相当低,表明即使在前置条件的范围内,实际上还有很多未提起的可诉案件。另外,在提起诉讼的案件中,审理期限的平均时间为405.1日(13.5月),中位数是351.7天(11.7月)。[②] 民事诉讼的提起要耗费大量的时间和精力。上述的数据可见,民事诉讼的救济渠道,投资人使用率并不高。投资人不愿意使用的原因是多元的,包括厌诉的心理,认为去诉讼的时间还不如去炒股赚回来;证券诉讼的律师多采用的是风险代理,即使胜诉后,律师费用也较高;"搭便车"心理,以及对我国证券民事诉讼缺乏信心等。

而证券先期赔付,投资人无须主动地去追究违规者民事责任,也无须等待行政处罚的作出,只需其将购买涉案股票的相关情况进行登记确认为适格的受损投资人,就可以在较短的期间内,获得补偿。

---

① 资料来源:中国证券投资者保护基金公司网:https://zxjj.sipf.com.cn/investor/,最后访问日期:2018年6月15日。

② 参见黄辉:《中国证券虚假陈述民事赔偿制度:实证分析与政策建议》,载黄红元、徐明主编:《证券法苑》(第9卷),法律出版社2013年版,第967～995页。

2. 香港洪良国际案实现民事责任优先的启示

曾在香港上市的洪良国际,为达到上市目的,大肆进行财务包装,大幅虚构收入和利润,打造出高成长和高获利能力的形象,且保荐人兆丰资本等中介机构失查而实现IPO。在被审计机构毕马威的举报后,香港证监会进行调查。在执法过程中,香港证监会与高等法院原讼法庭产生分歧,经多次磋商,香港证监会最后对洪良国际仅提起了民事诉讼,最后依据香港特别行政区《证券及期货条例》第213条,[①]在没有启动刑事诉讼的情形下,基于双方签订和解书的前提,高等法院原讼法庭正式颁发了强制令,要求洪良国际向大约7700名公众股东回购他们获配发或已买入的5亿股股份,回购价为2010年3月30日停牌时的价格2.06港元/股。本次回购涉及的总金额为10.3亿港元,其中包括所冻结的8.32港元,剩余1.98亿港元洪良国际必须在28日内缴付。至此,香港证监会依据第213条对洪良国际所采取的法律行动宣告完结,不再提起刑事诉讼。[②]

而按照香港证监会以往的执法惯例,都是先将犯罪嫌疑人付诸刑事司法程序,待刑事审判定案之后,再考虑相应的行政处罚。而这次证监会却先后在亚洲老虎基金案及洪良国际案中,按第213条向高等法院原讼法庭启动民事诉讼渠道,这是从未有过的先例。香港证监会之所以先舍弃刑事程序,转而寻求第213条的民事程序来处置洪良国际一案,其考量有:

刑事程序所要求的证据门槛远高于民事程序,同样的证据按照民事程序可以胜诉,但按照刑事程序也许就无法定罪。如果按刑事程序走,有可能洪良国际会被判无罪,如此,香港证监会就无法帮助投资人索要回资金。如果按刑事程序来走,由于证据要求大幅提高,会大幅增加证监会取证的成本,包括耗费的时间,而且如果刑事官司一直打下去,也不利于尽快帮助投资人拿回投资。[③]

香港证监会与香港特别行政区高等法院原讼法庭曾在第213条的适用上有所

---

① 我国香港特别行政区《证券及期货条例》第213条共有1300余字,其法律规定异常复杂,大体意思是:只要证监会认为或者怀疑(甚至在无须掌握任何证据的情况下)任何人违反了该条例的任何条款,即有权请求高等法院原讼法庭发出多项命令,包括强制当事人采取法庭指示的步骤,使交易各方恢复他们订立交易之前的状况。可以说,该条款给了香港证监会几乎无限的证券执法权,但香港证监会在过往监管史上,几乎从未通过第213条对相关个案启动法律程序。

② 《洪良国际造假上市遭香港证监会史上最严惩罚》,载凤凰网财经:http://finance.ifeng.com/a/20120702/6692508_0.shtml,最后访问日期:2018年2月28日。

③ 参见苏龙飞、杨智全:《洪良国际罪与罚——IPO打假的香港模式》,载《新财富》2012年7月号。

分歧，但最终香港特别行政区高等法院上诉法庭推翻了原讼法庭就亚洲老虎基金一案的裁决。上诉法庭认为，第213条“在保障广大投资者方面为证监会提供了宝贵的工具，而保障投资大众是《证券及期货条例》的一项重要目标，这些工具对证监会保障投资者的工作极其重要”。这种程序间的相互替代，既充分保障了当事人的权利，又有效提升了证券法实施的力度。[①] 第213条在刑事程序及市场失当行为审裁处以外，赋予证监会独立的补救方法。

我们认为，在“洪良国际案”中，证监会是因为刑事检控有困难或成本太大，为了尽快地帮助投资人追回损失，选择了追究民事责任优先。这样起到的效果是，重点在于让受损失的投资者较充分和较及时的受到补偿，而不是追究违规者的刑事责任。在某种意义上，起到了行政和解和刑事和解的效果。

“洪良国际案”带来的启示是，将民事责任优先作为执法时考量的首位因素，为了实现该目标，可以在行政处罚或刑事处罚上有所退让。这与证券先期赔付也有异曲同工的效果，证券先期赔付的理念与证券行政和解的内核有重要的相似。以美国为例，行政和解制度在美国证券领域得到广泛的应用，SEC认为，未必要追诉一切发现的可能的违法案件，而应根据威慑效果，重点追诉市场影响巨大和胜诉率高的案件；对于一些案件，最重要的是将对违法者的罚款与返还的非法所得用于补偿投资者，并且能得到迅速及时的补偿，这就是最有效率的执法方式。在这种理念下，SEC通过和解处理了约90%的案件，[②]在2012年的会计年度（2011年10月1日～2012年9月30日），和解的案件达到了714件。[③] 和解金的金额占到了总罚金的69%，公司的平均和解金是100万美元，[④]2012年最高的和解金是和由花旗银行达成的支付，高达2.85亿美元。[⑤] 因此，我们可以将证券先期赔付理解为行政和解的一种表现形式，证券先期赔付中的补偿基金的设立人，通过配合调查，设立专项补偿基金事先补偿投资者遭受的投资损失，以换取监管机构的从轻或减轻处罚。行政和解的理论和实践对证券先期赔付制度的构建有参考意义。

---

① 参见黄辉教授2017年12月14日在华东政法大学的讲座，载华东政法大学网：http://www.isfl.ecupl.edu.cn/ISFL2013/html/jlhz/gnjl/594.html，最后访问日期：2018年2月28日。

② 参见洪艳蓉：《美国证券交易委员会行政执法机制研究》，载《比较法研究》2009年第1期。

③ Jorge Baez, James A. Overdahl, Elaine Buckberg, SEC Settlement Trends, NERA Economic Consulting.

④ 参见肖宇：《证券行政和解金的确立与分配规则探析》，载《暨南学报》（哲学社会科学版）2015年第6期。

⑤ Jorge Baez, James A. Overdahl, Elaine Buckberg, SEC Settlement Trends, NERA Economic Consulting.

四、证券先期赔付的理论基础与制度设计

(一)证券先期赔付的立法依据

证券先期赔付的制度构建,首先需要通过立法确定其法律地位。法律规定可以体现在两个层面:一是在《证券法》修订中,明确该制度法律地位和基本原则;二是通过证监会的部门规章,将其制度具体化。先期赔付制度没有与现行法律冲突,因此证监会也可以考虑先行出台部门规章,可以将其制度化,明确适用范围与操作的规则。虽然《证券法》修订案的生效时间尚不明确,但先期赔付制度的核心程序都是有法律依据的。其涉及的法律依据主要体现在上市公司控股股东、保荐人与证券中介机构的连带责任承担、监管机构可以减轻从轻处罚的依据两个方面。

第一,对上市公司控股股东、保荐人与证券中介机构的连带责任。我国《证券法》第69条规定:"发行人、上市公司公告的招股说明书、公司债券募集办法、财务会计报告、上市报告文件、年度报告、中期报告、临时报告以及其他信息披露资料,有虚假记载、误导性陈述或者重大遗漏,致使投资者在证券交易中遭受损失的,发行人、上市公司应当承担赔偿责任;发行人、上市公司的董事、监事、高级管理人员和其他直接责任人员以及保荐人、承销的证券公司,应当与发行人、上市公司承担连带赔偿责任,但是能够证明自己没有过错的除外;发行人、上市公司的控股股东、实际控制人有过错的,应当与发行人、上市公司承担连带赔偿责任。"最高人民法院《关于审理证券市场因虚假陈述引发的民事赔偿案件的若干规定》也有类似的规定。在先期赔付中,将连带责任的承担顺序放在同一序列,其中的任一主体都可以作为第一责任人先期赔付。

第二,对先期赔付人的主动赔偿行为,监管机构可以减轻从轻处罚。《行政处罚法》第27条规定,当事人主动消除或者减轻违法行为危害后果的,应当依法从轻或者减轻行政处罚。当先期赔付的当事人积极补偿投资者因虚假陈述而遭受的投资损失,属于法定的从轻或减轻情形,情节轻微的也可以不作出处罚。

另外,在证监会《公开发行证券的公司信息披露内容与格式准则第1号——招股说明书(2015年修订)》的规范性文件中,第18条规定招股说明书扉页应载有如下声明及承诺:"……保荐人承诺因其为发行人首次公开发行股票制作、出具的文

件有虚假记载、误导性陈述或者重大遗漏，给投资者造成损失的，将先行赔偿投资者损失。……”确立了对证券先期赔付制度的适用，只是具体的制度设计还需明确。

可见，证券先期赔付是在现有法律框架下的制度创新，符合法律的相关规定，是可以实现投资人的优先赔付，违规者的减轻处罚，监管机构实现监管目的的多方获益的制度。

（二）证券先期赔付的法律关系

证券先期赔付是通过当事人之间的合同实现的，合同的一方是上市公司虚假陈述等违规行为的当事人，包括发行人的控股股东、实际控制人、相关的证券经营机构、证券服务机构中愿意先期赔付的主体；合同的另一方当事人是遭受损失的投资者。违规者与受损投资人之间本是证券侵权法律关系，是侵权之债，需由投资人通过诉讼或仲裁的方式获偿。证券先期赔付协议将被动的侵权之债转化为主动的合同之债，债的履行方式由执行司法判决转化为主动履行合同，是侵权人主动减少侵权的不良影响，使赔偿投资人及时受偿的表现。

证券先期赔付协议应是建立在双方自愿的基础上，违规者自愿提前履行侵权之债，投资人愿意接受违规者的赔偿方案。违规者成立基金的公告，视为违规者向适格投资人发出要约，投资人一旦通过网上确认，则协议成立。在实践中，协议内容中往往还包含了要求投资人放弃诉讼的条款，双方都要受到协议的约束。

当然，证券先期赔付协议也不完全同于普通的民事协议，违规者之所以愿意主动且提前的履行，重要原因在于这是监管机构从轻或减轻行政处罚的重要考量情节。可以认为，监管机构起到促成合同的订立和监督履行的作用。

监管机构对先期赔付人的从轻或减轻处罚，既是对这种行为鼓励和肯定的表现，也是先期赔付人愿意先行履行民事责任的重要动力。

（三）先行赔付金与民事诉讼赔偿、行政罚款、刑事罚金的关系

在当前先期赔付的实践中，以“兴业证券先行赔付欣泰电气案”为例，根据中投保基金网站[①]的描述，是赔付人先出资成立先行赔付专项基金，赔付金额的确定是

① 中国证券投资者保护基金有限公司欣泰电气先行赔付专项基金公告专栏，载中国证券投资者保护基金有限公司网：https://zxjj.sipf.com.cn/investor/index.do，最后访问日期：2018年6月20日。

按照“《合同法》、《证券法》及《最高人民法院关于审理证券市场因虚假陈述引发的民事赔偿案件的若干规定》所规定的原则,确定专项基金赔付范围和赔付金额计算方法。赔付金额以适格投资者因欣泰电气欺诈发行而实际发生的直接损失为限,并减半扣减市场风险因素所致损失,同时设置投资差额损失金额(扣减市场风险因素所致损失前)60%的最低赔付比例”。① 该计算方法与法院在受理虚假陈述民事赔偿案件中投资人损失的计算方法基本相同。先期赔付的对象是“一级和二级市场的适格投资者”,“发行事件责任方和首次公开发行前持有欣泰电气股份的股东,及前述主体的关联人,不属于先行赔付对象;欣泰电气大股东及董事、监事、高级管理人员增持买入欣泰电气股票,不属于先行赔付对象;因政策性增持买入欣泰电气股票,不属于先行赔付对象”。其赔偿的范围与法院在受理虚假陈述民事赔偿案件中投资人的范围认定基本相同。由此可见,先期赔付金与民事诉讼赔偿金在赔付对象、赔付金额的计算方式上与通过法院诉讼计算的民事赔偿款是同质的,在法律性质上,就是民事赔偿款。由于先期赔付有自愿的性质,从前文的数据比较可见,目前实践中先期赔付比民事赔偿款的金额和赔付率要高得多。

先期赔付金与行政罚款、刑事罚金在范围上并无重叠交叉,但由于先期赔付是行政相对人主动减少违法违规行为不良影响的表现,监管机构或法院可以考虑酌情减少行政罚款与刑事罚金,作为对先行赔付人主动赔付行为的鼓励。

(四)先期赔付后行政处罚的考量因素

根据《行政处罚法》第 27 条的规定,当事人主动消除或者减轻违法行为危害后果的,应当依法从轻或者减轻行政处罚。先期赔付的当事人的赔付行为属于法定的从轻或减轻情形。那么,从轻或减轻如何体现呢?

在我国香港特别行政区的“洪良国际造假上市案”中,其保荐人兆丰资本被吊销了营业执照,是最严厉的行政处罚。结合我国的实践来看,三起先期赔付的案例中,对券商的罚金适用的是 1 倍或 2 倍,在 1 ~ 5 倍的罚款区间中,算是偏低的。

另外,对券商等市场主体来说,其更为看重的在于是否要暂停其业务受理,甚至吊销其执业资格。吊销执业资格,终身市场禁入,就意味将个人或机构彻底从市

① 《兴业证券股份有限公司关于设立欣泰电气欺诈发行先行赔付专项基金的公告》,载中国证券投资者保护基金有限公司网:https://zxjj. sipf. com. cn/investor/notice/notice32. do,最后访问日期:2018 年 5 月 20 日。

场清除，就像洪良国际案的保荐人兆丰资本一样，断却了这些市场主体的收入来源，是最严厉的处罚措施。从当前先期赔付案件的实践来看，对于机构和个人采取了不同的态度。对个人而言，项目的保荐代表人以及上市公司虚假陈述的实际责任人基本上都是受到了终身市场禁入的处罚。对机构而言，除了平安证券因万福生科案暂停受理了业务3个月外，其他两案中券商的其他保荐项目都在涉案案件结案后就立即恢复受理。我们认为，不停止或短暂停止受理券商的其他项目的业务，是从轻减轻处罚的重要表现，当然对于情节恶劣的个人或机构，也应该要终身市场禁入或撤销从业资格。

（五）证券先期赔付基金设立人与其他责任承担人之间的责任分担

1. 先期赔付的积极主体与消极主体

先期赔付人需要对所有责任人的民事赔偿全额垫付，先期赔付人的垫付金额高、责任重。如果在同一起案件中，责任人间态度不一致的，可以区分为积极主体和消极主体。行政处罚的从轻或减轻应只适用于积极主体，而不能适用于消极主体。积极主体垫资赔付后可以向消极主体通过协商或诉讼等方式要求承担连带责任追偿。这样对消极主体而言，既不能减轻处罚，之后又要向积极主体支付应承担的责任份额，从成本收益上来看不合算。这样可以促使在前期基金设立中，行政相对人的各方都积极参与基金设立，共同对投资人先期赔付，相互促进赔付的作用。

2. 可否按份先行赔付

值得探讨的是，先期赔付人如果需要垫付所有责任人的民事赔偿，金额大、责任重，实施难度较大。是否可以扩大先期赔付的范围，即仅对自己应赔偿的份额进行先期赔付。这种新路径的开拓可以扩大先期赔付制度的适用面，让更多的主体有能力进行先期赔付，但难点在于，如何划分各责任主体之间的赔偿份额。目前的实践是先期赔偿后当事人之间协商解决，赔付人未能足额追偿的，就由赔付人承担；在民事诉讼中，由法院根据个案的情形来裁判。如果在先期赔付中，也能根据份额事先赔偿，责任的划分是技术上的难点。

3. 先期赔付人向其他责任人追偿时能否适用民事责任优先

先期赔付人在先行垫付后，是否可以在发行人、律师事务所等其他责任人在缴纳行政罚款之前，根据民事责任优先的原则，先行赔付人优先从发行人等责任人处受偿？

我国《证券法》第232条规定:“违反本法规定,应当承担民事赔偿责任和缴纳罚款、罚金,其财产不足以同时支付时,先承担民事赔偿责任”。2017年刚颁布的《民法总则》第187条也明确规定:“民事主体因同一行为应当承担民事责任、行政责任和刑事责任的,承担行政责任或者刑事责任不影响承担民事责任;民事主体的财产不足以支付的,优先用于承担民事责任。”

根据上述的规定,只要民事责任与行政责任、刑事责任冲突的,理论上都应民事责任优先。那么先期赔付人在向发行人等其他责任人追偿,要求其承担连带民事责任时,是否也享有民事责任优先行政责任与刑事责任的优先权呢?我们认为,是不可以的。

从文义解释来看,不管是《民法总则》还是《证券法》,规定民事责任优先的前提是“民事主体因同一行为应当承担民事责任、行政责任和刑事责任的”,如果发行人的虚假陈述引起了民事责任、行政责任和刑事责任,那么其民事责任应是发行人对其侵权主体投资人的民事责任,即在发行人向投资人进行损害赔偿时,其民事责任可以优先从发行人在行政责任或刑事责任中的财产支付。而先期赔付人在向发行人要求履行连带责任时,已经是另一层法律关系,在这个法律关系中,没有相对应的行政责任与刑事责任。因此,先期赔付人的连带责任追偿,不能适用民事责任优先原则。

从立法解释来看,无论是《民法总则》还是《证券法》,规定民事责任优先的目的,在于让受到侵害的投资人尽可能得到赔偿,先期赔付制度也是为了实现投资人尽快和足额受偿的手段,优先的目的在于投资人保护,而不是对相关责任人的保护。让相关责任人的民事责任的受偿优先于行政罚款与刑事罚金,也不符合立法原意。

(六)公益性投资者保护机构作用的发挥

公益性投资者保护机构,以保护投资者为宗旨,拥有专业优势,能够依据公益性、中立性的原则,独立开展工作,可以为先期赔付提供平台和辅助服务。包括赔付的信息公布、投资者登记、赔偿方案协商等系列工作。

首先,适格投资人的确定和赔付金额的计算。关于证券违规案件的受损投资人范围和损失计算标准,最高人民法院的司法解释中有相关规定,学理中也有多种计算方法的讨论。公益性投资者保护机构可以提供客观公正的认定标准和计算方法,供先期赔付人和投资人选择。第三方公益机构的参考方案,可为双方的谈判提供选择。

其次,投资人登记。公益性投资者保护机构可以发挥联系投资人的优势,通过公告甚至点对点联系等多种渠道告知投资人申请赔偿权利的事宜,让尽可能多的受损投资人得到赔付。

最后,未能参与先期赔付的投资人的救济。实践中总有投资人因为各种原因,未能在规定的时期内申请权利。该类投资人,如果其提出赔偿的诉求,可以向公益性投资者保护机构申请与先期赔付人协调,或调解。

(七)先期赔付的资金来源

先期赔付资金数额巨大,动辄上亿元,而且要求在较短的时间内拿出,对任何主体而言,都是极有压力的开销。在2016年券商的风控新规《证券公司风险控制指标管理办法》征求意见,曾提出IPO先期赔付承诺将被列为特定风险资本准备项进行核算,根据计算表拟定,"先期赔付承诺"项的风险资本计算标准为按照5%来计提,而计提基数则将按照发行金额的50%来计算先期赔付承诺的期末金额。[①] 该条规定,在最终的修改案中没有被采纳。课题组认为,先期赔付的资金来源,不宜事先在券商的风险资本中提存,占用的高额资金会增大券商的运营成本。

实践中,平安产险推出了"保荐机构先期赔付责任保险",为券商提供保险资金的支持。[②] 有研究者认为,保荐人先行赔付制度要强制执行下去,未来更可能的是保荐人以责任保险的方式化解风险。[③] 从法经济学角度来看,保险机制将保险费用与相关主体的违法概率直接联系起来,能够更准确地反映违法风险;同时,可以有效地敦促保荐机构恪守职责,加强内部管理,提升工作质量。因此,保险机构的参与既可以分担保荐机构的赔付风险,又可以增加市场监督的力度,有助于实现投资者保护的目标,是一个具有积极意义的新发展。

---

① 参见松壑:《IPO"先期赔付承诺"纳入风险准备"折半"计算或强化保荐方责任》,载《21世纪经济报道》2016年4月15日,第13版。

② 《平安产险首推先期赔付责任险,最高保额可达3亿元》,载东方网:http://finance.sina.com.cn/stock/t/2016-09-19/doc-ifxvyrit2832959.shtml,最后访问日期:2018年3月5日。

③ 参见姚一凡:《保荐人先行赔付制度的解读与反思》,载《金融法苑》2018年第1期。

五、证券先期赔付制度的适用范围

证券先期赔付能及时有效地赔偿投资者,是民事责任优先实现的理想路径。那么,这种方式是否能成为投资人民事救济的主要方式和替代呢?

从现有的实践来看,先期赔付的案件的适用范围还是比较局限的。目前实践中的案件主要是虚假陈述中的欺诈上市的重大违法行为。可能内幕交易和操纵市场案也可以适用部分案件。首先,从主体来看,欺诈上市等虚假陈述案中,发行人的控股股东、实际控制人、保荐人与其他证券中介机构,都是《证券法》中法定要承担连带责任的主体,由他们进行先期赔付有法律依据。而内幕交易案和操纵市场案的责任主体比较宽泛,除了上市公司及中介服务机构的内部人士,也有众多不确定的市场人士,如个人投资者。监管机构对这些个人主体的控制力弱于证券市场的持牌机构。当然,光大证券“乌龙指”的内幕交易案这种类型的案件,是可能适用的。

另外,先期赔付人的经济实力也是重要前提,从当前的实践先行赔付人的出资都是先用了两亿元以上的资金设立基金,实际赔付款也差不多上亿元。一般的市场主体根本无力承担如此巨额的赔偿和垫付,只有证券公司和上市公司的大股东才可能有这种经济实力。律师事务所、会计师事务所即使有心也可能无力来领衔先期赔付,这些主体可以作为一分子参与先期赔付。综上,先期赔付的适用范围还是比较有限的,需要其他方式来共同实现民事责任的优先。

第四章　罚没款用于民事赔偿：美国公平基金制度的借鉴

一、概　　述

（一）公平基金的基本内涵

公平基金制度在保护证券投资者权益方面发挥着独特的作用。美国在该领域中，无论是在理论研究上，还是在实践操作上都较领先，本报告将其作为研究“样本”。通过研究获得一定的启示，为我国相关制度的制定提供借鉴。

根据法律的规定，SEC 的主要职责是通过确保资本市场的“公正、有序、高效”，从而达致保护投资者及公众权益的目的。为确保如上目标的实现，作为行政机关的 SEC 通常会运用各种法律所规定的手段惩罚违法者。通常来说，这些手段包括禁止令（cease-and-desist）、禁制令（injunction）、市场禁入令、暂停交易以及包括民事罚款（civil fines）、没收违法所得（disgorgement）、补偿弥补性收入（compensation clawbacks）等在内的金钱惩治手段。[①] 就公平基金（Fair Funds）而言，在 SEC 看来，它是试图为投资者争取更多补偿资金的创新手段。[②] 在美国，诸如商品期货交易委员会（U. S Commodity Futures Trading Commission，CFTC）、联邦贸易委员会（Federal Trade Commission，FTC）、司法部（Department of Justice，DOJ）等机构皆有权将从违法者那里追回的非法所得分配给受害者。然而，只有 SEC 有权将民事罚

---

① Urska Velikonja，Public Compensation for Private Harm：Evidence from the SEC' s Fair Fund Distributions，Stanford Law Review，Volume67，pp. 331，339. 需要指出，弥补投资者损失的途径很多，并不限于公平基金这一种手段。

② SEC，Report Pursuant to section 308（C）of the Sarbanes Oxley Act of 2002，https：//www. sec. gov/news/studies/sox308creport. pdf，p. 36，Mar. 12，2018.

款(civil penalty)分配给权益受到侵害的投资者,而且,民事罚款是公平基金的重要组成部分。在学者看来,自相关法律授权SEC设立公平基金以来,它逐渐成为"最常用的工具之一"。[①] 概言之,如上两方面说明公平基金具有重要的研究价值和现实意义,值得深入分析和考察。

然而,必须指出的是,无论是美国学者还是我国学者,对这一问题的研究并不充分,从而使这一制度的优劣无法得到有效凸显。在美国,关注这一问题的文献并不多,实证研究的资料更是凤毛麟角。[②] 诸多观点都是基于几个典型案例的有感而发,并不具有普适价值,在一定程度上造成了误导。在我国,对于这一制度的介绍也大多比较粗略,深入探讨并不多。[③] 基于此,本报告将详细介绍这一制度,并结合我国的现实情况,提出构建我国公平基金法律制度的基本建议。

在美国,公平基金是指将SEC通过民事诉讼或者依照行政职权向证券市场违法者追缴的违法所得(disgorgement)和民事罚款等归入一个基金之中,并进而分配给受害人,或者奖励给举报人的制度。这里翻译过来的"公平"(FAIR),英文字母是由"联邦投资者赔偿账户"(Federal Account for Investor Restitution)首字母缩写组成。"联邦投资者赔偿账户"条款是指《萨班斯-奥克斯利法》第308条。该条款明确了公平基金由民事罚款及没收违法所得两部分构成:"依据1934年《证券交易法》第3(a)(47)条之规定,无论是通过司法程序还是行政程序,SEC就获得了要求违反相关法律、法规、条例规定的人归还违法所得的命令,或者上述人员达成归还违法所得和解协议,与此同时,根据如上法律的规定,SEC同时也获得了要求上述违法者承担民事罚款的权力,依申请或依SEC的自由裁量,民事罚款将被纳入并成

---

① Linda Chatman Thomsen & Donna Norman, "Sarbanes-Oxley Turns Six: An Enforcement Perspective", *J. bus. & TECH. L.*, Volume 3, 2008, pp. 393, 411.

② 主要的文献资料包括: Verity Winship, Public Agencies and Investor Compensation: Examples from the SEC and CFTC, *Administrative Law Review*, Volume 61, 2009, p. 137; Verity Winship, Fair Funds and the SEC's Compensation of Injured Investors, *Florida law Review*, Volume 60, 2008, p. 1103; Urska Velikonja, Public Compensation for Private Harm: Evidence from the SEC's Fair Fund Distributions, *Stanford Law Review*, Volume 67, 2015, p. 331; Barbara Black, Should the SEC Be a Collection Agency for Defrauded Investors?, *The Business Lawyer*, 2008, p. 317.

③ 参见邢会强:《内幕交易公平基金制度的构建》,载郭锋主编:《证券法律评论》,中国法制出版社2016年版;赵晓钧:《借鉴公平基金制度,完善投资者赔偿机制》,载《上海证券报》2013年3月27日,A07版;张春丽:《论我国证券欺诈赔偿责任机制的完善》,载《法律科学》2014年第3期;邢会强:《内幕交易没罚收入与投资者公平基金》,载《中国金融》2011年第3期。

补偿因违法行为遭受损害的受害者的违法所得基金的组成部分。”①

需要说明的是，在英语中，“civil fine”“civil money penalty”“money penalty”通常会互用，它们之间并没有严格的区分。② 但对于其内涵究何所指，并没有形成统一的意见，尤其是由英美法系的美国的法律术语经由翻译引入国内，必须找到对应的术语，至少应明确其基本内涵，否则极易导致误解。但是，由于不同法域之间法律制度的差异，有时找到准确的对应术语并非易事。正如我国台湾地区学者林仁光教授在介绍美国“Civil Penalty”制度时说的那样：既是行政责任之性质，为何称为“Civil Penalty”而非“Administrative Penalty”？“Civil Penalty”于中国台湾地区是否有相同概念之名词？究竟应翻译为行政罚款、民事罚款、民事制裁、民事处分或者有更恰当之翻译，都有许多讨论空间。③ 结合我国台湾地区实际，他认为无论是参考英美法系的“Civil Penalty”制度或是日本课征金制度，无论处罚程序是否经法院判决，其性质可能比较倾向或接近行政处罚之性质。④ 香港中文大学黄辉教授将其翻译为“民事惩罚”，他认为，在英美法系，监管机关根据自身职权直接作出的处罚通常称为“纪律行动”（disciplinary action），这种处罚等同于中国的行政处罚，但这种处罚的适用范围比中国的行政处罚小很多，而对于很多市场失当行为问题，监管机关需要通过司法机关根据民事程序（civil proceedings）作出处罚，故称为民事惩罚。⑤ 结合上述研究成果，我们将“Civil Penalty”中的金钱性惩罚译为“民事罚款”，在不失其英语内涵的基础上，尽量与国内相关法律术语对应起来，避免误读的出现。

综上所述，由于不同法域对于行政机关的权限规定不同，监管机关在对于市场

---

① Section 308(a) of the Sarbanes Oxley Act of 2002.

② Verity Winship, “Fair Funds and the SEC's Compensation of Injured Investors”, *Florida law Review*, Volume 60, 2008, pp. 1103, 1111.

③ 参见林仁光：《西风东渐——谈内线交易 Civil Penalty 制度之发展》，载《月旦法学杂志》2014 年第 8 期。

④ 同上。

⑤ 参见黄辉：《香港证券市场失当行为审裁处制度及其启示》，载郭文英、徐明主编：《投资者》（第 1 辑），法律出版社 2018 年版，第 184 页。香港的相关民事惩罚措施包括：第一，命令违规者交回源自其失当行为的所有款项；第二，禁止相关人士出任公司董事、高级管理人员或清盘人，最高为期 5 年；第三，撤销相关人士直接或间接从事证券、期货合约等活动的资格，最高为期 5 年；第四，命令相关人士不得再作出构成该命令指明的市场失当行为；第五，建议相关自律团体（如律师协会、会计师公会）针对其采取纪律处分；第六，命令当事人缴纳金额不超过因该失当行为而令他获取的利润或避免损失金额的罚款及所生利息；第七，命令当事人承担香港证监会、市场失当行为审裁处以及财务汇报局（如适用）因研训程序所产生的合理讼费与开支。

违法行为进行处罚时要么根据自身职权直接作出要么通过司法机关作出。虽然美国的民事罚款在法律程序上并不完全等同于我国的行政罚款,但都是由行政机关推动,在责任范围上类似于我国的行政处罚。因此,对美国公平基金法律制度的评介,重点内容是投资者通过诉讼程序获得民事赔偿金与民事罚款、刑事罚金之间的关系问题。具体包括:第一,通过集团诉讼获得的赔偿金与公平基金分配给投资者之间的关系如何?第二,民事罚款与刑事罚金之间的关系如何?

另外,需要说明的是,在补偿投资者损失这一问题上,SEC 除了设立公平基金之外,还有诸如破产财产接管、协同执法等手段。此时,会出现不同机关对违法者进行处罚的情况,即我们通常所谓的平行程序。也就是说,"倘若民事法院已对该行为判处 Civil Penalty,刑事法院可否再以刑事责任处罚?同样,如行为人已受刑事责任处罚,可否再提起 Civil Penalty 诉讼?"[①]在美国,通常的做法是不得违反"一事二罚"条款(Double Jeopardy Clause of the Fifth Amendment)。[②] 早在1641年,美国就确立了不得对同一违法行为多重处罚的法理。[③] 在诸多案例中,也严格遵循这一条款。例如,在1989年"美国联邦政府诉哈尔珀案"(U. S. v. Halper)中,无论是一审法院还是二审法院都认为违反了"一事二罚"条款。在联邦法院法官布莱克曼(Blackmun)看来,"本案件主要在审理民事罚款(Civil Penalty)在什么情况下会被认为违反一事二罚条款。联邦最高法院在此案认为,当被告已经受到刑事制裁后,民事罚款(Civil Penalty)只能具有补偿政府费用之目的,若请求之金额远超政府因本案件所产生之费用时,则属于双重征罚"。[④] 也就是说,通常情况下,通过刑事程序对被告人进行了金钱处罚,SEC 将不会再作出民事罚款。[⑤]

---

① 参见林仁光:《西风东渐——谈内线交易 Civil Penalty 制度之发展》,载《月旦法学杂志》2014年第8期。

② 在有学者看来,美国联邦最高法院认为"一事二罚"条款主要在保护当事人不会因同一个行为受到双重处罚,主要有三种情形:第一,被告在法院宣告无罪后再次被起诉;第二,被告在被判决有罪后再次被起诉;第三,同一违法行为被多重处罚。在本课题中,主要涉及第三种情形。

③ United States v. Irwin Halper,490 U. S. 435,440(1989). 例如,美国联邦最高法院在 Hudson v. United States 判决中,认为被告虽然因违反银行法规已经被处以"Civil Penalty",但刑事案件指起诉并不违反"一事二罚"条款,因为"Civil Penalty"是民事(civil)性质,与刑事案件性质不同。参见林仁光:《西风东渐——谈内线交易 Civil Penalty 制度之发展》,载《月旦法学杂志》2014年第8期。

④ U. S. v. Halper,490 U. S. 452.

⑤ 例如,在有的案例中,被告被要求恢复原状(restitution),并判刑入狱,此时,SEC 就没有再实施民事罚款以及没收违法所得。SEC v. Hernandez,SEC v. ABC Viaticals,Inc. 根据 SEC 的观点,恢复原状是指使投资者回到完好无损的状态;而没收违法所得是指将违法者来路不正的收益全部没收。

然而,8 年后美国联邦最高法院推翻了这一判例所确定的规则。在“哈德森诉美国联邦政府案”(Hudson v. United States)中,[①]法院认为违反银行法规已经被处以“Civil Penalty”,但刑事案件之起诉并不违反“一事二罚”条款,因为“Civil Penalty”是民事(civil)性质,与刑事案件性质不同。有法院判决也直接认为“Civil Penalty”制定之目的就是处罚并防止违反证券法规。[②] 概言之,“Civil Penalty 与刑事处罚,在美国已经没有一事二罚之争议,因此,刑事案件已判被告罚金,民事法院仍得独立决定罚款的金额,Civil Penalty 已判定,也不影响刑事案件之进行”。[③] 最后,需要补充的是,在美国,如果在刑事程序中作出了没收非法所得的判决,SEC 有权决定不对被告作出没收违法所得以及民事罚款的处罚。[④]

(二)公平基金的构成要素

美国公平基金制度的构成要素主要包括三个方面,即基金的资金来源制度、基金管理与基金管理人制度以及基金分配制度。以下对这三个方面的内容进行阐述。

1. 基金资金来源

在实践中,基本的做法是一个案件设立一支基金,该基金的名称以违法行为人的名称命名。通常而言,资金源于 SEC 对该违法者追缴的非法所得、民事罚款、判决前利息,以及这些资金在分配前的利息收入。基金可通过司法程序的方式设立,也可以依照行政程序的方式设立。数据统计显示,在 2002 年至 2013 年期间所设立的 243 个基金中,有 100 个是通过行政程序设立的,其他的则是依照司法程序设立的。

在这里,返还违法所得旨在通过剥夺行为人的非法获利以补偿投资者的损失,即避免违法者获得不当得利。这一主张既可由 SEC 向法院主张对被告行为人处以没收违法所得,也可以由 SEC 自己作出。就前一手段而言,SEC 需要证明被告的违法所得与其违法行为间具有合理的联系。至于违法所得金额,通常由法院在被告提供了相关账目后确定。当被告的个人财产少于法院确定的违法所得额时,可在

---

① Hudson v. United States,522U. S. 93,96(1997).

② 参见林仁光:《西风东渐——谈内线交易 Civil Penalty 制度之发展》,载《月旦法学杂志》2014 年第 8 期。

③ 同上。

④ SEC v. Hernandze,No. 09 – cv – 3587.

举证后请求法院降低额度。SEC在收到被告返还的所得后,即向受害投资者合理分配。[①]

涉及民事罚款,SEC可向所有联邦地区法院主张被告支付民事罚款。在诉讼中,法院对于是否判处被告支付民事罚款及确定罚款数额享有自由裁量权。通常,在内幕交易诉讼中,SEC可向法院主张判处被告支付内幕交易违法所得额3倍的民事罚款;在其他类型的案件中,民事罚款数额取决于行为人为自然人或法人、违法行为的性质、违法行为是否导致投资者遭受实质性的损失或有遭受实质性损失的风险等因素。[②] 关于这一问题,在后面还将进一步阐述。

就在何种情况下SEC应当依职权设立公平基金的问题,有学者认为应着重考虑两个方面的因素:第一,资金"循环"的问题;第二,重复的成本问题。就前者而言,尤其是针对出现信息披露欺诈的上市公司的情形。[③] 有学者诟病公平基金制度存在"循环困境"问题:公司的所有人是广大的投资者,而制造欺诈的是公司的管理层,把公司整体作为惩罚对象,损害了广大消极股东的利益。受害投资者得到的赔偿均来自公司现有股东的腰包。美国学者称其为金钱"从彼得的腰包进入到保罗的腰包"(robbing Peter to pay Paul)。[④] 就后者而言,如果SEC或听证官认为分配计划的管理成本相对于可能获得的罚没数额过高,或者由于潜在申请者的数量问题使分配给受害投资者是不合理的,可将该罚款直接上交美国财政部。学者认为证券欺诈违法涉及如上两个因素,此时应当优先由SEC通过设立公平基金的方式处理为宜。[⑤] 无独有偶,还有学者通过对公司进行民事罚款的视角,具体列举了作出民事罚款需考虑的因素。总体上来说,主要考虑两个方面的因素:第一,公司违法所获得直接受益或避免的直接损失;第二,罚款补偿受到损害的投资者程度或造成进一步伤害的程度。[⑥] 此外,往往还会综合考虑如下几个方面的内容:震慑特殊类

---

① Urska Velikonja, "Public Compensation for Private Harm: Evidence from the SEC's Fair Fund Distributions", *Stanford Law Review*, Volume 67, 2015, pp. 331, 343.

② Ibid.

③ Ibid., pp. 331, 375.

④ Barbara Black, "Should the SEC Be a Collection Agency for Defrauded Investors?", *The Business Lawyer*, 2008, pp. 317, 331.

⑤ Verity Winship, "Fair Funds and the SEC's Compensation of Injured Investors", *Florida law Review*, Volu-me 60, 2008, pp. 1103, 1144.

⑥ U. S. Security & ExchangeCommission, Statement of the Securities and Exchange Commission Concerning Financial Penalties, Jan. 4, 2006, http://www. sec. gov/news/press/2006-4. htm, 12. Mar., 2018.

型的犯罪行为的必要性;对无辜参与者的伤害程度;在公司中同谋是否普遍存在;违法者的主观意图程度;侦查特定犯罪行为的难度;公司目前的救济措施情况;SEC与其他执法机构的协作情况等。[①]

2. 基金管理与基金管理人

为有效地管理、运作公平基金,SEC于2006年制定了《公平基金与没收违法所得计划的实践及规则》(Rules of Practice and Rules on Fair Funds and Disgorgement Plans)。根据该规则,SEC于2008年设立了"归集与分配办公室",专门负责公平基金的收集与分配。SEC或听证官(通常是行政法官)有权自由任命任何人(包括SEC工作人员)作为基金分配的管理人,也有权将其解任。SEC往往从其批准的管理人名单中选任管理人。此外,根据法律的规定,还需要选任一名税务管理人。当然,如果管理人是SEC工作人员,则无权获得报酬。如果管理人(包括税务管理人)不是SEC的工作人员,则可以因其服务而获得合理的费用。该项费用先从基金的利息收入中支付,不足的由基金支付。该规则对该合理的费用并没有数量或比例方面的限定。

3. 基金的分配

基金向投资者进行分配的自由裁量权掌握在SEC的手中。通常而言,在SEC提出设立基金的意向后,法院依照司法程序进行处理。[②] 每一支基金分配一次,如不足分配,则按比例分配;如分配后尚有剩余,一般都上缴财政部。在绝大多数案件中,SEC创立并负责监管基金资金的分配。需要提及的是,在2007年之前,由于SEC没有设立专门负责基金分配的部门,因此基金的分配具有一定的随意性特征。2007年SEC设立基金收集与分配办公室负责相关事宜,然而,在2009年3月之前,SEC并没有设立监管及管理基金分配的集中化数据库。2011年7月,该机构进行了重组,并重新进行了功能的划分,目前处于正常运作状态。

SEC会雇用基金分配顾问负责设计分配方案,同时会雇用基金管理人负责相应的程序事宜,如发布公告、向适格请求者邮递材料、处理相关请求、准备账户、准备纳税申报以及分配基金。[③] 只有在极少数情况下,直接通过判决要求被告支付违

---

① Barbara Black,"Should the SEC Be a Collection Agency for Defrauded Investors?", *The Business Lawyer*, 2008, pp. 317, 339.

② Urska Velikonja,"Public Compensation for Private Harm: Evidence from the SEC's Fair Fund Distributions", *Stanford Law Review*, Volume 67, 2015, pp. 331, 342.

③ 17 C. F. R. § 201. 1101(b)(6).

法所得和民事罚款,并交给适格的受害者。① 根据学者的考察,基金的归集与分配程序一般是:SEC或听证官裁决以通过行政程序或民事诉讼程序追缴的违法者吐出的违法所得和罚款,创立一支公平基金;SEC任命管理人,管理人提出基金分配建议方案;分配建议方案公布,接受异议、评论和建议;分配建议方案应公布在SEC的档案、SEC官方网站以及其他SEC或听证官指定的出版物上。接受异议、评论和建议期间届满后的30日内,SEC将以发布命令的方式作出是否批准该方案的命令。如SEC作出实质性修改,应当再次公告,并征求意见。SEC批准分配方案后,基金管理人公布分配方案,之后,基金管理人实施分配。分配完毕,基金管理人提交总结报告,由SEC审核。基金如有剩余,SEC往往会裁定将其上缴财政部。之后,SEC裁定基金终止,管理人职责终止。② 具体流程如图1所示。

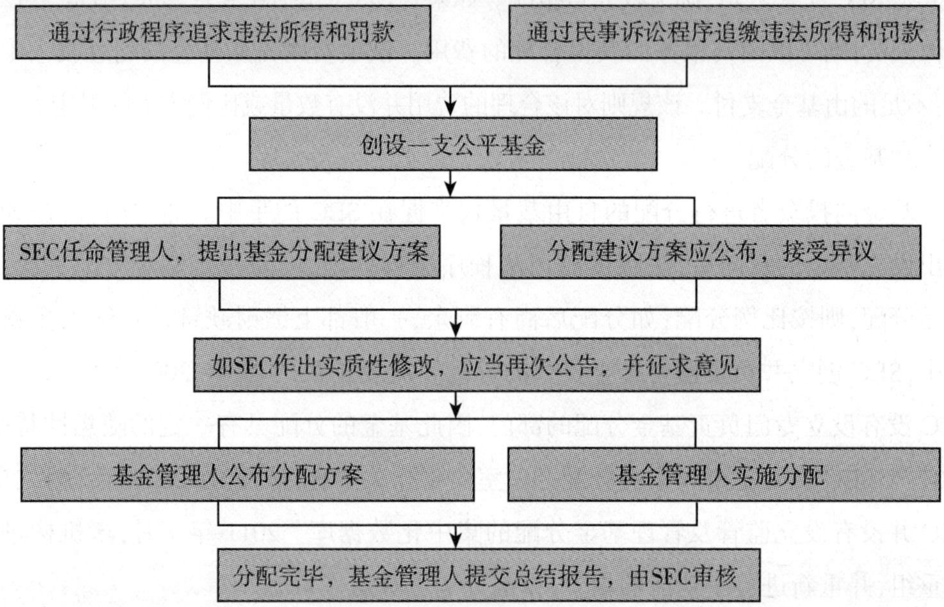

图1 基金的收集与分配

① Urska Velikonja, "Public Compensation for Private Harm: Evidence from the SEC's Fair Fund Distributions", *Stanford Law Review*, Volume 67, 2015, pp. 331, 343.

② Ibid., pp. 331, 343.

二、公平基金在美国的发展演化

在很长的一段时间里，SEC 并不认为自己负有处理投资者损失弥补事宜的职责，“并非一个负责处理证券欺诈受害者补偿事宜的机关”。[①] 相反，私人诉讼（private litigation）被视作弥补被欺诈投资者损失的适宜途径。然而，这一做法自美国 1990 年《证券执法救济与廉价股票改革法》（Securities Enforcement Remedies and Penny Stock Reform Act）颁行时发生了改变，该法第 23 条明确授权 SEC 通过行政程序要求违法者返还违法所得，并将其设立基金向受害投资者发放。[②] 在此之前美国 1933 年《证券法》、美国 1934 年《证券交易法》并没有授予 SEC 此职权。应当提及的是，尽管没有授权，却早已出现了这样的判例。例如，早在 1971 年“SEC 诉德克萨斯海湾硫磺公司案”（SEC v. Texas Gulf Sulphur Co.）中，就第一次要求被告交出非法所得。[③] 在 1989 年“SEC 诉第一城市金融公司案”（SEC v. First City Financial Corp.，Ltd.）中，法院认为交出违法所得不限于内幕交易案件领域。[④]

当然，并不是所有情况下都会分配非法所得。也就是说，在 SEC 看来，非法所得基金的分配并非绝对地符合经济原则，从而是适宜的。[⑤] 换言之，基金数额的大小直接决定着分配的可能性与现实性。[⑥] 正如学者所说的那样：“SEC 决定分配基金主要基于两个方面的因素：是否存在遭受同样损害的同类型投资者；从被告那里收取的资金构成的基金是否足以向受害者支付。”[⑦]例如，当非法所得数额较小或者需赔偿的投资者人数远远超过资金数额时，SEC 往往不会分配基金，而是将其上缴

---

① Jayne w. Barnard，“Evolutionary Enforcement at the Securities and Exchange Commission”，*U. Pitt. L. Rev.*，Volume 71，2010，pp. 403，416.

② 15U. S. C. § §78U－2，78U－3（2013）. 美国的公平基金制度可以追溯 1966 年的 SEC v. Texas Gulf Sulphur Co 案。该案中，美国联邦第二巡回法院创立了在内幕交易者需吐出其非法所得的判例。1988 年的 SEC v. First City Financial Corp.，Ltd. 案中，法院又将吐出非法所得制度（“吐脏制度”）扩展至虚假陈述等领域。

③ 446 F. 2d1301，1307－08（2d Cir）.

④ 890 F. 2d 1215，1229－32（D. C. Cir. 1989）.

⑤ Verity Winship，“Fair Fundss and the SEC's Compensation of Injured Investors”，*Florida law Review*，Volume 60，2008，pp. 1103，1113.

⑥ Urska Velikonja，“Public Compensation for Private Harm：Evidence from the SEC's Fair Fund Distributions”，*Stanford Law Review*，Volume 67，2015，pp. 331，355.

⑦ Ibid.，pp. 331，342.

财政部。值得注意的是,在这一时期,民事罚款不能被纳入基金中,SEC必须依法上缴美国财政部。①

如前所述,民事罚款类似于我国的行政罚款,源于英美法系特殊性,它们的法律中并没有行政罚款这一称谓。尽管如此,在学者看来,不赋予包括SEC等在内的行政机构该职权是存在问题的。正如学者所言:"国会授权通过一个重要的行政监管方案,却没有赋予其作为惩治措施的民事罚款职权,这是极不合理的做法。"②1984年,美国国会赋予SEC对内幕交易行为作出民事罚款的职权。③ 1990年之后,SEC行使民事罚款职权的范围和方式进一步扩大,既可以通过司法程序,也可以通过行政程序对所有违反联邦证券法律的行为作出民事罚款的决定。④

随后,2002年颁布的《萨班斯-奥克斯利法》进一步强化了SEC在弥补投资者损失方面的职权,该法第308(a)条授权SEC将民事罚款纳入"没收非法所得基金"之中,并依法将其向受害者予以分配,即后来所称的"公平基金"。这一职权在所有的联邦行政机关中是绝无仅有的。也就是说,其他行政机关作出的行政罚款须上交美国财政部。⑤ 尽管授权进一步扩大,此时SEC在这一方面的职权还受到一定的限制。申言之,只有当SEC要求违法者归还违法所得时才能将民事罚款向受害者分配,假如没有要求违法者归还违法所得,那么SEC只能将民事罚款上缴财政部,而不能予以分配。⑥ 至于为什么在2002年突然赋予SEC主导投资者赔偿事宜的职权,并将没收违法所得与民事罚款合并之后成立公平基金这一问题,学者也没有给出明确的回答,是政治上的巧合还是SEC执法"升级版"的组成部分则不得而知。⑦

---

① 15U. S. C. 78u(d)(3)(C)(i). 根据美国1984年《内幕交易处罚法》(Insider Trading Sanction Act of 1984),它授权SEC以原告的身份对被告提起民事诉讼,有权对内幕交易人等征收不超过违法者从事内幕交易所得利益或所避免损失数额三倍的民事罚款。

② Colin S. Diver, "The Assessment and Mitigation of Civil Money Penalties by Federal Administrative Agencies", *Columbia Law Review*, Volume 79(8), 1979, pp. 1435, 1436.

③ Insider Trading Sanctions Act of 1984, Pub. L. No. 98 - 376, § 2, 98 Stat. 1264, 1264 - 65[codified as amended at 15 U. S. C. § 78u(2000 & Supp. V 2005)].

④ 1990 Act, supra note 18, § 202(a), 104 Stat. at 937 - 38[codified as amended at 15 U. S. C. A. § 78u - 2 (West 1998 & Supp. 2007)].

⑤ 15 U. S. C. § 78u(d)(3)(C)(i).

⑥ 在这一方面,SEC试图采取措施予以规避,但遭到了不少批评。例如,为了将民事罚款纳入公平基金,而要求被告规划一美元的非法所得,从而使民事罚款无须上交国库。

⑦ Barbara Black, "Should the SEC Be a Collection Agency for Defrauded Investors?", *The Business Lawyer*, 2008, pp. 317, 319.

2010年《多德--弗兰克华尔街改革与消费者保护法》(The Dodd-Frank Wall Street Reform and Consumer Protection Act)的出台进一步改革这方面的内容,该法第929B条授权SEC将民事罚款向受害者予以分配,即使没有没收违法所得的命令。① 与此同时,该法还授权SEC对所有违法者依照行政程序作出民事罚款的处罚。② 可以说,该法案的授权力度之大是前所未有的。

相关数据统计表明,2004年至2012年,SEC通过公平基金分配了超过其收集的金钱罚款的75%,而美国贸易委员会2012年时这一数值仅为3.3%。③ 毫无疑问,SEC已成为分配基金数额最多,分配对象最广泛的行政机构,在维护投资者合法权益方面发挥着举足轻重的作用。

三、公平基金的制度功能争论

事实上,并不是所有的学者都认为SEC设立并主导公平基金的做法是值得称道的。首先,从证券法违法行为发生后补偿的角度来看,有学者认为所谓的补偿只不过是“杯水车薪”。换言之,对利益受到损害的投资者进行补偿是徒劳无功的。第一,证券违法案件所造成的损失与向投资者支付的损失之间不可同日而语;第二,所谓的补偿只不过是“羊毛出在羊身上”。④ 其次,有的学者从SEC功能的角度出发,认为SEC主导补偿投资者权益功能的定位并不准确,在很大程度上会弱化SEC的功能与职责。按照SEC自己的描述,其功能是“保护投资者;确保市场的公平、有序、高效;为资本的融合提供便利”。⑤ 其中,通过执法与惩治违法者确保投资者避免市场欺诈是其重要职责之一,然而,如前面提到的那样,在很长的一个历史时期里,SEC并不认为自身具有主导弥补投资者损失的职责;相反,这一功能主要

---

① Section 929B of the Dodd-Frank Act.

② 15 U. S. C. §77h－1(g).

③ Urska Velikonja,“Public Compensation for Private Harm:Evidence from the SEC's Fair Fund Distributions”, *Stanford Law Review*, Volume 67, 2015, pp. 331, 334.

④ Ibid.

⑤ U. S. Securities and Exchange Commission, About the SEC, What We Do, https://www.sec.gov/Article/whatwedo.html., 12. Mar., 2018.

通过集团诉讼的方式完成。[①] 2002年萨班斯法案通过之后,SEC被赋予了主导受欺诈投资者赔偿的职能。借助公平基金这一方式,SEC在投资者赔偿领域发挥了重要的作用。然而,有学者认为在这一领域的作为有偏离SEC基本职责之嫌。通过对几个典型案例的分析,结合SEC通过公平基金赔偿投资者的做法,学者得出了如下结论:过分倚重公平基金将会弱化SEC作为行政机关的功能,而且还会侵蚀私人民事诉讼(private civil litigation)机制特有的功能。[②]

事实上,无论从SEC与其他行政机关职权对比的方面来看,还是从公平基金的使用频率来讲,公平基金无疑具有不可忽视的重要价值。然而,这一制度并没有得到应有的关注和研究。有如学者所讲的那样:“除了证券法这一范围,知道公平基金的人少之又少。”[③]正因如此,包括学者对这一问题的研究也严重缺乏,更不要说普通投资者对其的关注了。

毋庸置疑,在证券法领域,通常情况下,权益遭受侵害的投资者可以依法通过提起私人民事诉讼的方式要求违法者承担相应的法律责任,惯常的方式是借助集团诉讼的方式获取赔偿。随着时间的推移,SEC获得了法律的授权,具有了承担权益遭受侵害的投资者补偿的职责,这主要是通过设立并监督公平基金运作的方式实现。当然,对SEC赋予上述职能并非一蹴而就,而是随着时间的推移通过立法的方式赋予的。也就是说,根据法律的规定,SEC的传统职责并不包含履行受侵害的投资者权益补偿的功能。自1990年开始,在SEC的职能中逐渐凸显出了该功能,正如学者所说的那样:“近十二年来,SEC悄然成为负责补偿受欺诈投资者的重要方面。”[④]据相关数据,自2002年开始至2013年,SEC共设立243个公平基金,金额达144.6亿美元。[⑤]

就必要性而言,如本报告对法理部分的论述一样,首先,从法哲学的角度来看,借助公平基金补偿受害者权益属于法律应极力维护的正义。正如学者所说的那

---

① Barbara Black, “Should the SEC Be a Collection Agency for Defrauded Investors?”, *The Business Lawyer*, 2008, p. 318.

② Ibid., p. 317.

③ Urska Velikonja, “Public Compensation for Private Harm: Evidence from the SEC's Fair Fund Distributions”, *Stanford Law Review*, Volume 67, 2015, pp. 331, 339.

④ Ibid., pp. 331, 332.

⑤ Ibid., pp. 331, 333.

样:“不当得利返还原则是内涵‘矫正正义’的结构性原则,该原则将投资者收益权保障目标贯穿于投资者代理人过错考察和证券欺诈赔偿基金制度中。”①

其次,公平基金是克服证券领域私人民事诉讼弊病的重要方式。由于证券法领域中的违法行为往往具有涉及面广、人员复杂、取证难等特征,在这样的情况下,受害者往往具有“搭便车”的心理,主张维护权益的积极性并不高,从而出现“集体行动的困境”,最终使救济手段变得苍白无力。在这一背景下,采取公权力介入的方式在很大程度上能克服上述弊病。同时,通过设立公平基金的方式将资金分配给受害者而不是直接上交国库,也有其充分的正当性根据。正如学者所说的一样:“在证券市场,内幕交易者的非法获利对应着的是其他的投资者的损失,如果将内幕交易者的非法获利以及对其的罚款上缴财政,而不是补偿投资者的话,则可能会造成证券市场资金的‘失血’,从而导致证券交易的萎缩。正是意识到这一点,美国才创立了公平基金制度。”②

最后,从方便维护投资者权益的角度来看,公平基金也有其独特的灵活性优势。在私人民事诉讼中,根据法律的要求,适格的原告必须符合一定的条件。从这一角度出发,通过私人民事诉讼的方式维护投资者权益,SEC 并不符合主体资格。而且,诉讼的要件越来越严格,极有可能出现诉讼请求被驳回的情况。然而,借助公平基金这一渠道,SEC 省却了诸多环节,从而可以有效地维护投资者权益。正如学者所言:“SEC 无须成为股票买者或卖者,也无须证明存在信任或损失的因果关系就可对违法者提起诉讼。”③换句话说,在有的学者看来,公平基金无法取代其具有的特殊作用。④ 第一,SEC 没有(将来也不会有)充足的资源去调查并执行每一件证券违法案例,更何况去帮助每一个投资者挽回损失;第二,如前所述,SEC 还有除了协助赔偿消费者之外更为重要的目标和职责。⑤

---

① 参见张春丽:《论我国证券欺诈赔偿责任机制的完善》,载《法律科学》2014 年第 3 期。

② 参见邢会强:《内幕交易公平基金制度的构建》,载郭锋主编:《证券法律评论》,中国法制出版社 2016 年版,第 66 页。

③ Barbara Black, “Should the SEC Be a Collection Agency for Defrauded Investors?”, *The Business Lawyer*, 2008, pp. 317, 335.

④ 就其作用而言,有学者认为集团诉讼并没有发挥其良好的作用。See John C. Coffee, Jr., “Reforming the Securities Class Action: An Essay on Deterrence and Its Implementation”, *COLUM. L. REv*. Volume 106, 2006, p. 1534.

⑤ Barbara Black, “Should the SEC Be a Collection Agency for Defrauded Investors?”, *The Business Lawyer*, 2008, pp. 318, 338.

四、美国公平基金制度的实效性分析

(一)对公平基金的传统质疑

无论是学者还是实务界,对公平基金实际效果的考察并不多,他们往往基于某些(个)典型案例的分析,试图得出对公平基金实效性认识的普遍性结论。根据学者的考察,较具典型意义的两篇实证研究论文所得出的结论均具有局限性,并没有全面分析公平基金所具有的价值。其中的一篇报告认为SEC在收集公平基金资金方面并不得力,从而使补偿受害者变得困难重重。由于设立和管理公平基金的成本极高,因此,SEC在从事这一行为时是极谨慎的。① 另一篇报告认为SEC分配公平基金的效率并不高,通常要用数年的时间才能将资金分配到受害者的手中,尽管自2007年开始分配的步伐有所加快。②

当然,对公平基金实效性质疑的声音还有来自其他方面的,例如,有学者认为公平基金充其量不过是私人民事诉讼手段微不足道的补充。也就是说,诉讼方式仍旧是当事人进行权益救济的主要方式。在这一方面,有学者引用"世通公司(World Com)案"作为佐证案例,在该案中,通过集团诉讼所获得的赔偿是61.5亿美元,而SEC对该案的民事罚款是7.5亿美元。事实上,根据学者的统计,在如下文所提及的信息披露领域,基于成本的考虑,SEC通过公平基金应对该类型的违法行为是有其不足之处的。有学者认为,公平基金造成了资金从无辜的股东流向其他人手中的不合理现象。③ 这是最常见也是最严厉的批判。如有学者指出的那样:"公司的所有人是广大的投资者,而制造欺诈的是公司的管理层,把公司整体作为惩罚对象,损害了广大消极股东的利益。受害投资者得到的赔偿来自公司现有股

---

① U. S. Securities and Exchange Commission, Report Pursuant to Section 308 (c) of the Sarbanes Oley Act of 2002, https://www. sec. gov/news/studies/sox308creport. pdf, pp. 6 – 8, Mar. 12, 2018.

② U. S GOV' T Accountability Office, GAO – 05 – 670, SEC and CFTC Penalties: Continued Progress Made in Collection Efforts, but Greater SEC Management Attention is Needed, Oct. 3, 2005, https://www. gao. gov/products/GAO – 05 – 670, pp. 29, 30, Mar. 12, 2018.

③ Barbara Black, "Should the SEC Be a Collection Agency for Defrauded Investors?", *The Business Lawyer*, 2008, pp. 317, 335.

东的腰包。”[①]概言之，“在如何协调补偿受损害投资者与避免对无辜持股人造成伤害之间紧张关系问题上，SEC 并没有清晰明了的做法。”[②]有的批评者认为公平基金是在相同的案件上浪费资源，[③]在资金的分配上缺乏一致性的规则，[④]扭曲的制度架构以及让人尴尬的实际效果增加了法院的负担，[⑤]在破产案件中，它使债权人的救济手段变得毫无价值。[⑥] 还有学者认为，过分利用公平基金，在很大程度上将弱化 SEC 作为行政机关的其他基本职能，尤其是其原本确立的震慑作用与提振投资者信息这两大功能。[⑦] 如上观点均质疑公平基金的功能，在很大程度上影响了这一制度价值的发挥。

（二）最新的实证研究

如上学者对公平基金实证研究存在着严重的缺陷：支撑结论的数据不全面，而且往往以几个典型案例作为佐证得出结论。可以说，这种做法得出的结论的真实性值得怀疑。鉴于此，近年来有学者试图基于全面的数据，通过实证分析的方法推翻之前所得出的一些不当结论。以下对这一研究的情况进行阐述。

1. 数据范围

有学者基于对 2002 年至 2013 年 SEC 所设立的所有公平基金相关数据的实证考察，试图有力地反驳上述观点。实证研究的数据范围涵盖自 2002 年 7 月 25 日至 2013 年 12 月 31 日期间共计 243 个公平基金。[⑧] 这些基金所涉及的金额共计 144.6 亿美元，其中 143 个基金是通过司法程序设立的，另外 100 个基金则是通过行政程序设立的。在所有的 243 个基金中，240 个基金由非法所得与民事罚款构成，其中

---

① 参见邢会强：《内幕交易公平基金制度的构建》，载郭锋主编：《证券法律评论》，中国法制出版社 2016 年版，第 254 页。

② Barbara Black, "Should the SEC Be a Collection Agency for Defrauded Investors?", *The Business Lawyer*, 2008, pp. 317, 340.

③ Ibid., pp. 317, 342.

④ Ibid., pp. 317, 335.

⑤ SEC v. Bear, Steans & Co., 626F. Supp. 2d402, 403 (S. D. N. Y. 2009).

⑥ David A. Skeel, Jr., Welcome Back, SEC? AM. BANKR. INST. L. REV., Volume 18, 2010, pp. 573, 583 - 584.

⑦ Barbara Black, "Should the SEC Be a Collection Agency for Defrauded Investors?", *The Business Lawyer*, 2008, pp. 317, 344.

⑧ Urska Velikonja, "Public Compensation for Private Harm: Evidence from the SEC's Fair Fund Distributions", *Stanford Law Review*, Volume 67, 2015, pp. 331, 347. 需要提及的是，作为实证分析的对象，这里的公平基金并不涵盖非法所得，只统计民事罚款。

前者的数额为61.9亿美元,后者的数额为82.8亿美元。[①]

值得称道的是,作者从事实证研究的数据来源渠道比较广泛,涵盖SEC官方网站、包括Westlaw等在内的权威法律数据库以及其他公开的报告。此外,作者还对每个基金的数额、计划以及其他相关细节进行了认真比对和考察。所有这些工作旨在确保数据来源的可靠、全面。需要说明的是,所有的数据不包括不含有民事罚款而仅由归还的非法所得构成的公平基金。实际上,在所有统计的基金中,只有三个是基金不是民事罚款与归还违法所得二者的结合。[②]

2. 研究发现

首先,就上面所提到的在同一案例上浪费资源这一观点,即公平基金"模仿"集团诉讼,造成成本上的极大浪费,学者通过实证考察发现这一观点并没有全面的数据支撑。详言之,在发行人信息披露案件中,尽管往往存在平行诉讼的情形,但是,SEC通过公平基金分配资金的案件往往无法通过私人民事诉讼获取赔偿。通过数据分析后发现:"有超过一半(53.2%)的公平基金分配对象的被欺诈投资者无法通过并行的私人民事诉讼程序获得补偿……其结果就是,在绝大多数公平基金涉及的案件中,借助公平基金成为投资者获得补偿的唯一渠道。"[③]与此同时,学者通过考察还发现,SEC的公平基金已成为弥补私人民事诉讼手段不足的重要组成部分,发挥着无法取代的重要功能。[④]"个人以及二级市场中的被告支付给公平基金的数额已成为常态,而且在数额上远远超过私人民事诉讼方式所确定的数额。"[⑤]

就其所指向的对象而言,私人民事诉讼主要针对上市公司信息披露问题,而SEC所针对的证券违法行为则很广泛,不仅涉及信息披露问题,而且还包括内幕交易、操纵市场、中介机构违法等诸多方面。也就是说,针对证券领域的违反行为,在美国存在集团诉讼的解决方式。针对上市公司信息披露欺诈行为,利益受侵害的投资者往往选择通过集团诉讼的方式救济其权利。据2006年至2010年的数据,60%的集团诉讼是针对会计欺诈行为,支付赔偿的90%是针对会计欺诈行为的诉

---

① Urska Velikonja, "Public Compensation for Private Harm: Evidence from the SEC's Fair Fund Distributions", *Stanford Law Review*, Volume 67, 2015, pp. 331, 351.

② Ibid.

③ Ibid, p. 371.

④ Ibid, p. 338.

⑤ Ibid, p. 337.

讼。在其他领域中,公平基金发挥着越来越重要的作用,事实已证明了这一点。[①]因为在这些领域中,有的是因为潜在的损失不大,律师并没有太大的激励提起集团诉讼;有的情况是很难达到提起集团诉讼的条件,极易被驳回。[②] 数据统计表明,作为公平基金分类重要领域的发行人财务会计虚假问题,数量占到 29.3%,资金总额占到 43.8%。而在私人民事诉讼中,发行人财务会计虚假问题占到 60%,资金总额则占到 90%。[③]

民事罚款往往存在于那些违法主体无法从违法行为中直接获益的领域。例如,在发行人信息披露违法行为中常存在财务会计欺诈行为,这一行为往往无法使违法公司直接受益,从而要求其规划违法所得也就变得不现实(或者数额很少)。缺乏数额客观的资金来源,在这一领域,公平基金的用处就变得"捉襟见肘"了。数据统计显示,在该领域中,公平基金分配数额只占到总数的 15.1%。另外,在其他违法类型中,如内幕交易行为、证券发行行为、市场操纵行为、投资咨询人及经纪人违法行为等,公平基金则发挥着极重要的作用。这其中的原因很简单,在这些领域中,SEC 能要求违法者支付数量可观的民事罚款以及要求归还数额不菲的非法所得。举例来说,金融中介机构违法行为,SEC 往往要求其返还其所获得的非法收益,同时会对其作出数额相当的民事罚款。[④]

其次,如上学者所指出的资金从无辜的股东手中流出,出现"二次伤害"的观点并不足信。实证分析表明,通过公平基金分配资金的案件往往发生在金融中介结构欺诈客户或不正当竞争的领域,而在这些领域不会发生如上学者所说的情形。[⑤]同时,通过公平基金这一渠道要比通过私人民事诉讼手段更能向被告获取数额更大的补偿资金。而且,通过公平基金方式与诉讼方式不同,高级管理人员保险(Directors and Officers Liability Insurance, D&O insurance)不能适用,从而也在很大程度上强化了公平基金的震慑力。针对公平基金会造成"循环分配"的批判,有学者通过数据分析发现,只有 35.1% 的公平基金存在这样的情况。而且,这一情况常

---

① Urska Velikonja, "Public Compensation for Private Harm: Evidence from the SEC's Fair Fund Distributions", *Stanford Law Review*, Volume 67, 2015, p. 363.

② Ibid, pp. 373 – 374.

③ Ibid, pp. 331, 356.

④ Ibid, p. 353.

⑤ Ibid, p. 336.

发生在发行人信息披露存在问题的领域,此时埋单的往往是公司。①

最后,有学者指出,会出现对投资者过度补偿的问题。针对这一观点,也有学者通过实证研究分析表明这一情况并不存在。事实上,可能存在平行程序的情况主要涵盖在发行人信息披露欺诈的情形中。② 即使如此,在公平基金向投资者进行分配之时,会关注相应的程序中是否存在相关的处罚,避免出现投资者获得的补偿超过其损失情况的出现。③ 根据学者对数据的分析,在约一半(53.3%)的公平基金分配中,受欺诈的投资者是无法通过诉讼程序获得赔偿的。④ 当然,唯一可能会出现补偿超过损失的情形是当被告处于破产状态,根据破产法的规定,此时投资者可能会获得超过损失的补偿。⑤

五、我国引入公平基金制度的前景

(一)公平基金赔偿受害投资者的制度优势

需要说明的是,在我国,《证券法》明确规定了证券投资者保护基金制度,该制度与本课题所阐述的公平基金并不一致。根据相关法律所设立的执行证券投资者保护基金制度的中国证券投资者保护基金有限责任公司的主要职责之一是在证券公司被撤销、被关闭、破产或被证监会实施行政接管、托管经营等强制性监管措施时,按照国家有关政策规定对债权人予以偿付。⑥ 换言之,该保护基金旨在防范和处置证券公司风险,其仅适用于证券公司关闭、破产等特殊情形,主要通过采用收购投资者对证券公司的债权的方式,实现对投资者的适当补偿。⑦ 可见,其宗旨和目的与公平基金迥异。与此同时,在我国,涉及投资者权益保护的机构,除了上述这一特殊类型的公司之外,证监会下设投保局,该机构主要负责投资者保护工作的

① Urska Velikonja, "Public Compensation for Private Harm: Evidence from the SEC's Fair Fund Distributions", *Stanford Law Review*, Volume 67, 2015, p. 375.

② Ibid, p. 391.

③ 293 F. R. D. 459, 462; 608 F. Supp. 2d 677, 678 – 79.

④ Urska Velikonja, "Public Compensation for Private Harm: Evidence from the SEC's Fair Fund Distributions", *Stanford Law Review*, Volume 67, 2015, pp. 331, 369.

⑤ 11 U. S. C. § §510(b)(2013).

⑥ 叶林、王琦:《证券投资者保护基金的法律性质》,载郭文英、徐明主编:《投资者》(第1辑),法律出版社2018年版,第26页。

⑦ 同上书,第34页。

统筹规划、组织指导、监督检查、考核评估;推动建立健全投资者保护相关法规政策体系;统筹协调各方力量,推动完善投资者保护的体制机制建设;督导促进派出机构、交易所、协会以及市场各经营主体在风险揭示、教育服务、咨询建议、投诉举报等方面,提高服务投资者的水平;推动投资者受侵害权益的依法救济;组织和参与监管机构间投资者保护的国内、国际交流与合作。另外,2014 年 12 月注册成立中证中小投资者服务中心有限责任公司,该机构归属证监会直接管理。其主要职责是为中小投资者自主维权提供教育、法律、信息、技术等服务。具体包括:面向中小投资者开展公益性宣传和教育;为中小投资者自主维权提供法律、信息、技术服务;公益性持有证券等品种,以股东身份行权和维权;受中小投资者委托,提供调解、和解服务;代表中小投资者,向政府机构、监管部门反映诉求;中国证监会委托的其他业务。由于如上三者在保护投资者权益方面存在重叠,因此在我国涉及公平基金法律制度时,具体的执行机构应当充分考虑如上因素。换言之,应当确定管理、执行公平基金的最恰当机构。

在金融中介机构欺诈案中,私人民事诉讼很难有其用武之地,SEC 借助公平基金救济受害人权益成为其获得权益救济的"最后一根稻草"。而且,随着美国联邦最高法院及国会不断限制提起私人民事诉讼的范围以及增设其他条件,在证券违法案件中,只有在会计欺诈领域,私人民事诉讼才有用武之地。[①] 如前所述,在美国,投资者通常会借助集团诉讼的方式主张损害赔偿,而这一方式面临的苛刻条件让人望而却步。可以说,在证券违法其他案件中,公平基金已成为弥补诉讼救济机制不足的重要方式。换言之,尽管集团诉讼和公平基金自身都存在这样或那样的问题,但它们相互之间无法取代,各自在不同的领域发挥着救济受侵害的投资者合法权益的作用。从更广阔的视角来看,由于诉讼程序尤其是集团诉讼受到的限制越增大,SEC 主导的公共补偿(public compensation)的灵活性则凸显出来。[②] 在这一点上,我国证监会设立投资者权益保护的公益机构履行投资者利益补偿功能也有所契合。也就是说,正是看到诉讼方式在证券领域救济权益中存在的问题,强化证券主管机关的补偿投资者权益的功能势在必行。值得注意的是,在我国目前没

① Urska Velikonja, "Public Compensation for Private Harm: Evidence from the SEC's Fair Fund Distributions", *Stanford Law Review*, Volume 67, 2015, pp. 331, 394.

② Ibid., p. 393.

有设立集团诉讼法律制度的现实背景下,上述做法更值得我们去思考、尝试。

申言之,在美国,公平基金与私人民事诉讼针对的领域并不一致,二者相互补充、相得益彰。从公平基金研究的需要出发,证券领域中的违法行为可分为发行人信息披露违法与其他类型的违法。在这两大领域中,前者的违法行为由权利人通过私人民事诉讼的方式主张权利,公平基金分配资金的数额只占其全部的15.1%。可以说,这是诉讼程序发挥其功能的"主阵地",此时,出于节省成本的考虑,SEC并不会独自制定公平基金的分配方案,而是参考、结合集团诉讼的相关情况展开。在除信息披露违法之外的其他领域,如内幕交易、证券发行、操纵市场、投资咨询人、证券经纪人等方面的违法行为,公平基金资金分配占比为71.3%,远远超过通过私人民事诉讼所能获取的赔偿。[①] 也就是说,在公平基金弥补的对象中,有2/3是由金融中介机构的欺诈或不正当竞争行为造成的。可以说,在那些难以收集、锁定证据的领域中,SEC通常会利用公平基金的方式获取赔偿投资者的资金。在SEC的牵头和介入下,不仅容易查清相关事实,而且也较为顺畅地获取相应的赔偿资金。相反,在发行人信息披露虚假这一领域,证据较为容易发现、固定,此时通过私人民事诉讼的方式可以顺利地获得救济。

可见,公平基金在受欺诈投资者权益保护方法发挥着独特的作用。在遭遇证券违法后主张赔偿这一问题上,借助公平基金的方式弥补投资者权益是一种灵活且有效的措施。尤其是在我国目前缺乏集团诉讼制度,受害者分散,无法形成有效激励的情况下,通过证券监管部门的介入和协调更能有效地保护投资者的合法权益。换言之,由于美国设有集团诉讼法律制度,在律师的牵头和帮助下,在某些类型案件中,当事人获得救济是完全可能的。但在我国,尤其是涉及受害者人数较多的案件中,受制于诉讼成本以及其他制约因素,相比之下,借助公平基金方式获取赔偿要比当事人通过诉讼的方式获取赔偿金更为有效、快捷。在目前条件下,鉴于诉讼救济手段自身存在的不足,强化公共补偿的功能对于快速、有效保护投资者权益具有重要的现实意义。我国在这一方面的尝试和努力值得赞许,但仍有进一步改革、探索的空间。

---

① Urska Velikonja, "Public Compensation for Private Harm: Evidence from the SEC's Fair Fund Distributions", *Stanford Law Review*, Volume 67, 2015, pp. 331, 359 - 360.

（二）制度设计的具体问题

第一，从总体上来说，建议我国在《证券法》修改时，在投资者权益保护部分或者证券监管机构部分增加有关公平基金的条款。明确基金来源包括没收违法所得与行政罚款两部分；明确证监会管理基金的职权；授权证监会通过部门规章的方式制定公平基金操作流程与设计方案等具体内容。

第二，公平基金的资金来源应包括民事罚款与没收违法所得两部分。如前所述，美国的民事罚款相当于我国的行政处罚。在我国，按照《证券法》的规定，在内幕交易等证券违法行为领域也存在没收违法所得的行政处罚措施。① 因此，如美国，将行政罚款与没收违法所得二者归入公平基金并无问题。至于刑事罚金应否列入公平基金的问题，国内学者有人主张将其纳入公平基金的范畴，从而增大对投资者的保护可能。但是，从理论上讲，刑事罚金重在威慑，将其纳入公平基金逻辑上无法自洽。在目前条件下，应当强化行政罚没（没收非法所得 + 行政罚款）的执行力度，将其纳入公平基金的范畴之内，同时确保刑法谦抑性规则的适用，尽量避免刑事规则的提前介入，从而在更大程度上实现对投资者权益的保护。尽管在证券违法领域中，尤其是那些涉及面广、影响大案件，民事部分往往会中止，等待刑事处理的结果。在这样的情况下，如本报告其他部分论证的那样，在刑事罚金与民事赔偿发生冲突的情况下，优先考虑的应是对投资者权益的保护。在此理念指引下，借助先期赔付制度等贯彻执行如上基本精神和原则。

---

① 我国《证券法》第202条规定：证券交易内幕信息的知情人或者非法获取内幕信息的人，在涉及证券的发行、交易或者其他对证券的价格有重大影响的信息公开前，买卖该证券，或者泄露该信息，或者建议他人买卖该证券的，责令依法处理非法持有的证券，没收违法所得，并处以违法所得1倍以上5倍以下的罚款；没有违法所得或者违法所得不足3万元的，处以3万元以上60万元以下的罚款。单位从事内幕交易的，还应当对直接负责的主管人员和其他直接责任人员给予警告，并处以3万元以上30万元以下的罚款。证券监督管理机构工作人员进行内幕交易的，从重处罚。

第五章 相关程序协调和衔接

目前我国《证券法》第232条落空的主要原因是证券行政处罚、刑事程序在前，而民事赔偿程序在后，这样就必然导致行政罚没款、刑事罚金执行在前，而申请证券罚没款暂缓入库或财政退库都具有相当大的难度。鉴于此，我们提出证券行政处罚、证券刑事程序与民事赔偿程序有效对接、交叉进行的设想，即在证券行政处罚程序中，证监会作出行政处罚事先告知后，就可以提起民事赔偿诉讼或启动先期赔付程序等，待投资者经济损失得到赔偿后，证监会在考虑违法行为人已作出赔偿的基础上，再从轻或减轻予以行政处罚。① 在证券刑事程序中，由司法机关引导犯罪嫌疑人主动对受害投资者经济损失予以赔偿，事后司法机关在考虑当事人认罪认罚的基础上，对犯罪嫌疑人从宽量刑、从宽判决。现将其合法性、合理性及具体规则建构阐述如下。

一、法律依据

关于投资者提起证券虚假陈述民事赔偿，最高人民法院《关于受理证券市场因虚假陈述引发民事侵权纠纷案件有关问题的通知》(2002年1月5日)规定，“须经中国证券监督管理委员会及其派出机构调查并作出生效处罚决定”。最高人民法院《关于审理证券市场因虚假陈述引发的民事赔偿案件的若干规定》(法释〔2003〕2

---

① 现实中，如果上市公司主动承认信息披露问题，那么法院就能接受案件，并将上市公司的主动承认作为虚假陈述的证据。但总体而言，这种情况不多，而且，上市公司的主动承认经常伴随着证监会的处罚事先告知，后文将要讨论的金亚科技案件就是适例。从这个意义上讲，证监会的处罚事先告知是一个常用标准，但在特殊情况下允许有例外。

号）规定，法院受理虚假陈述民事赔偿案件须“依据有关机关的行政处罚决定或者人民法院的刑事裁判文书”，这就是通常所称的证券民事赔偿前置程序。但根据2015年4月15日发布的最高人民法院《关于人民法院登记立案若干问题的规定》，人民法院对依法应该受理的一审民事起诉、行政起诉和刑事自诉，实行立案登记制。[1] 时任最高人民法院民二庭庭长杨临萍2015年12月24日所作的《最高人民法院关于当前商事审判工作中的若干具体问题》讲话，“根据立案登记司法解释规定，因虚假陈述、内幕交易和市场操纵行为引发的民事赔偿案件，立案受理时不再以监管部门的行政处罚和生效刑事判决认定为前置条件”。因此，在证券行政处罚决定作出前，法院受理证券民事赔偿案件理论上不再存在法律障碍。

而在证券刑事程序与民事赔偿相关程序衔接方面，最高人民法院、最高人民检察院、公安部、国家安全部、司法部联合发布的《关于在部分地区开展刑事案件认罪认罚从宽制度试点工作的办法》（法〔2016〕386号）提供了充分的制度空间。该办法第7条规定：“办理认罪认罚案件，应当听取被害人及其代理人意见，并将犯罪嫌疑人、犯罪嫌疑人、被告人是否与被害人达成和解协议或者赔偿被害人损失，取得被害人谅解，作为量刑的重要考虑因素。”因此，证券类刑事案件进入公诉、审判阶段后，可在检察院、法院主持下，促使犯罪嫌疑人、被告人与受害投资者达成民事和解，由犯罪嫌疑人、被告人先期赔付受害投资者经济损失，检察院、法院在随后的起诉和审判中，充分考虑这一因素，对犯罪嫌疑人、被告人从宽处理。

犯罪嫌疑人或被告人认罪认罚后，根据该办法第22条规定，对不具有法定减轻处罚情节的认罪认罚案件，应当在法定刑的限度以内从轻判处刑罚，犯罪情节轻微不需要判处刑罚的，可以依法免予刑事处罚，确实需要在法定刑以下判处刑罚的，应当层报最高人民法院核准。在程序的适用上，第18条规定，对于基层人民法院管辖的可能判处三年有期徒刑以上刑罚的案件，被告人认罪认罚的，可以依法适用简易程序审判，在判决宣告前应当听取被告人的最后陈述，一般应当当庭宣判。可见，认罪认罚后，可以在法定刑内从轻处罚，轻微的可以免于刑事处罚，或经过最高院核准处以法定刑以下的处罚。从当前的实践来看，“速裁程序、认罪认罚从宽制度试点，从实践来看效果很好，实现了案件分流，解决了案多人少的问题，提升了诉

---

[1] 参见最高人民法院《关于人民法院登记立案若干问题的规定》（法释〔2015〕8号）。

讼的效率”,是值得推广,也需要细化和完善配套规则的制度。

我们认为,若犯罪嫌疑人或被告人进行了先期赔付的,属于该办法中的“被害人达成和解协议或者赔偿被害人损失,取得被害人谅解”的情形,应是法定从宽处罚的情节。至于是从轻处罚或免于处罚,还是在法定刑之下处罚,则要在个案中去讨论。

需要说明的是,在证券刑事程序中由犯罪嫌疑人、被告人先行赔付,本质上属于刑事和解的范畴。2013年修订的《刑事诉讼法》第5编第2章第277条至第279条对刑事和解的公诉案件诉讼程序进行了专门规定。按照法律规定,因民间纠纷引起,涉嫌侵犯人身权利、民主权利、侵犯财产犯罪,可能判处3年有期徒刑以下刑罚的故意犯罪案件,以及除渎职犯罪以外的可能判处7年有期徒刑以下刑罚的过失犯罪案件纳入公诉案件适用和解程序的范围。但是,犯罪嫌疑人、被告人在五年以内曾经故意犯罪的,不适用这一程序。对当事人之间达成和解协议的案件,人民法院、人民检察院和公安机关可以依法从宽处理。可见,刑事和解适用于相对较轻微的刑事案件,对那些可能判处3年以上有期徒刑的证券刑事案件(故意犯罪)不得适用刑事和解,但此时可按“两院三部”关于认罪认罚从宽的司法解释处理,同样可以达到类似的法律效果。

二、行政处罚、刑事程序与民事赔偿相关程序衔接的具体制度建构

(一)行政处罚与民事诉讼、先期赔付等程序的衔接

在行政处罚与民事诉讼有效对接程序中,以往的障碍在于在没有作出行政处罚的情况下,民事审判法官存在专业判断上的困难(也因此较谨慎)。如果将上述程序作一点小小改进,即以证券监管部门作出行政处罚预先告知书为分界,此前由证券监管部门进行调查(此阶段可违法行为人主动作先期赔付或提出行政和解),行政处罚预先告知后即可启动民事诉讼,待投资者经济损失得到赔偿后,再回转到行政处罚程序,证券监管部门在充分考虑违法行为人已作出赔偿的基础上,对其从轻或减轻处罚。

上述机制对各方而言均可接受:其一,对法院来说,行政处罚预先告知书已基本明确了相关专业判断,解决了技术上的困难,且从实践来看,最终行政处罚决定

书改变预先告知书的概率较低；其二，对违法行为人来说，赔偿投资者经济损失即可获得从轻、减轻处罚，对其具有相当的吸引力，尤其是对持牌机构和个人来说更是如此（其更多考虑处罚对其持续经营的影响，而不是短期经济利益），至少比先受到较重行政处罚再受到投资者民事索赔的结果要有利；其三，对投资者来说，能够提前得到经济赔偿，更是求之不得；其四，该机制将行政处罚与民事诉讼巧妙对接、交叉进行，不存在任何与现行财政国库管理规定的冲突，完全可在现有制度框架下进行。

从操作程序上看，如果违法行为人具有和解的意愿，可在行政处罚预先告知后，由公益性投资者保护机构代表中小投资者与违法行为人谈判，优先考虑先期赔付；如果违法行为人没有主动赔付的意愿，则可由公益性投资者保护机构支持中小投资者提起民事诉讼，通过法院判决确定违法行为人的民事赔偿责任，并优先得到执行。[①] 相关流程可如图 2 所示。

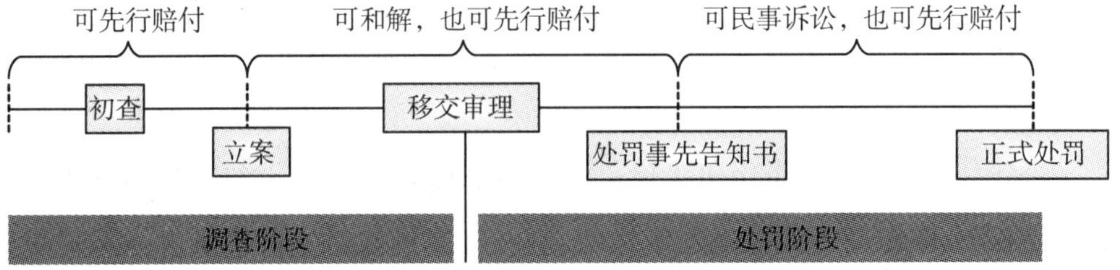

图 2　行政处罚、刑事程序与民事赔偿衔接的相关流程

值得说明的是，实行立案登记制以后，从理论上讲，投资者提起证券民事诉讼不以监管部门行政处罚或司法机关刑事判决为前提，也即在任何一个阶段都可起诉。但考虑到司法机关审理此类案件在专业判决上有难度以及取消前置程序可能带来的此类诉讼爆炸性增长，以证券监管部门行政处罚预先告知为分界启动民事诉讼，司法机关易于接受，因而也较具可操作性。

最近成都市中级人民法院的一则判决具有标志性意义。本案背景概要如下：[②] 2015 年 6 月 4 日收到中国证监会《调查通知书》，2017 年 11 月 13 日收到《行政处罚

① 民事诉讼既可以由公益性投资者保护机构提起，也可以由投资者自己提起，但前者的优势在于，由公益性投资者保护机构支持提起诉讼可以避免投资者个体提起诉讼的分散性、或然性。

② 《金亚科技官方网站信息披露公告》，载创业板上市公司信息披露平台：http://chinext.cninfo.com.cn/newmarket/gszx.html? gszx/gsgk? gsgk300028，最后访问日期：2018 年 2 月 28 日。

及市场禁入事先告知书》(编号:处罚字〔2017〕124号)。早在2016年6月,来自云南、福建、上海、广东、江苏的数位股民诉金亚科技、周某某(实际控制人)证券虚假陈述案等五起案件已经被成都市中级人民法院收案。成都市中级人民法院于2017年12月5日、12日、13日、25日、26日开庭对案件进行了公开审理。自2017年12月29日至2018年1月30日,金亚科技6次发布公告称,公司分别收到成都市中级人民法院《民事判决书》,法院对多名原告诉公司证券虚假陈述责任纠纷一案审理终结并作出一审判决。原告诉讼请求部分成立,法院予以支持。依照《证券法》第63条、第69条,最高人民法院《关于审理证券市场因虚假陈述引发的民事赔偿案件的若干规定》,判决金亚科技赔偿因虚假陈述给原告造成的损失。截至2018年1月30日,金亚科技收到法院发来的《民事判决书》及相关法律文书合计312例,法院已判令公司赔偿因虚假陈述给原告造成的损失金额合计9,155,327.45元。需要注意的是,该公司于2017年4月26日披露了《关于对前期会计差错更正的公告》,对2014年年度、2015年年度进行会计差错更正。对2014年年度处置固定资产进行会计处理,补充确认非货币性资产对外投资产生的递延所得税负债等;调整2015年年度跨期销售费用及被投资单位损益等事项。

市场舆论认为,成都市中级人民法院在证券监管部门作出行政处罚预先告知书之后而尚未作出最终处罚决定书之前,判决金亚科技对受害投资者承担民事赔偿责任,[①]该判决极具进步意义,"在以往的案件中,法院审理都是基于证监会的行政处罚决定书,本案则是首例在没有正式行政处罚的情况下就作出实体裁决的案例",[②]可谓首开先河。课题组根据调研得知,在证监会正式行政处罚作出前考虑作出民事判决,主要考虑到以下因素:一是法院立案登记制度的改革;二是虽然证监会没有作出正式行政处罚,但已作出预先告知,且被告金亚科技已公告承认并更正了虚假陈述行为,该公司存在虚假陈述行为的认定没有问题。

在行政处罚与民事诉讼、先期赔付、证券和解的衔接程序中,尚有如下问题值得进一步深入分析探讨。

1.行政处罚事先告知书的法律性质是什么,有何意义,是否需要披露。《行政

---

① 陶炜:《金亚科技索赔案创史上最低赔付比例》,载和讯网:http://stock.hexun.com/2018-01-02/192134512.html,最后访问日期:2018年1月25日。

② 同上。

处罚法》第31条规定:“行政机关在作出行政处罚决定之前,应当告知当事人作出行政处罚决定的事实、理由及依据,并告知当事人依法享有的权利。”可见,《行政处罚事先告知书》是具有《行政处罚法》依据的法定文书,是行政处罚的必备程序。据此,证监会在作出正式行政处罚决定前,均向当事人发送《行政处罚事先告知书》,其目的是保护当事人的知情权,使其有机会进行陈述、申辩。由于《行政处罚事先告知书》并非具有最终效力的法律文书,因此,证监会对此不予公开披露,仅向当事人送达;但由于《行政处罚事先告知书》意味着随后很有可能发生行政处罚,因此上市公司必须对该等重大事项予以披露,以便公众投资者及时知悉这一事项。上市公司以外的其他当事人则没有披露义务。

值得探讨的一个问题是:如果正式的《行政处罚决定书》改变了《行政处罚事先告知书》,那是否意味着民事赔偿相关程序需全部重新开始,由此是否会实质性影响本文所提出的“行政处罚与民事诉讼、先期赔付、证券和解的衔接”的合理性、可行性?课题组认为,上述疑问在理论上存在,但在实践操作层面不足以构成实质性障碍,理由:一是证监会《行政处罚事先告知书》是在完成调查程序后,经内部独立的审理部门审理后作出,[①]一般都做到了事实清楚、证据充分、适用法律准确。实践当中正式的《行政处罚决定书》改变《行政处罚事先告知书》的情况极少;即使有部分改变的情况,也主要是对处罚力度的变更,而不是在定性上,这样的改变不影响与民事程序的衔接。二是即使当事人在收到《行政处罚事先告知书》后提出确有理由的申辩意见,也必须在15日内,其时限较短。换句话说,证监会可以在较短时间内知悉当事人是否提出申辩以及其理由是否充分,如果其申辩确有理由的,可以较快予以纠正,不至于对“行政处罚与民事诉讼、先期赔付、证券和解的衔接程序”产生实质影响。为稳妥起见,可考虑在经过了上述陈述申辩期间后再行启动“行政处罚与民事诉讼、先期赔付、证券和解的衔接程序”。三是在先期赔付、证券和解的情况下,违法嫌疑人采取的是自愿与监管合作的态度,一般来说不会在行政处罚程序中与监管部门“死磕”。四是即使在极端情况下,正式的《行政处罚决定书》完全改变了《行政处罚事先告知书》,导致行为人在民事程序中承担了本不应承担的赔偿

---

① 此即证监会稽查处罚中的查审分离制度,即负责案件调查和案件审理的部门要相对独立,以起到相互制衡作用,提高稽查处罚工作质量。

责任,也还可以通过上诉、再审等程序予以救济。实际上,即使是目前依据正式的《行政处罚决定书》进行民事诉讼的做法,也同样存在行政处罚后来通过行政复议或行政诉讼被改变,从而民事诉讼受到影响的可能。简言之,行政处罚的改变概率在实践中非常低,而且在理论上也不是新问题,故无须过度担忧。

2. 民事诉讼、先期赔付、证券和解的选择问题。在这三个备选项中,民事诉讼具有一整套明确的程序,最具规范性、法律效力最强。先期赔付是我国证券领域实践中发展出来的一种有中国特色的投资者保护制度,其核心是在司法机关作出民事判决前,相关责任人自愿提前先行对受害投资者进行经济赔偿,以挽回其违法行为的损害后果,并在一定程度上改善其市场形象、声誉,同时也有利于其争取证券监管部门、司法部门的宽大处理。先期赔付的适应性最广,但其效力如何尚未有定论,且可能带来一系列相关的法律问题,如受害投资者接受了先期赔付后是否还可以提起民事诉讼,先期赔付的当事人是否可以向其他责任方追索、如何追索,等等。在向当事人送达证券行政处罚事先告知书之前,相关违法嫌疑人可以自愿发起先期赔付。但由于处罚事先告知书尚未送达,法院对当事人的违法行为判断尚有较大难度,如果此时即进行民事诉讼,对法官专业要求较高,从可行性、可操作性上考虑,不宜采用民事诉讼方式。而在处罚事先告知书送达当事人后,其违法行为已基本清晰,此时受害投资者可以选择以民事诉讼方式维权,法院也理应受理。同时,先期赔付亦可适用,即违法嫌疑人本着善意、纠错的动机先行、自愿、快速对受害投资者予以补偿。

3. 行政处罚与民事诉讼、先期赔付衔接程序中,证券监管部门、涉嫌违法当事人的利益衡量。相关的问题主要有:在上述衔接程序中,必然会使行政处罚周期较长,办案人员是否会基于结案率等考虑而影响其启动上述程序的积极性?课题组认为上述问题不足为虑,监管部门内部固然会存在结案率等工作考核指标,但也仅是指标之一,如果从“政绩”角度来讲,运用创新工作方式和程序使中小投资者利益得到更好的保护,这应是更好的“政绩”,办案人员应有内在积极性推动这一工作。[①]另外,从涉嫌违法当事人——尤其是从上市公司方面来看,目前中国证监会有关于

① 课题组于2018年1月23日与证监会处罚委部分委员电话访谈时基本印证这一观点。

在立案调查期间不得公开增发等限制性规定，[①]如果上述程序周期过长，则会影响上市公司配合的积极性。课题组认为，该问题的确应当纳入整体考虑。由于上述规定也仅属中国证监会的部门规章，并非刚性的法律障碍，存在灵活调整的空间，如将来可以在关于“行政处罚与民事诉讼、先期赔付、证券和解的衔接”的相关文件中对此作出特殊安排和例外规定，以使上市公司打消此方面的顾虑。

（二）刑事诉讼与民事诉讼、先期赔付的衔接

首先需要说明的是，刑事诉讼与民事赔偿相关程序的衔接，在实践中其重要性要远低于行政处罚与民事赔偿相关程序的衔接，其原因是证券相关不法行为绝大多数属违法行为，进入行政处罚程序，只有极少数会涉嫌犯罪，进入刑事诉讼程序。以2017年为例，全年中国证监会作出行政处罚决定224件，但移送公安机关立案侦查的仅20件。[②] 因此，实践中需要着重解决的问题主要是行政处罚与民事赔偿相关程序的衔接问题。

刑事诉讼与民事赔偿相关程序对接，又可分为刑事附带民事诉讼以及在刑事程序先行民事赔付两类，[③]下面分别阐述：

1.刑事附带民事诉讼。我国《刑事诉讼法》第99条规定：“被害人由于被告人的犯罪行为而遭受物质损失的，在刑事诉讼过程中，有权提起附带民事诉讼。”第102条规定：“附带民事诉讼应当同刑事案件一并审判，只有为了防止刑事案件审判的过分迟延，才可以在刑事案件审判后，由同一审判组织继续审理附带民事诉讼。”刑事附带民事诉讼制度是我国诉讼法上成熟的制度，但在我国证券市场尚未有实践案例，其原因可能在于：一是证券民事赔偿问题专业性很强且工作量很大，一般的刑事审判法官望而生畏，积极性不高；二是证券市场犯罪不同于一般刑事犯罪，其涉众性强，而受害投资者普遍具有较强的“搭便车”心理，不愿充当“出头鸟”去提起附带民事诉讼。可以合理预见，在今后相当长时间内，此种状况仍不会有根本改变，因而试图在刑事附带民事诉讼的制度框架下解决投资者赔偿问题的现实可能

---

① 《上市公司证券发行管理办法》第11条规定：上市公司存在下列情形之一的，不得公开发行证券：“……（五）上市公司或其现任董事、高级管理人员因涉嫌犯罪被司法机关立案侦查或涉嫌违法违规被中国证监会立案调查……”

② 中国证券监督管理委员会网：http://www.csrc.gov.cn/pub/newsite/zjhxwfb/xwdd/201801/t20180126_333200.html，最后访问日期：2018年2月5日。

③ 此时已涉嫌犯罪，侦查完毕进入起诉阶段，故不存在行政和解问题。

性较小。

2. 在刑事程序中先行民事赔付。上文所述两院三部关于认罪认罚从宽试点办法的导向就是鼓励犯罪嫌疑人、被告人认罪认罚,落实宽严相济刑事政策,优化司法资源配置,在更高层次上实现公正与效率相统一,因此司法机关有内在动力组织主持犯罪嫌疑人、被告人与受害人之间的经济和解;而对犯罪嫌疑人、被告人来说,刑事责任事关重大、影响至巨,如果能够争取从宽处理,甚至免于起诉,那无疑具有很大吸引力;退一步说,不管能从宽到何种结果,总比先受到较严厉的刑事处罚后又承担民事责任更有利。且整个程序完全可以在起诉或审判阶段完成(在刑事判决作出之前),与现行法律程序及财政国库管理规定不存在任何冲突,非常简便易行。特别需要指出的是,认罪认罚从宽试点办法是当前司法机关的一项工作重点和亮点,其适用该项制度的积极性较高,从现实可操作性角度考虑,这是推动在刑事程序中开展先期赔付的重要推动力。①

① 课题组在与上海市检察院、上海一分检相关检察官沟通时了解到,检察机关对于在证券类刑事案件适用"两院三部"试点办法,通过犯罪嫌疑人主动对受害投资者进行赔偿,开展认罪认罚从宽试点工作,具有积极意愿。

结　论

虚假陈述等证券不当行为通常会引发多种法律责任，包括行政责任、刑事责任和民事责任，在这些法律责任发生竞合的情况下，我国包括证券法在内的相关法律明确规定了民事赔偿责任优先原则。然而，在现实中，上述的民事赔偿责任优先原则经常难以实现的一个主要原因是虚假陈述民事赔偿诉讼的前置程序要求，即提起民事赔偿诉讼的前提是对于证券不当行为已经进行了行政处罚或刑事判决。由于行政处罚和刑事制裁在时间上先于民事赔偿，而违法者财产有限，在缴纳完行政处罚罚没款或刑事罚金后可能已没有足够资产去赔偿投资者。

本篇深入探讨了民事赔偿责任优先原则的法理基础，认为该原则体现了证券法保护投资者的核心价值目标，彰显新时代中国特色社会主义的民本思想，在投资者权益保护和心理抚慰等方面具有独特作用，符合法金融学的理论逻辑和实证结果，并契合国际潮流和我国需要保护中小投资者的特殊国情。

对于如何实现民事赔偿责任优先原则的问题，本篇提出了几个可能的解决方案，包括国库管理制度上证券罚没款的暂缓入库和申请退库机制、保荐机构等责任主体先期赔付的机制和将证券罚没款用于赔偿投资者损失的公平基金机制等。经过全面的分析比较，在借鉴境外相关经验和考虑我国现实基础上，本篇提出以下发现和观点。

第一，证券罚没款暂缓入库和申请退库两种路径都存在较大的现实操作难度和较明显的体制性障碍。相较而言，暂缓入库的难度更大，而申请退库尚有一定可能。因此，不建议将证券罚没款暂缓入库和申请退库两种路径作为近期方案，而只作为中长期方案予以考虑。

第二，先期赔付制度在我国已经有成功的案例，包括平安证券先期赔付万福生科虚假上市案、海联讯主要股东先期赔付案以及兴业证券先期赔付欣泰电气虚假上市案。更重要的是,证券法的修订稿也明文规定了该制度,因此,先期赔付制度的现实可行性很大,可以作为近期方案。由于证券法修订稿尚未正式通过,而且比较笼统,因此,本篇对已有三个案件进行经验总结和评议,提炼出其制度的精髓,为构建我国的证券先期赔付制度提供了建言,同时也指出该制度的适用范围与局限性。

第三,公平基金制度的本质是改变证券罚没款的用途,将证券罚没款用以补偿由于证券不当行为而受害的投资者的损失,而不是传统上的将其直接上交国库。鉴于美国在公平基金制度的建设和运用方面处于领先地位,课题组对美国相关经验进行了系统的梳理,发现该机制对于民事诉讼赔偿具有重要的辅助甚至替代作用,同时也能很好地弥补证券先期赔付制度的不足。因此,对我国引入公平基金制度的前景进行了探讨,认为虽然存在一些体制性问题,但值得争取和尝试,并提出了具体的制度设计建议,包括证券法的修改以及相关配套机制的构建。

第四,在程序上提出证券行政处罚、证券刑事诉讼与民事赔偿诉讼、先期赔付机制有效对接、交叉进行的设想,即在证券行政处罚程序中,证监会作出行政处罚事先告知后,就可以提起民事赔偿诉讼或启动先期赔付程序等,待投资者经济损失得到赔偿后,证监会在考虑违法行为人已作出赔偿的基础上,再从轻或减轻予以行政处罚。在证券刑事程序中,由司法机关牵头,引导犯罪嫌疑人主动对受害投资者经济损失予以赔偿,事后司法机关在考虑当事人认罪认罚的基础上,对犯罪嫌疑人从轻或减轻量刑。

参考文献

1. 曹钦白:《论中国古代经济思想中的“国不与民争利”》,载《财政监督》2016 第 22 期。

2. 陈洁:《证券民事赔偿责任优先原则的实现机制》,载《证券市场导报》2017 年第 6 期。

3. 陈洁:《证券市场先期赔付制度的引入及适用》,载《法律适用》2015 年第 8 期。

4. 杜飞进:《试论法律责任的若干问题》,载《中国法学》1990 年第 6 期。

5. 胡纪平:《财产刑与民事执行的竞合及其处理》,载《当代经济》2007 年第 9 期。

6. 黄辉:《注册制改革背景下的虚假陈述赔偿制度:现状与未来》,载《经济法研究》2016 年第 2 期。

7. 黄辉:《中国证券虚假陈述民事赔偿制度:实证分析与政策建议》,载《证券法苑》2013 年第 2 期。

8. 黄辉:《香港证券市场失当行为审裁处制度及其启示》,载郭文英、徐明主编:《投资者》(第 1 辑),法律出版社 2018 年版。

9. 姜新华、常华清、黄金:《我国国库集中收付制度下财政专户治理路径的选择》,载《财政监督》2014 年第 10 期。

10. 李明发:《民事赔偿责任优先的理论基础及其法律构建》,载《江淮论坛》2014 年第 6 期。

11. 廖伟生、郭永明:《整顿规范后的财政专户管理情况探析》,载《金融与经济》2012 年第 1 期。

12. 林仁光:《西风东渐——谈内线交易 Civil Penalty 制度之发展》,载《月旦法学杂志》2014 年第 8 期。

13. 刘俊海:《论证券市场法律责任的立法和司法协调》,载《现代法学》2003 年第 1 期。

14. 吕进中:《加快清理财政专户》,载《中国金融》2015 年第 16 期。

15. 邱永红:《从境外成熟市场的经验看我国证券监管和解制度的构建——以美国、香港为中心》,论金融司法的稳定与创新——后危机下的金融司法论坛论文,北京,2009 年 12 月。

16. 任志宽:《行政法律责任概论》,人民出版社 1990 年版。

17. 苏龙飞、杨智全:《洪良国际罪与罚——IPO 打假的香港模式》,载《新财富》2012 年 7 月号。

18. 松壑:《IPO"先期赔付承诺"纳入风险准备"折半"计算或强化保荐方责任》,载《21 世纪经济报道》2016 年 4 月 15 日,第 13 版。

19. 孙灯勇、郭永玉:《相对剥夺感:想得、应得、怨愤于未得》,载《心理科学》2016 年第 3 期。

20. 王利明:《我国证券法中民事责任制度的完善》,载《法学研究》2001 年第 4 期。

21. [美]威廉 R. 麦克卢卡斯等:《SEC 内幕交易行政和解案例研究》,肖宇、郭琼艳译,载黄红元、徐明主编:《证券法苑》(第 18 卷),法律出版社 2016 年版。

22. 席朝阳:《论民事责任优先的实现》,载《企业家天地》(理论版)2011 年第 8 期。

23. 肖钢:《积极探索监管执法的行政和解新模式》,载《行政管理改革》2014 年第 1 期。

24. 肖宇:《证券行政和解金的确立与分配规则探析》,载《暨南学报》(哲学社会科学版)2015 年第 6 期。

25. 邢会强:《内幕交易罚没收入与投资者公平基金》,载《中国金融》2011 年第 3 期。

26. 邢会强:《内幕交易公平基金制度的构建》,载《证券法律评论》2016 年。

27. 赵晓钧:《借鉴公平基金制度,完善投资者赔偿机制》,载《上海证券报》2013

年 3 月 27 日，A07 版。

28. 张春丽：《论我国证券欺诈赔偿责任机制的完善》，载《法律科学》（西北政法大学学报）2014 年第 3 期。

29. 张希、黄登仕：《基于决策者身份视角的损失厌恶实验研究综述》，载《西南交通大学学报》（社会科学版）2017 年第 1 期。

30. Barnard J. W.，"Evolutionary Enforcement at the Securities and Exchange Commission"，*U. Pitt. L. Rev.*，2009，71：403.

31. Black B.，"Should the SEC Be a Collection Agency for Defrauded Investors?"，*The Business Lawyer*，2008：317 – 346.

32. Crosby F.，"A Model of Egoistical Relative Deprivation"，*Psychological review*，1976，83（2）：85.

33. Diver C. S.，"The Assessment and Mitigation of Civil Money Penalties by Federal Administrative Agencies"，*Columbia Law Review*，1979，79（8）：1435 – 1502.

34. Huang H.，"Private Enforcement of Securities Law in China：A Ten-year Retrospective and Empirical Assessment"，*American Journal of Comparative Law*，2013，61（4）757 – 798.

35. Jorge Baez，James A. Overdahl，Elaine Buckberg，"SEC Settlement Trends"，*NERA Economic Consulting*，2013.

36. La Porta R.，Lopez-de-Silanes F.，Shleifer A，et al.，"Legal Determinants of External Finance"，*Journal of Finance*，1997：1131 – 1150.

37. Thomsen L. C.，Norman D.，"Sarbanes-Oxley Turns Six：An Enforcement Perspective"，*J. bus. &Tech.* 1，2008（2）.

38. Velikonja U.，"Public Compensation for Private Harm：Evidence from the SEC's Fair Fund Distributions"，*Social Science Electronic Publishing*，2015，67（2）：331 – 395.

39. Winship V.，"Fair Funds and the SEC's Compensation of Injured Investors"，*Social Science Electronic Publishing*，2008.

40. Winship V.，"Public Agencies and Investor Compensation：Examples from the SEC and CFTC"，*Admin. L. Rev.*，2009，61：137.

第二篇

证券期货市场纠纷调解、诉讼的示范制度建构与运行研究*

ISC
Research

* 本课题承接方为华东政法大学。课题负责人：窦鹏娟；课题组成员：顾功耘、胡改蓉、周珺、李慈强、刘雪红、王泽群。

前　言

近年来，我国证券期货市场违法违规行为呈高发态势，证券期货纠纷频发、类型多样且群体性特征明显。我国证券市场是中小投资者为主的市场结构，中小投资者的弱势性使其更容易遭受权益侵害。现行证券期货纠纷解决机制虽然为投资者提供了多元化的救济选择，但传统的民事赔偿诉讼、调解以及仲裁都存在一定缺陷，其纠纷解决的实际效果并不理想，尤其在群体性证券期货纠纷方面更显能力不足，这些都要求我国证券期货纠纷解决机制必须作出应对。

示范诉讼作为一种不同于传统的群体诉讼模式，为我国解决群体性证券期货纠纷提供了新思路。示范诉讼通过对择定的典型案件进行先期审理，厘清群体性纠纷的共通性法律与事实，继而作出示范裁决并进行效力扩张，再以其为依据结合其他平行案件的个体差异分别审理，最终实现所有纠纷案件的全部解决。两大法系的多个国家已有关于示范诉讼的法律规定或实践活动，其中以德国《投资人示范诉讼法》最具代表性，可作为我国建立证券期货纠纷示范判决机制的重要参照。我国的证券示范诉讼应主要解决因虚假陈述、内幕交易、操纵市场等行为引发的群体性证券期货民事纠纷，制度的建构须遵从示范诉讼的基本逻辑与运作机理，具体的程序设计则不能照搬而必须进行改造，以克服德国法的弊端、提高纠纷解决效率。但要充分发挥证券示范诉讼制度的功能还需要在示范裁决效力的扩张方面作出突破。

证券示范诉讼有助破解我国群体性证券期货纠纷解决的困境，可以在此基础上进一步拓展和延伸。基于调解与诉讼在法理上的相通性，以及二者解纷目的的一致性，可以探索在证券示范诉讼制度的指引下建立证券示范调解制度。证券示范调解的基本原理与逻辑，与示范诉讼相似，但在具体的制度设计上须考虑调解与诉讼的差异性,还须着力解决调解协议的效力与强制执行问题。

证券示范诉讼与证券示范调解可作为我国处理群体性证券期货纠纷的示范制度。这种示范制度的“示范性”不仅体现在其作为一种群体性案件处理模式所具有的“程序上的示范”意义,还体现在其所取得的解纷效果具有一种“结果上的示范”作用,有助于在未来同类纠纷中当事人预先判断并作出选择,从而使投资者在证券期货纠纷中理性维权。

引　言

2017年的资本市场颇不平静。在"强监管、重问责"的主旋律下,金融监管部门密集发布监管令,不断开出大额罚单,这一年被称为金融业"史上最严"监管年。这种"严监管"局面在证券期货市场表现十分突出,证监会在这一年发布了7项证监会令和20项证监会公告,[①]作出行政处罚决定224件,罚没款金额74.79亿元,同比增长74.74%,市场禁入44人,同比增长18.91%,行政处罚决定的数量、罚没款金额以及市场禁入人数创下了证券市场行政处罚的历史新高。[②] 更引人关注的是,这一年频繁发生了影响重大的证券违法违规事件,证监会对此多次开出巨额罚单。进入2018年,证券期货市场严格监管的趋势未见松动,例如,对北八道集团涉嫌利用多账户和杠杆资金巨额操纵多只次新股股票价格的行为,证监会拟作出没一罚五的顶格处罚决定,高达56.7亿元的罚没款将再次刷新我国证券市场行政处罚的最高纪录。

可以预见,在主动防范化解系统性风险的指引下,"强监管"将成为我国证券期货市场监管执法的常态,这对于投资者而言无疑是一种福音。严厉的行政处罚打击震慑了证券期货违法违规行为,维护了证券期货市场的整体利益,有助于重振投资者对证券期货市场的信心。但是,要彻底净化证券期货市场环境,保护投资者权益,不能止于严厉的行政处罚。[③] 对于合法权益遭到侵害的投资者而言,再严厉的行政处罚也无法使其受损权益自动恢复。

随着我国多层次资本市场体系的不断完善,证券期货市场加速发展,市场活力

---

① 数据来自证监会2018年3月30日发布的《中国证监会2017年政府信息公开工作年度报告》。

② 数据来自证监会2017年12月27日发布的《2017年证监会行政处罚情况综述》。

③ 参见史奉楚:《保护投资者不能止于行政处罚》,载《法制日报》2018年4月18日,第7版。

剧增、创新不断。创新带来证券期货市场格局的变化,证券本身的定义遭到冲击,证券产品的推陈出新加剧了金融风险,在现行证券法已显滞后、新的证券法尚在酝酿之际,可以预见创新业务将成为未来证券期货纠纷的多发地带。[①] 证券期货纠纷不仅类型多样、专业性强,而且一个侵权行为可能会侵害众多不特定投资者的权益,形成众多的纠纷当事人,[②]因而又具有典型的涉众性、群体性纠纷特征。我国证券期货市场以中小投资者为参与主体,[③]相比机构投资者和一般法人投资者,中小投资者的财力、专业能力、市场地位等交易劣势更突出,其抗风险和自我保护能力也更弱,合法权益更容易遭受侵害,因而具有强烈的纠纷解决诉求,期待更加完善的证券期货纠纷解决机制。

民事赔偿诉讼本是解决证券期货纠纷的重要途径,但一来深受司法资源稀缺性的制约,二来存在成本高、举证难、耗时长等诸多障碍与不足,而更重要的是金融创新所引致的证券期货纠纷在内容上的复杂与专业性以及规模上的庞大和涉众性,已经远远超出了一般性民事法庭及其审判人员所熟悉和能够驾驭的范畴。因此总体上,民事赔偿诉讼在解决证券期货纠纷方面的效果并不理想。如何帮助投资者摆脱对于民事赔偿诉讼的依赖,以更加多元的方式化解证券期货市场纠纷,切实保护投资者尤其是中小投资者的合法权益,是我国多层次资本市场建设发展必须直面的迫切问题。近年来,中国证监会已推出了一系列保护投资者的创新举措,维护投资者合法权益已体现在资本市场制度建设的方方面面。

进入21世纪以来,无论是英美法系还是大陆法系,都一改以往以单一化模式解决群体性纠纷的思路,两大法系的诸多国家在群体性纠纷解决机制方面日渐呈现出多元化建构的趋势。[④] 可以说,多元化解纷机制是当代法治国家解决群体性纠纷

---

① 参见顾秀娟:《证券纠纷调解中的诉调、仲调、信调对接机制研究报告》,载中国证券业协会编:《创新与发展:中国证券业2014年论文集》,中国财政经济出版社2014年版,第963~974页。

② 参见盛学军、刘如翔:《诉讼代表与纠纷调解:我国证券投资者保护基金公司的职能拓展与制度创新》,载《云南师范大学学报》(哲学社会科学版)2010年第6期。

③ 根据中国证券登记结算有限责任公司的统计数据,截至2018年2月末,我国证券市场上已开立A股和B股账户的投资者数量为13,595.36万人,其中自然人投资者13,558.82万人,所占比例为99.73%;非自然人投资者数量仅36.54万,所占比例为0.27%。从账户数量来看,我国证券市场的自然人投资者占绝对比例,投资者结构呈现典型的倒金字塔特征。尽管近年来从持股市值来看,自然人投资者和专业机构投资者的持股比例显著下降,一般法人的持股市值占比已显著提升到一半左右。但总体来看,我国散户型的市场格局短期内依然难以改变。

④ 参见张嘉军:《多元化:两大法系群体性纠纷解决机制的当代走向——兼论我国群体性纠纷解决机制的未来趋势》,载《郑州大学学报》(哲学社会科学版)2008年第4期。

的基本走向。本篇正是基于我国当前全面深化多元化纠纷解决机制改革的背景，从证券期货民事赔偿诉讼等现行解纷机制的缺陷入手，通过对国内外司法实践和相关制度的考察与分析，研究探索证券期货市场纠纷调解、诉讼示范制度的构建与运行问题，致力于凝聚有限的司法资源以解决具有典型示范效应的案件，利用裁判结果的扩张力使更多矛盾纠纷得到有效解决，同时通过示范制度宣示法律规则、统一法律适用的功能，为嗣后发生的同类纠纷当事人进行预判和纠纷处理提供参照。

第一章 国内外研究述评与本篇研究价值

严格来讲,目前国内外还没有关于证券期货市场纠纷解决示范制度的直接学术成果,这给本研究带来了一定难度。但对于研究所涉及的相关子主题,国内外已有相对成熟的研究成果,这些间接成果为本研究提供了重要的基础性文献支持。

一、相关主题的国内研究情况

长久以来,由于我国证券期货市场纠纷解决的路径较单一,而证券民事赔偿诉讼的确存在诸多值得研究的问题,因此学术界关于这一主题的研究成果颇为丰硕。在中国学术期刊网上,以"证券民事诉讼"为主题的相关文献多达数百篇,而关于证券调解、仲裁、和解等非诉讼替代机制的文献则相对较少。2005 年 10 月,最高人民法院发布《人民法院第二个五年改革纲要(2004~2008)》,其中规定了多元纠纷解决机制改革的任务。此后,随着我国多元化纠纷解决机制改革的深入开展,学术界和实务界开始高度关注这一领域,相关研究也逐渐升温并形成了一批有代表性的研究成果。胡改蓉、施明浩、胡晓涛等学者的研究成果是这方面的重要代表。

证券期货市场纠纷具有典型的群体性纠纷特点,化解纠纷解决的矛盾还需考虑群体性纠纷解决机制的独有功能。学者王福华较早地对群体诉讼问题进行了研究,提出群体诉讼对于已提起诉讼的群体纠纷而言具有相对优越性,是诉讼得以成立和推进的前提条件。[①] 学者吴泽勇则针对群体性纠纷的问题根源,剖析并论证了

① 参见王福华:《打开群体诉讼之门——由"三鹿奶粉"事件看群体诉讼优越性的衡量原则》,载《中国法学》2009 年第 5 期。

群体性纠纷解决机制的建构原理。① 示范诉讼（试验诉讼）作为群体性纠纷解决机制的一种，也引起了国内学者的研究兴趣。学者季卫东结合当时的司法实践较早地分析了处于社会转型时期的中国式“试验诉讼”现象，并提请和呼吁法学界加强“试验诉讼”在中国的调查研究、实证分析和理论化作业。② 学者杨严炎认为示范诉讼是群体诉讼的重要替代方式且与群体诉讼具有互补性，我国应加强理论研究与立法工作，以指导和规范相应的司法实践活动。③ 德国《投资人示范诉讼法》作为世界上首个关于示范诉讼的立法，也引起了国内学者的研究兴趣。学者章武生等对该法进行了较详细的介绍，认为这种诉讼程序集中审理证券集体纠纷中的共同事实和法律问题的做法，对降低诉讼成本、合理分摊诉讼费用、节约司法资源以及维护法律适用的统一性有重要意义。④

近年来，法学界在示范诉讼方面的研究较之此前有了“质”和“量”的转变，学者们开始尝试从更具体的视角研究论证示范诉讼在中国的司法实践等现实问题。例如，学者汤欣从比较法的角度，通过考察发现德国的投资者示范诉讼和我国台湾地区以非营利组织主导的证券集团诉讼是解决大规模证券群体争议的可取模式。⑤ 张晓茹认为“东方电子案”是中国证券示范诉讼的雏形，并结合德国投资者示范诉讼法尝试构建我国的证券示范诉讼规范。⑥

大约10年以前，法学界对于示范诉讼在中国的调查研究、实证分析以及理论化作业几乎为零。⑦ 但10年以来，我国关于示范诉讼的探究有了明显进展，形成了一批代表性的研究成果。但总体上这一领域，尤其是关于证券期货的示范诉讼在我国依然是一个相对前沿的问题，目前的研究还十分欠缺，这正是本研究的意义所在。

---

① 参见吴泽勇：《群体性纠纷解决机制的建构原理》，载《法学家》2010年第5期。

② 参见季卫东：《要关注“试验诉讼”——当事人推动的制度变迁及其实证研究》，载徐昕主编：《司法》（第2辑），中国法制出版社2007年版，第1～5页。

③ 参见杨严炎：《示范诉讼的分析与借鉴》，载《法学》2007年第3期。

④ 参见章武生、张大海：《论德国〈投资者典型诉讼法〉》，载《环球法律评论》2008年第3期。

⑤ 参见汤欣：《论证券集团诉讼的替代性机制——比较法角度的初步考察》，载张育军、徐明主编：《证券法苑》（第4卷），法律出版社2011年版，第174～200页。

⑥ 参见张晓茹：《中国证券示范诉讼的雏形与构建规范——兼评德国投资者示范诉讼法》，载《人民司法》2011年第15期。

⑦ 参见季卫东：《要关注“试验诉讼”——当事人推动的制度变迁及其实证研究》，载徐昕主编：《司法》（第2辑），中国法制出版社2007年版，第1～5页。

二、相关主题的国外研究情况

国外关于证券期货纠纷解决的多元化/替代性机制,以及解决涉众性证券期货纠纷的群体诉讼,尤其是示范诉讼制度是本研究的重要资料。关于证券替代性纠纷解决机制,国外学术领域早有研究。20世纪30年代开始,以舒尔曼(Shulman)、鲁德(Ruder)、格兰费斯特(Grundfest)、塞利格曼(Seligman)等为代表的学者就围绕证券民事责任以及证券私人诉讼问题进行了研究。关于证券纠纷解决的替代性机制,美国的研究多集中在证券仲裁方面,格罗斯(Gross)的《证券调解:个人投资者的争议解决机制》是其中的重要代表。① 此外,在证券仲裁、调解与和解之外,国外学者还比较关心金融申诉专员制度、行政分配补偿等其他证券投资者纠纷解决及损失填补机制。例如,贾贝里(Jaberi)就对证券交易纠纷中的金融申诉专员制度进行研究,揭示了此种制度的弊端并提出了以仲裁取而代之的观点;②而弗林(Flynn)、布莱克(Black)等学者则对美国SEC主导下的证券受害投资者行政分配补偿问题进行了细致的研究。③ 国外学者在证券期货替代性纠纷解决机制方面的研究虽互动频繁,但分歧也较明显,对于同一问题的态度与评价往往见仁见智。以证券仲裁的公平性为例,科尔(Cole)教授是从宪法义务的高度来讨论这一问题;④布鲁内特(Brunet)和约翰逊(Johnson)教授更注重证券仲裁中的实质公平;⑤而芭芭拉·布莱克(Barbara Black)教授则从投资者的角度对证券仲裁的公平性提出了质疑。⑥

---

① See Jill I. Gross, "Securities Mediation: Dispute Resolution for the Individual Investors", *Ohio St. J. on Disp. Resol.*, Vol. 21, 2006, pp. 329 - 381.

② See M Saleh Jaberi, "Solving Securities Exchange Disputes by Means of Ombudsmen: Does it Work?", *Australasian Dispute Resolution J.*, Vol. 25, 2014, pp. 55 - 62.

③ See Rocy C. Flynn, "SEC Distribution Plans in Insider Trading Cases", *Business Lawyer*, Vol. 48, 1992, pp. 107 - 139; Barbara Black, "Should the SEC be A Collection Agency for Defrauded Investors", *Business Lawyer*, Vol. 63, 2008, pp. 1317 - 346.

④ See Sarah Rudolpf Cole, "Fairness in Securities Arbitration: A Constitutional Mandate?", *Pace L. Rev.*, Vol. 26, 2005, pp. 73 - 110.

⑤ See Edward Brunet, "Jennifer J. Johnson. Substantive Fairness in Securities Arbitration", *U. Cin. L. Rev.* Vol. 76, 2008, pp. 459 - 492.

⑥ See Barbara Black, "Is Securities Arbitration Fair to Investors?", *Pace L. Rev.*, Vol. 25, 2004, pp. 1 - 14.

关于证券期货纠纷的群体诉讼制度，国外研究主要集中于集团诉讼、团体诉讼、集体诉讼以及指定代表人诉讼方面。谢尔曼（Sherman）认为美国式集团诉讼是处理社会大规模纷争的一种极特殊的机制，[①]而其他国家在建设自己的多数人诉讼制度时，一方面吸收了美国集团诉讼的合理因素，另一方面则对美国的制度进行了谨慎的剪裁。美国著名学者迈克尔·贝勒斯（Michael Bayles）认为，英美集体诉讼的重要价值在于减少错误成本与直接成本。[②] 美国联邦最高法院也强调，现代集团诉讼的正当性之一是它能够显著地降低诉讼成本。相比于群体性纠纷一一采取单独诉讼模式，群体诉讼具有明显的经济优势。但群体诉讼也有与生俱来的负面效应，由于整体上的难以管理性，如不当启动可能使法院及当事人陷入旷日持久的诉讼之中。正因如此，任何司法体制几乎都不被鼓励使用群体诉讼。

相较集团诉讼等传统群体诉讼模式，示范诉讼的立法与实践出现较晚。尽管著名的民事诉讼法学家彼得·阿仁斯（Peter Arens）考察认为德国统一前西德就有了“示范诉讼”（Musterprozesses）的活动，[③]但直到20世纪60年代，欧美和日本的法学界才开始有人留意实践中类似示范诉讼的频繁发生及其时代意义。虽然在发达国家的司法实践中，示范诉讼已经是普遍存在的一项制度，然而关于示范诉讼的立法却不多，相应的理论探讨也并不充分，研究文献比较稀缺。在现有文献中，有学者对示范诉讼适用的案件情形进行了分析，认为示范诉讼的实际效果其实是延迟的集团诉讼或有关特定争点的集团诉讼。[④] 德国是世界上首个对示范诉讼进行立法的国家，德国《投资人示范诉讼法》是资本市场应用示范诉讼程序解决投资纠纷的典范。这一诉讼程序的决定对所有与被决定的事实或法律问题有关的诉讼当事人都有既判力效果。当然，示范诉讼也是一种利弊皆有的制度，对此美国学者加里·D. 沃森（Garry D. Watson. Per）与林德布卢姆（Henrik Lindblom）进行了深入分

---

① See Edward F. , Sherman, “Group Litigation under Foreign Legal System: Variations and Alternatives to American Class Action, Symposium: Export/ Import: American Civil Justice in A Global Context”, *Depaul. L. Rev.* , Vol. 52, 2002, p. 401.

② 参见［美］迈克尔·D. 贝勒斯：《法律的原则——一个规范的分析》，张文显等译，中国大百科全书出版社1996年版，第57页。

③ See Peter Arens, Das Problem des Musterprozesses, in L. M. Friedman/M. Rehbinder(eds.), Zur Soziologie des Gerichtsverfahrens, Jahrbuch fur Rechtssoziologie und Rechtstherorie Bd. 4, Opladen, 1976, S 334 ff.

④ See Jon Romberg, “Half A Loaf is Predominant and Superior to None: Class Certification of Particular Issues under Rule 23(c)(4)(a)”, *Utah. L. Rev.* 2002, p. 249.

析,认为示范诉讼具有无须集团诉讼的先决条件、节省费用、原告可更快得到判决执行、律师费用较低、有利达成和解等优势,但同时该制度也存在着许多缺陷,如需要所有当事人之间甚至与被告之间的合作、仍需更多诉讼以及导致其他诉讼延迟的可能性、群体成员影响案件进行的机会被剥夺、原告与群体间利益冲突的风险以及利益冲突发生时原告需扮演双重角色、群体一方不易与强大方相抗衡等。①

三、研究价值

尽管在制度上,德国《投资人示范诉讼法》可为示范诉讼制度的建构提供借鉴,但不同的国情必然带来对法律移植进行本土改造的必要。本研究既有一定的理论价值,也有相应的实践意义。

首先,研究有望为我国司法实践中存在的事实上的“示范诉讼”上升为具有理论支撑的正式制度提供学理上的探讨与论证。未来随着我国多层次资本市场体系建设的不断深入,证券期货市场必将迎来重大改革,多元化解纠纷、保护投资者合法权益的问题将越发凸显,也将越来越引发社会的关注。在证券期货市场法治建设中,如何将保护投资者的政策理念落实为具有可操作性的制度是十分困扰立法者的现实问题。民事赔偿诉讼在解决证券期货纠纷与损害填补方面功能有限已是不争的事实,但在实践中,将各种替代性纠纷解决机制与证券期货行业的特点衔接起来,使每一类证券期货纠纷都能通过某种替代性机制得到妥善解决,目前还是一个难题。本篇希望直面这一难题,通过研究以期改善实践中投资者难以通过普通的民事诉讼实现纠纷解决与损害补偿的窘况,同时也为实践中“东方电子案”“佛山照明案”等所采取的“拆案处理、分批审判”的准示范诉讼模式寻找理论依据和制度支撑。

其次,研究将探索创建我国证券期货市场纠纷解决示范性制度的可行路径。创新是推动资本市场发展壮大的不竭源泉。党的十八届三中全会明确提出了鼓励金融创新,丰富金融市场层次和产品的要求。可以预见,创新将是未来证券期货市

① Garry D. Watson,“Complex Litigation-A Comparative Perspective”, *C. J. Q.*, 1993, 12 (JAN). 转引自杨严炎:《示范诉讼的分析与借鉴》,载《法学》2007年第3期。

场发展的主旨。但是,证券期货市场的创新必须以行之有效的证券纠纷解决机制为保障,否则投资者权益保护将无从谈起。证券投资者权益保护始终是证券法研究者衷心的研究主题。证券期货纠纷解决机制作为证券投资者权益保护的重要内容,应体现与时俱进的时代精神。在证券期货市场创新日新月异的背景下,证券期货纠纷也呈现出多发、复杂、专业、群体性等新特点。结合这些新特点,构建证券期货纠纷调解、诉讼的示范制度,并通过这一制度的运用有效解决部分证券期货群体性纠纷,这是重要价值之一。

最后,研究希望能够引起更多学者对该主题的共鸣与兴趣,为未来形成更丰富、更成熟的研究成果进行铺垫。在证券期货纠纷日益多发且呈群体性特征的背景下,如何通过建构和运行一套行之有效的解决群体性证券纠纷的示范制度,集中有限的司法资源处理典型案例,利用示范裁决的示范效应,使更多矛盾纠纷得以有效化解,从而弥补证券期货民事赔偿诉讼的缺陷,使投资者尤其是中小投资者的受损权益得以及时修复,从而将保护投资者的政策理念落到实处,是我国证券期货市场进一步发展必须解决的重要命题,也是本篇致力于解决的核心问题。期待本研究能够抛砖引玉,引起学者和学术领域对这一问题的兴趣与关注,促使这一课题的研究向着更系统和深入的方向继续发展,从而使本篇未能解决的问题能够在不久的将来得到实质性突破。

第二章　我国证券期货市场现行解纷机制:问题与局限

进入21世纪以来,我国经济从较高增速经下行调整后步入中高速增长的新常态时期。伴随着经济增速的放缓,社会转型开始向纵深发展,社会利益格局大幅度调整,人民群众利益诉求日益多元。然而,与此不相适应的是,由于传统理念的束缚和解纷渠道的限制,大量的矛盾纠纷仍然以诉讼方式集中到了法院,使法院处理案件的压力与难度空前增加。为应对这一局面,最高人民法院按照中央战略部署于2005年开始矛盾纠纷多元化解机制改革。2016年5月,最高人民法院联合中国证监会发布《关于在全国部分地区开展证券期货纠纷多元化解机制试点工作的通知》(法〔2016〕149号),试点工作的目标是"建立、健全有机衔接、协调联动、高效便民的证券期货纠纷多元化解机制,依法保护投资者的合法权益,维护公开、公正、公平的资本市场秩序,促进资本市场的和谐健康发展"。目前,我国已初步形成诉讼与非诉协调发展的多元化证券期货纠纷解决机制。

一、我国证券期货纠纷多元化解机制的构成

证券期货市场是追求效率的市场,缺乏有效解纷机制的证券市场必然是低效的市场。建立调解、仲裁、诉讼相互衔接的多元化证券期货纠纷解决机制能够在总体上降低纠纷解决的成本,提高司法资源的配置和利用效率。多元化纠纷解决机制既能为投资者提供争议解决的快速渠道,也能缓解法院系统案件审理的压力,并

在客观上打破诉讼机制的"垄断"格局,促使司法系统良性竞争。[①] 我国当前的证券期货纠纷解决机制由传统型机制和新型机制共同构成。

(一)我国证券期货纠纷解决的传统机制

我国证券期货市场传统解纷机制主要包括三种:(1)民事赔偿诉讼。证券期货市场权益受损者通过提起民事赔偿诉讼的方式主张权利、弥补损害。诉讼机制是目前我国证券期货市场纠纷解决的主要渠道。(2)调解。根据《中国证券业协会证券纠纷调解工作管理办法》第2条的界定,证券纠纷调解"是指经纠纷各方当事人同意,调解组织通过说服、疏导、调和等方式,促使当事人在平等协商基础上自愿达成和解,解决证券业务纠纷的活动"。(3)仲裁。根据我国《仲裁法》第2条,"平等主体的公民、法人和其他组织之间发生的合同纠纷和其他财产权益纠纷,可以仲裁"。证券仲裁是指证券发行或交易的平等主体间发生与证券发行或交易有关的争议时,在各方当事人自愿达成协议的前提下提请无直接相关利益的第三者,以一定审理程序作出对各方当事人均具约束力的公断或裁决。我国1993年的《股票发行与交易管理暂行条例》第79~80条就规定了关于股票发行和交易有关争议的仲裁问题。

(二)我国证券期货纠纷解决的新型机制

近年来,随着我国证券期货市场的发展和监管部门对投资者保护机制的创新推动,在证券期货纠纷解决的实践中逐渐形成了若干不同于传统型纠纷解决机制的新型机制,主要包括以下两种。

1.先行赔付制度

在引入证券期货市场之前,先行赔付制度已在我国的一般消费者保护、医疗纠纷、网上交易以及重大社会利益保障等多个领域得到确立和应用。[②] 先行赔付在本质上是当事人通过非正式诉讼的自决模式,依据民法上的自愿原则自行协商达成和解协议化解纠纷的一种制度。[③] 将先行赔付制度引入证券期货市场是一项创新性举措,就投资者而言,这一制度具有权益救济的方便快捷性。[④] 2013年"万福生科

---

① 参见胡改蓉:《证券纠纷解决机制多元化的构建》,载《华东政法大学学报》2007年第3期。

② 参见段丙华:《先行赔付证券投资者的法律逻辑及其制度实现》,载《证券市场导报》2017年第8期。

③ 参见陈洁:《证券市场先期赔付制度的引入及适用》,载《法律适用》2015年第8期。

④ 参见徐强胜:《论我国证券投资补偿基金制度的构建》,载《法商研究》2016年第1期。

案”开创了我国证券期货市场上由保荐机构先行赔付投资者的先例。尽管先行赔付至今尚缺乏详细的制度规则,目前也仅有3起案件采用了此种投资者赔付方式,①但可以肯定的是,这一制度的引入及其法律构造都契合了投资者保护的市场逻辑和法治逻辑。2015年人大审议版的《证券法(修订草案)》在“投资者保护”这一章中,已就“先期赔付”作出了规定。但这一规定仅勾勒出了原则性的框架,未来还需在具体细则方面完善证券先行赔付制度。

2. 证券行政和解制度

在民法上,和解是“谓当事人约定,互相让步,以终止争执或防止争执发生之契约”。② 然而当和解制度被尝试引入行政领域时,却遭到了不小的阻挠,主要原因在于行政权的不得处分原理与和解的互让互谅之间被认为存在严重冲突。时至今日,无论是在理论还是实践层面,行政权不得处分的原理仍然未被推翻,③但是关于行政和解的正当性讨论已不再那么剑拔弩张。2013年,国务院办公厅发布了《关于进一步加强资本市场中小投资者合法权益保护工作的意见》(国办发〔2013〕110号),其中就提出了“探索建立证券期货领域行政和解制度,开展行政和解试点”的要求。据此,证监会分别制定了《行政和解试点实施办法》《行政和解金管理暂行办法》,这两个办法已于2015年3月29日起正式施行。尽管目前证券行政执法还没有采用行政和解的先例,但相关办法的出台为以后证券监管部门开展行政和解工作提供了基本的法律依据。可以肯定的是,行政和解制度的有效实施将有助于提高行政执法的效率,节约行政资源,使受损害投资者更便利、更及时地得到赔付。④

二、我国证券期货市场现行解纷机制的缺陷

无论是传统还是新型的证券期货纠纷解决机制,其制度设计或司法实践均存在难以克服的缺陷,这些缺陷严重影响了纠纷解决的效率与效果,使投资者权益的保护程度大打折扣。

---

① 这3起案件是2013年的万福生科案、2014年的海联讯案和2017年的欣泰电气案。

② 王泽鉴:《民法概要》,中国政法大学出版社2003年版,第447~448页。

③ 参见叶必丰:《行政和解和调解:基于公众参与和诚实信用》,载《政治与法律》2008年第5期。

④ 参见肖宇:《证券行政和解金的确立与分配规则探析》,载《暨南学报》(哲学社会科学版)2015年第6期。

（一）证券民事赔偿诉讼的制度障碍与实践难题

对于因证券市场内幕交易、欺诈和操纵市场等行为侵害投资者权益而提起的诉讼，我国法院曾短暂地采取过不予受理的政策。[①] 但这种回避问题式的做法一经推出便引起了理论和实务界的强烈批判。短短数月后，最高人民法院便出台了新的司法解释，恢复受理符合诉讼法受理条件的证券虚假陈述民事赔偿诉讼恢。随后又对法院审理此类案件应遵守的相关规定进行了细化。[②] 随着两个司法解释的相继出台，此前积聚的大量因证券虚假陈述而引发的纠纷涌向了法院。据统计，各地法院仅 2002 年当年就受理了近 900 件涉上市公司信息欺诈诉讼，且案件数量还继续呈快速增多之势。[③] 诚然，以"不予受理"的方式关闭证券纠纷民事赔偿诉讼的闸门固然不妥，但从实践来看，法院也确有无奈之处。对中小投资者而言，"打官司"是最具权威性的个人维权"武器"，但事实上，"打官司"在证券民事纠纷中却面临着诸多障碍与难题。

尽管投资者提起的证券民事赔偿诉讼为数众多，但实际上真正通过此种方式获得赔偿的案件比例却极低。证券虚假陈述民事赔偿诉讼尚有一些代表性的获赔案例，因内幕交易提起的赔偿诉讼目前也有了光大证券投资者获赔的先例，而操纵市场迄今为止还未有获赔先例。事实上，投资者因内幕交易、操纵市场等侵权行为提起的民事赔偿诉讼多数以法院不予受理而告终。证券民事赔偿诉讼在解决证券期货纠纷方面至少存在 6 个方面的障碍与问题。

1. 前置程序的制约

根据最高人民法院《关于审理证券市场因虚假陈述引发的民事赔偿案件的若干规定》第 6 条第 2 款之规定，投资人以自己受到虚假陈述侵害为由提起民事赔偿诉讼的，除应符合《民事诉讼法》第 108 条规定外，投资者提起虚假陈述民事赔偿诉讼还须以有关机关作出了行政处罚决定或法院已作出刑事裁判为前提，否则法院将不予受理，此即证券虚假陈述民事赔偿诉讼的前置程序，实践中也参照适用于因

---

① 该政策的实施依据是最高人民法院 2001 年 9 月 21 日发布的最高人民法院《关于涉证券民事赔偿案件暂不予受理的通知》（法明传〔2001〕406 号）。

② 参见 2002 年 1 月 15 日最高人民法院《关于受理证券市场因虚假陈述引发的民事侵权纠纷案件有关问题的通知》和 2002 年 12 月 26 日最高人民法院《关于审理证券市场因虚假陈述引发的民事赔偿案件的若干规定》（法释〔2003〕第 2 号）。

③ 参见张韶华：《证券争议：两种法律解决途径的比较分析》，载《当代经济科学》2004 年第 1 期。

内幕交易、操纵市场等侵权行为引发的民事赔偿诉讼。前置程序的设置尽管有防止滥诉、减轻原告举证责任和提高司法效率的作用,但不可否认这一程序也剥夺了因虚假陈述等侵权行为而致权益受损者的合理诉权,给投资者请求民事赔偿的过程增添了不小的变数,①也使民事责任在事实上沦为行政责任和刑事责任的附属责任。②

2. 证券民事赔偿责任优先的制度设计与司法实践的现实矛盾

我国《证券法》第232条规定:"违反本法规定,应当承担民事赔偿责任和缴纳罚款、罚金,其财产不足以同时支付时,先承担民事赔偿责任。"我国《刑法》《公司法》《证券投资基金法》等多部法律也明确规定了财产性民事责任优先承担的规则。然而事实上,财产性民事责任优先承担的这一"立法美意"却因司法实践中先刑/行后民的惯例而流于形式,在证券民事赔偿诉讼中更是难以实现。

由于前置程序的存在,在行政处罚和刑事判决未作出之前,受害的投资者不能提起民事诉讼,而行政处罚在送达之后就立即生效,违法者须在收到行政处罚决定书15日内将罚没款缴纳到中国证监会账户上,由银行直接上缴国库。因为证券监管部门已经先于诉讼程序没收了违法所得并处以高额罚款,待刑事判决或行政处罚作出后,侵害方很可能已经丧失了履行民事责任的能力,现实中根本无法令违反者"先承担民事责任",权益受损的投资者极有可能在民事诉讼中(即使胜诉后)面临无钱可赔的境地。③

3. 因果证明与损失计算难题

虚假陈述、内幕交易和股价操纵被称为证券市场三大侵权行为。④ 在2017年的证券市场上,这三大类传统违法案件在证监会合计立案203件,占全部立案案件的65%,仍然是主要的违法类型。⑤ 按照侵权责任法的基本理念,令侵权行为人承担民事责任须满足四个条件:存在侵权行为,侵权行为给投资者造成了经济损失,

① 参见李巧宁:《前置程序"钳制"了谁》,载《证券时报》2002年1月17日,第2版。

② 参见孙丽娟:《以虚假陈述为视角论证券欺诈诉讼前置程序》,载《中国律师》2009年第12期。

③ 参见窦鹏娟:《探索证券内幕交易投资者损害救济的新路径》,载黄红元、徐明主编:《证券法苑》(第9卷),法律出版社2013年版,第446~463页。

④ 参见梁爽:《日本证券虚假陈述责任法律适用对我国的启示》,载《法学》2011年第1期。

⑤ 中国证监会:《证监会2017年度案件办理情况通报》,载证监会官网:http://www.csrc.gov.cn/pub/newsite/zjhxwfb/xwdd/201801/t20180119_332882.html,最后访问日期:2018年4月9日。

投资者的经济损失与侵权行为存在因果关系，侵权行为人具有主观过错。在我国，投资者提起证券民事诉讼须以相应的行政处罚或刑事判决作为前置程序。因此，获得法院立案受理的证券民事诉讼原告，无须就是否存在虚假陈述等证券侵权行为以及行为人是否具有主观过错再行证明。投资者遭受经济损失的事实（不包括损失大小）一般也不难证实，因此证券民事赔偿诉讼的关键和难点就在于因果关系的认定方面。以往案例也证实了这一点。但事实上，因果关系证明对于普通投资者而言是一项十分困难的工作。证券市场高度的技术化和复杂化，使投资者很难判断侵权行为对市场的影响，以及对最终造成损害结果的实际作用力，而要判断这两者之间的因果关系更是难上加难。[①]

由于侵权责任的承担与否和责任承担的大小均以投资者的损失为基础，因此如何确定投资者因侵权行为遭受损失的具体数额遂显得特别重要，但在实践中这也是困扰证券民事赔偿诉讼的另一难题。证券市场的复杂性和证券交易的特殊性，使投资者的损失往往与证券市场正常投资风险而引发的损失相互交织混合在一起，使清楚地区分究竟哪些损失系因侵权行为而引发，哪些又因正常投资风险而引发变得十分棘手。[②]

4. 虚假陈述以外其他证券民事赔偿诉讼的法律适用问题

目前，我国仅明确了法院对因虚假陈述导致的民事赔偿案件予以受理和审理的法律适用问题，但对于因内幕交易、操纵市场等行为引起的民事赔偿诉讼应如何审理尚缺乏明确的操作规则。按照现行《证券法》的规定，因内幕交易行为和操纵证券市场行为给投资者造成损失的，行为人应当依法承担赔偿责任。法律虽赋予了投资者对因内幕交易、市场操纵行为造成损失进行民事诉讼救济的权利，但在现实中却缺乏像虚假陈述那样明确具体的司法解释，这使实践中法院对待此类案件往往无所适从，多数案件以法院不予受理或投资者败诉宣告终结。这显然不利于对投资者权益的保护，也容易造成司法上的不公现象。[③]

---

① 参见王利明：《关于完善中国证券侵权民事责任制度的几点思考》，载张育军、徐明主编：《证券法苑》（第6卷），法律出版社2012年版，第17～19页。

② 参见周友苏、罗华兰：《论证券民事责任》，载《中国法学》2000年第4期。

③ 参见郜尔彬：《论我国证券民事赔偿诉讼纠纷解决机制的完善》，载《政法学刊》2012年第5期。

5. 司法裁判与投资者维权的成本问题

相对其他纠纷解决方式,诉讼的确具有争议解决的最终性、权威性和严格规范性,[①]然而"不是所有的司法判决都能产生正义,但是每一个司法判决都会消耗资源"。[②] 证券民事赔偿案件的解决必然以耗费一定的司法资源为代价,但即使消耗司法资源也未必能够取得理想的纠纷解决效果。随着近年来证券期货市场纠纷的增多,大量案件涌向法院,再加上法官员额制改革在过渡期内造成的案件数量上升与法官人数减少之间的冲突,将更加凸显司法资源之于案件审理的稀缺性。

根据日本学者棚濑孝雄的观点,"生产正义的成本"不仅包括国家担负的"审理成本",即一定司法资源的消耗,还包括当人事担负的"诉讼成本"。[③] 当事人的诉讼成本不仅是指为诉讼付出的金钱支出,还包括当事人因应对诉讼而花费的时间和机会成本以及所耗费的精力等隐性投入。以曾经颇受关注的中国证券虚假陈述民事赔偿第一案——"大庆联谊案"为例,历经5年、耗资数十万元才终于走完了从起诉、上诉到执行的最终程序,而期间当事人所经历的"起诉不受理、受理不开庭、开庭不判决、判决不执行"的坎坷以及为获得最终赔偿而付出的努力更是难以言说和估量。所以,以民事诉讼方式解决证券期货纠纷,对投资者而言往往意味着维权成本高、举证责任难、耗费时日长且结果不确定等风险,证券民事赔偿诉讼绝不是简单的"一告了之"。

6. 金融创新对证券期货纠纷解决的挑战

不同于普通民商事纠纷,证券期货纠纷往往因为证券市场、交易技术以及涉诉产品等包含的金融及法律知识而变得十分复杂。再加上金融创新所导致证券期货产品的推陈出新、各种金融衍生产品的日渐"平民化",使越来越多的普通投资者/金融消费者置身其中而不自知,往往待到发生巨额亏损才惊觉"上当"从而引发纠纷。那些有着最复杂商事交易关系的金融衍生产品,即使专业的金融人士也未必能清楚其中的来龙去脉,而精巧的交易结构、复杂的交易关系更令非金融专业人士望而却步,而其从市场实践中发展而来的特殊交易规则与传统民商法之间在理念

---

① 参见赵春兰:《试论证券民事纠纷的解决机制》,载《政治与法律》2006年第3期。

② 方流芳:《民事诉讼收费考》,载《中国社会科学》1999年第3期。

③ 参见[日]棚濑孝雄:《纠纷的解决与审判制度》,王亚新译,中国政法大学出版社1994年版,第283~286页。

上的差异更增加了法律人理解的障碍。实践中即有法院因看不懂涉诉的结构型理财产品的说明书而对案件不予受理的情况。[①] 证券期货纠纷本就比普通民商事纠纷复杂，而金融创新引致的证券期货纠纷案件则较之一般证券纠纷更加复杂，对此类案件的裁判不仅需要充分理解和掌握相关法律问题，还需要清楚相应金融领域的专业知识与经验，以及熟练把握证券市场各种制度规则。[②] 这对于没有特殊专业背景或经过专门培训的普通民商事法院和法官而言无疑是巨大挑战。[③]

（二）证券纠纷调解机制的核心难题

早在2002年，最高人民法院《关于审理证券市场因虚假陈述引发的民事赔偿案件的若干规定》第4条就规定："人民法院审理虚假陈述证券民事赔偿案件，应当着重调解，鼓励当事人和解。"在最高人民法院"调解优先、调判结合"工作原则的指引下，越来越多的证券期货纠纷通过调解的方式得到妥善解决。2016年，最高人民法院和中国证监会联合发布的《关于在全国部分地区开展证券期货纠纷多元化解机制试点工作的通知》提出"要发挥调解的矛盾预防和源头治理功能"，并决定建立试点调解机构、健全诉调对接工作机制。可见，调解正在成为民事赔偿以外最重要的证券期货纠纷解决机制。

相较民事诉讼，调解有利于缓和当事人之间的对立状态和修复双方关系，能够实现案结事了，弥补裁判方式的缺陷与不足，具有稳定社会关系和实现社会和谐等诸多优势，因而被视为化解矛盾纠纷的"第一道防线"，被国际社会称为"东方经验""东方之花"。然而，调解并不是一种完美无缺的解纷方式，也不是解决矛盾纠纷的"灵丹妙药"。事实上，调解也有其局限和不足，例如，调解方式不能完全地、有时也不必要分清是非曲直，这不利于为当事人等提供行为上的指引，而且调解方式也容易忽略案外人利益以及公共利益等。[④]

---

① 参见刘燕、楼建波：《金融衍生交易的法律解释——以合同为中心》，载《法学研究》2012年第1期。

② 参见施明浩：《金融创新下证券纠纷解决模式比较——从纠纷调解机制的视角》，载《证券市场导报》2013年第9期。

③ 在为本次研究进行的法院调研中，受访的办案法官亦表示在审理证券期货纠纷案件中面对案件涉及的一些专业性金融问题时往往力不从心，感觉十分欠缺案件审理所需的专业知识。

④ 参见崔清新：《江必新：不要把调解视为完美无缺的解纠方式》，载新华网：http://www.xinhuanet.com/politics/2012-12/22/c_114122575.htm，最后访问日期：2017年12月26日。

1. 调解协议的司法确认与强制执行力问题

调解协议是决定调解方式能否成功化解纠纷的关键。调解协议取得法律效力是证券期货纠纷调解机制功能实现的标志,体现了社会对于证券期货纠纷调解的认可程度,也代表着整个证券期货专业调解制度的价值。[①] 从境外实践来看,证券调解协议生效的方式通常有三种:一是由投资者决定是否有效,协议一经生效则必须执行。英国、澳大利亚、新加坡等国的证券调解协议效力即采此法。二是由调解协议约定调解的效力,可强制执行。美国金融业监管局(Financial Industry Regulatory Authority,FINRA)即采纳此法。三是调解协议经法院核定后方具有强制执行力。我国台湾地区即采用此种做法。[②]

作为一种有着悠久历史的传统纠纷解决方式,调解在我国纠纷解决的实践中已经发展演变出了多个类别,包括人民调解、行政调解、行业协会调解、仲裁调解(又分为仲裁机构的调解和仲裁程序中的调解)、商事调解、公证调解、司法调解、律师调解、劳动争议和人事争议仲裁委员会调解、公安机关治安调解等。[③] 最高人民法院多元化纠纷解决机制所认可的调解包括人民调解、行政调解、行业调解、商事调解和司法调解。根据最高人民法院、中国证券监督管理委员会《关于在全国部分地区开展证券期货纠纷多元化解机制试点工作的通知》,证券期货纠纷当事人在试点调解组织主持下达成的调解协议,具有民事合同性质。也就是说,证券调解协议只是当事人间的一种合意,不具强制执行力。只有经法院或其他权威机构确认有效且具有明确给付主体和给付内容的调解协议才具有强制执行力。而未经法院或其他权威机构确认的证券调解协议仅具有民事合同效力而无强制执行力,如当事人一旦反悔也只是对双方协议的违反,最终可能仍要通过诉讼程序来维护权益。协议效力未经确认的调解协议只是"没有牙齿的老虎",而赋予调解协议如司法判决书那样的法律效力于实践中又不可行。[④] 因此,调解往往被视为纠纷解决中拖延时间的一种手段。[⑤]

---

① 参见焦凯:《证券期货纠纷中调解制度的建设研究》(上),载《山西法制报》2017年6月28日,第3版。

② 参见王欣新、亢力:《浅论证券纠纷调解法律制度》,载《甘肃社会科学》2011年第2期。

③ 参见邱星美:《当代调解制度比较研究》,载《比较法研究》2009年第4期。

④ 参见施明浩:《金融创新下证券纠纷解决模式比较——从纠纷调解机制的视角》,载《证券市场导报》2013年第9期。

⑤ 参见胡改蓉:《证券纠纷解决机制多元化的构建》,载《华东政法大学学报》2007年第3期。

2. 证券期货纠纷调解中调解员的专业化问题

调解能否取得成效的核心要素在于调解员的专业与否。调解员的专业性不仅是指其作为专业调解人员所应具备的基本素养，如能够保持不偏不倚的中立态度，善于缓和和平息纠纷当事人之间的对立情绪，具有及时补救因错误的信息传达造成的不必要的危害，以及发掘有创新性和新颖性的解决方案的独有能力等，[①]还包括其对于调解业务、调解程序和调解规则的熟练掌握与运用，以及对于特定领域的调解所涉及内容的了解和熟悉程度。如前所述，证券期货纠纷相比普通民商事纠纷往往更复杂和专业，难以想象一个没有相关知识储备和不懂相关领域规则的调解员如何在当事人间进行有效的说服和疏导，促使双方自愿达成调解协议。以德国为例，其证券争议调解机制下的调解员都是专职人员，这些人员通常之前都是资深法官或法律专业人士，具有较高的专业素质，其人格和专业技能在很大程度上能够保证证券争议得到公正调解。我国证券期货纠纷调解机制所欠缺的正是这种专业的调解员队伍。从目前来看，我国证券纠纷的调解员绝大部分来自于经纪商，调解员结构组成中的律师和其他人员所占比例不足 10%，这一结构可能会降低证券纠纷调解结果的信任度和公信力。

（三）新型证券纠纷解决机制的不足之处

作为我国证券期货纠纷解决的新型机制，证券行政和解制度和先行赔付制度虽然能够解决一部分群体性证券期货纠纷，但前者目前还在进行试点，且适用范围相当有限，迄今为止还没有应用先例；后者目前仅有 3 起案例，能用以解决的纠纷范围和类型也十分有限。另外，这两种机制还有一个共同特点，即投资者在其中并不具有多大的主动性。所以总体上，虽然新型机制增加了证券期货纠纷解决的渠道，但其发挥作用的空间范围却极狭窄。

三、我国现行证券纠纷解决机制的共同局限

受传统理念束缚，加之新型解纷机制的适应周期，目前民事赔偿诉讼仍是我国证券期货纠纷解决的主流方式。在传统非诉解纷机制中，调解方式在解决证券期

① 参见张华东：《完善证券调解机制化解证券纠纷矛盾》，载《改革与开放》2012 年第 3 期。

货市场纠纷方面的作用正在凸显,该方式对证券民事诉讼的替代效应也日渐明显。以先行赔付为代表的新型解纷机制虽取得了一定的实践效果,但其适用条件十分严格,因而在证券期货市场的推广相当有限。除了以上缺陷,我国现行证券纠纷解决机制在整体上还面临一些共同的局限。

(一)现行机制难以适应当前证券市场发展与纠纷的特点

我国证券市场的起航发展,始于1990年上海证券交易所和1991年深圳证券交易所的相继成立。在不到30年的时间内,我国证券市场历经市场初建阶段、全国统一监管市场形成阶段、依法治市和市场结构改革阶段、深化改革与规范发展阶段,演变发展到当前的多层次资本市场建立与完善发展阶段。尽管经历了五个阶段的发展,也取得了令人瞩目的成就,但总体上我国证券市场依然属于新兴市场。新兴市场的后发优势以及迫切发展的需要,使其通常具有超常规创新的动力与可能性以提高市场效率。[①] 然而,创新即意味着新能量与新变量的引入,市场的扰动性将会因此增强,[②]而超常规的创新相应地也会带来超常规的市场扰动,造成证券期货市场大起大落、波动频繁。从宏观环境来看,我国经济社会进入新常态,经济增速放缓,供给侧结构性改革的持续推进也深刻地影响着证券期货市场,造成其市场格局的改变,市场行情波动加剧,交易的不确定性增加,从而导致证券市场纠纷多发且类型复杂多样。

作为新兴市场,我国证券期货市场的投资者结构不同于成熟市场,是典型的倒金字塔结构,即市场由大量自然人投资者而非机构和一般法人投资者构成。自然人投资者中又尤以中小投资者居多,这个群体的投资者通常个人投资数量少但交易频繁,投资理念不够成熟,缺乏专业知识与技能,风险识别与判断能力弱,投资行为具有典型的"羊群效应"特点,且往往对政策的依赖十分强烈。而实践中最突出的问题是,相比上市公司和资本市场上的大股东、控股股东、实际控制人、机构投资者和大额投资者,中小股东和中小投资者通常处于劣势地位,其合法权益更容易遭到侵害且缺乏权利救济的有效渠道。

证券交易的特点决定了,因内幕交易、虚假陈述、操纵市场等侵权行为而引发

① 参见王开国:《中国证券市场超常规创新的理性思考》,载《中国社会科学》2001年第1期。
② 参见戴文华:《证券市场创新与系统风险的若干问题》,载《证券市场导报》2013年第3期。

证券民事赔偿纠纷具有典型的涉众性特点，牵涉其中的投资者往往人数众多。涉及人数众多的证券期货民事纠纷案件，尽管其共同特点是索赔额十分庞大，但就个体而言，大多数投资者的实际损失并不大，因而此类证券纠纷具有典型的“小额多数”特征。

金融创新导致证券期货市场创新加剧，在给投资者带来更多投资选择和交易机会的同时，其中裹挟的大量风险也增加了投资者受损和引发纠纷的可能性。在这一背景下，证券期货市场纠纷较以往也呈现出了一些新的特点，如纠纷形式更复杂、纠纷涉及内容更专业、纠纷规模更庞大、纠纷的群体性特征更明显，这一切都表明现行证券期货纠纷解决机制已经难以适应我国证券期货市场发展和纠纷解决的实际需要。

（二）现行机制难以破解证券群体性纠纷解决面临的困境

不同于普通民商事纠纷，证券民事纠纷的一个显著特点，是涉及的投资者尤其是中小投资者人数比较多，一个侵权行为可能会侵害众多不特定投资者的权益，[①]而散户投资者的抗风险能力又比较弱，因而有可能使纠纷演变为过激的群体行为，[②]形成群体性纠纷。表 1 对我国 10 余年来影响较大的群体性证券侵权民事赔偿纠纷进行了简单统计，关于其群体性特征可见一斑。

表 1　群体性证券民事侵权赔偿纠纷典型案例

案件名称	案由	涉及投资者人数	受理单位	解决方式
“大庆联谊案”	虚假陈述	679（人）（诉讼） 106（人）（调解、撤诉）	哈尔滨市中级人民法院	代表人诉讼 调解、撤诉等
“银广厦案”	虚假陈述	847（人）	银川市中级人民法院	民事诉讼
“东方电子案”	虚假陈述	6989（人）	烟台市中级人民法院	民事诉讼（调解）
“杭萧钢构案”	虚假陈述	127（人）	杭州市中级人民法院	民事诉讼（调解）
“佛山照明案”	虚假陈述	955（人）	广州市中级人民法院	民事诉讼
“万福生科案”	虚假陈述	12756（人）	投保基金公司	先行赔付
“海联讯案”	虚假陈述	9823（人）	投保基金公司	先行赔付

① 参见盛学军、刘如翔：《诉讼代表与纠纷调解：我国证券投资者保护基金公司的职能拓展与制度创新》，载《云南师范大学学报》（哲学社会科学版）2010 年第 6 期。

② 参见沈四宝等：《仲裁是解决证券纠纷的有效方式》，载《法制日报》2002 年 9 月 18 日。

续表

案件名称	案由	涉及投资者人数	受理单位	解决方式
“欣泰电气案”	虚假陈述	11727(人)	投保基金公司	先行赔付
“光大证券案”	内幕交易	507(宗)	上海市第二中级人民法院	民事诉讼(系列案)
“鲜某案”	虚假陈述	14(人)	上海市第一中级人民法院	民事诉讼(支持诉讼)

群体性纠纷又分为大规模侵害纠纷和小额分散性侵害纠纷。前者是指受害人数量众多、单个受害人受损数额也较大的群体性纠纷,后者则指个别侵害虽微不足道但受害人分布广泛且为数众多的群体性纠纷。[①] 在证券期货市场上,既有大规模侵害纠纷也有小额分散性侵害,我国当前的证券期货纠纷尤以后者居多。群体性纠纷因为涉及人数众多,其解决必然不同于普通个体性纠纷,应有与之适应的纠纷解决机制。遗憾的是,我国现行证券期货纠纷解决机制难以满足这一要求。

1. 现行机制在纠纷解决上的重复性和低效性问题

无论是证券民事诉讼还是证券调解、证券仲裁,现有机制多以处理和解决普通个体性纠纷为基础,对于解决证券群体性纠纷方面则显得“力不从心”。群体性证券纠纷尽管涉及人数众多,但通常存在共同的侵害行为人,而且具有相似的侵害情节以及共通性的事实与法律问题等。基于普通个体纠纷解决的现行证券解纷机制在实践中的最大问题,即要重复处理群体性证券纠纷所涉及的一些共通性问题,这不仅增加了不必要的纠纷解决成本,耗费纠纷当事人以及纠纷解决机构和人员的时间与精力,也使纠纷解决周期被这些琐碎烦冗的程序拉长。证券市场行情瞬息万变,在这一市场最能体现和诠释“时间即金钱”的含义。与普通民事纠纷相比,证券纠纷的解决除了对公平、公正的基本追求外,还十分注重效率性。久拖不决的纠纷不仅影响案件当事人,一些影响重大的证券纠纷还可能由于扩散效应波及更多投资者,挫伤其对于证券市场的信心。显然,现行机制已经不能满足证券期货市场对纠纷解决效率的要求。

2. 现行机制解决纠纷的效力仅局限于个案

我国证券期货市场现行纠纷解决机制基本是传统的“一对一”式的纠纷解决模式。尽管先行赔付制度的出现和运用在很大程度上突破了这一形式,实现了对受

① 学者米克里茨(Micklitz)和斯塔德勒(Stadler)曾详细阐述了这一分类。参见吴泽勇:《群体性纠纷解决机制的建构原理》,载《法学家》2010年第5期。

损害投资者进行一体化、“一揽子”补偿的功能，但先行赔付的适用范围毕竟十分有限，绝大多数的证券纠纷依然依赖于传统型机制，尤其是证券民事诉讼而解决。根据《最高人民法院关于审理证券市场因虚假陈述引发的民事赔偿案件的若干规定》，证券民事赔偿案件的原告可以选择以单独诉讼或者共同诉讼的方式提起诉讼，但实践中投资者绝大多数都是以单独诉讼的形式提起，共同诉讼仅有极少数案例。单独诉讼典型的“一对一”处理方式使案件解决的效力局限于提起诉讼的个案，即使对于具有共同讼争事实和共同被告的大量同类案件也“无能为力”。

3. 现行机制解决证券群体性纠纷的司法实践面临法律疑问

当然，面对日益显化的证券群体性纠纷，我国的司法机关也并非束手无策。事实上，在东方电子案等典型的群体性证券虚假陈述民事赔偿案件中，我国法院及法官在长期司法实践所累积的丰富的司法经验基础上摸索出了一套行之有效的独特解决办法，即对原告人数众多、同一被告名下集结了多个诉讼的此类案件采取单独立案、合并审理的方式，由法院先行就其中一个或数个典型案件形成判决或裁定，嗣后再以其指导同类判决或促成案件当事人和解。[①] 但这种由法院在实践中摸索形成的裁判经验却面临着一系列的法律疑问，如法院职权行为与当事人知情权及自主权的协调问题、典型案件的裁决影响和约束后续同类案件审理的法律依据问题、后诉裁决与典型裁决明显差异时的法律适用统一性和安定性问题、后续案件对典型裁决“搭便车”造成的相关当事人诉讼负担不公平的问题……[②]因此，尽管法院的做法确实解决了一些棘手的群体性证券民事赔偿纠纷，但法律的严肃性也要求必须对这种做法的法律疑问进行合理解释。

（三）证券群体性纠纷解决的既有路径与存在的问题

社会发展引起的现代化大生产和科技进步在创造和丰富了人类物质财富的同时，也催生了“大众侵权行为”这种社会病。日本学者小岛武司将这种能够同时危害多数人合法利益的不法行为所引起的纠纷称为“现代型纠纷”，[③]不同于传统型纠纷所侵害的利益具有相对确定性，大众侵权行为引发的现代型纠纷侵害的是“扩散

① 参见宋一欣：《“实验性诉讼”法值得借鉴》，载《中国证券报》2006年12月14日，A17版。

② 参见汤欣：《论证券集团诉讼的替代性机制——比较法视角的初步考察》，载张育军、徐明主编：《证券法苑》（第4卷），法律出版社2011年版，第174～200页。

③ 参见［日］小岛武司：《诉讼制度改革的法理与实证》，陈刚等译，法律出版社2001年版，第43页。

性利益”。[1]

1. 境外证券群体性诉讼机制及在我国的障碍

对大众侵权行为所侵害权利的救济与恢复是世界各国和地区面临的共同难题。目前主要依靠两种模式:一是公共执法;二是私人执法。[2] 前者主要由立法机关或经授权的行政机关通过制定法律并由行政机关执行的方式进行,重在事前规制和事中的监管,并辅之以事后的行政制裁。而私人执法的具体措施又包括公力救济、社会救济和私力救济三种。其中,以私人执法模式治理大众侵权行为的典型方式是民事诉讼,而处理群体性纠纷的诉讼程序就是群体诉讼。群体诉讼又包括了一系列具体诉讼形式,如美国的集团诉讼、英国的集体诉讼、德国的团体诉讼以及日本的选定当事人诉讼等。[3]

第一,美国的集团诉讼。在寻求群体纠纷的诉讼解决方案上,美国式集团诉讼是不容回避的话题。美国集团诉讼于1966年美国《联邦民事诉讼规则》得到确立,其立法初衷就在于有效制约小额多数侵权行为。[4] 尽管集团诉讼是许多国家解决群体性纠纷的立法范本,但即使在美国本土,关于该群体诉讼模式的评价也褒贬不一、争议不断,甚至难以定论其究竟是“穿着闪亮外衣的武士”还是“作法自毙的怪物”。就连该规则的主要起草人本杰明·卡普兰(Benjamin Kaplan)教授也认为要充分评估集团诉讼相关规则的优点及缺陷可能需要一代人左右的时间。[5] 集团诉讼被美国用以处理的群体性纠纷在我国亦大量存在,然而我国能否借鉴美国的做法建立集团诉讼制度?关于此问题国内现有学术讨论大致有三种观点:一是基本否定;二是主张全面引入;三是建议借鉴美国模式改革我国现有的代表人诉讼制度。[6] 在尚存分歧且关于集团诉讼的诸多问题仍未厘清的情形下,显然不能指望移

---

① 参见[意]莫诺·卡佩莱蒂:《福利国家与接近正义》,刘俊祥等译,法律出版社2000年版,第68~69页。

② 参见[日]田中英夫、竹内昭夫:《私人在法实现中的作用》,载李薇译、梁慧星主编:《为权利而斗争》,中国法制出版社2000年版,第377页以下。

③ 参见陈巍:《欧洲群体诉讼机制介评》,载《比较法研究》2008年第3期。

④ See Arthur R. Miller, “Of Frankenstein Monsters and Shining Knights: Myth, Reality, and the ‘Class Action Problem’”, *Harvard Law Review* 92(3), 1979, pp. 664-694.

⑤ See Deborah R., “Hensler: Class Action Dilemmas: Pursuing Public Goals for Private Gain”, *Rand Institute for Civil Justice*(2000), at 49. 转引自耿利航:《群体诉讼与司法局限性——以证券欺诈民事集团诉讼为例》,载《法学研究》2006年第3期。

⑥ 参见汤欣:《论证券集团诉讼的替代性机制——比较法视角的初步考察》,载张育军、徐明主编:《证券法苑》(第4卷),法律出版社2011年版,第174~200页。

植或引入集团诉讼作为建立中国证券市场私人执法的路径选择。而且,最高人民法院的相关司法文件也否定了集团诉讼作为证券虚假陈述等民事侵权纠纷案件的受理方式。①

第二,英国的集体诉讼。集体诉讼是一些国家在建立本土化的群体诉讼司法制度中,吸收美国集团诉讼的合理因素并结合本国社会、文化和司法制度特点予以谨慎剪裁,以严格控制法院职权和避免滥诉所形成的一种群体诉讼制度。尽管其也属于广义上的集团诉讼,但在事实上已与美国式的集团诉讼相去甚远。以英国为代表的集体诉讼具有高度管制的典型特征,以防止集团诉讼制度被滥用,加之英国的诉讼文化、司法理念以及律师收费等的影响,集体诉讼模式在英国并不受"欢迎",其适用也不普遍。② 由于在本质上仍属于集团诉讼制度的范畴,因而以英国为代表的集体诉讼自然也不宜用来解决我国的证券期货群体性纠纷问题。

第三,德国的团体诉讼。相比在我国引入集团诉讼引发的巨大分歧,国内学者和业界人士对于引入团体诉讼问题的看法则趋于相同。主流观点认为,团体诉讼具有独特的制度优势,在世界范围内发展强劲,我国引入该制度确有必要且具有可行性。团体诉讼相对于集团诉讼而言的确可能不会引发太多负面效应,该种诉讼模式主要适用于解决小额分散性侵害纠纷,由此看来似乎特别适宜作为我国证券期货群体性纠纷的解决方式。然而,团体诉讼的致命局限在于,通过此种诉讼模式提出的诉讼请求仅限于要求违法者停止侵害的不作为请求,一旦涉及损害赔偿,则不可避免地面临如何区分团体诉讼与当事人损害赔偿请求权的难题,当侵害数额较大时这一问题就显得尤为突出。这也是为什么德国虽经过长达30多年的讨论而未将团体诉讼扩张到损害赔偿领域的主要原因。③

第四,日本的选定当事人诉讼(或称选定代表人诉讼)。日本主要采取选定当事人制度来解决人数众多的群体性诉讼。选定当事人是在具有共同利益的多数人或不具有民事主体资格的非法人团体中,由全体当事人选定一人或数人并赋予其

---

① 最高人民法院2002年1月15日发布的《最高人民法院关于受理证券市场因虚假陈述引发的民事侵权纠纷案件有关问题的通知》第4条规定:"对于虚假陈述民事赔偿案件,人民法院应当采取单独或者共同诉讼的形式予以受理,不宜以集团诉讼的形式受理。"

② 参见汤欣:《论证券集团诉讼的替代性机制——比较法视角的初步考察》,载张育军、徐明主编:《证券法苑》(第4卷),法律出版社2011年版,第174~200页。

③ 参见吴泽勇:《建构中国的群体诉讼程序:评论与展望》,载《当代法学》2012年第3期。

实施诉讼的权利,代表全体起诉应诉而使其他当事人脱离诉讼,但由全体当事人共同承担判决实体后果的一种群体诉讼制度。

第五,我国台湾地区的民事诉讼法也有与日本类似的制度,即多数有共同利益之人,得由其中选定一人或数人,为选定人及被选定人全体起诉或被诉。[①] 但选定当事人诉讼也存在一个重要局面,即诉讼效力不能及于被代表人之外其他因为相同原因而遭受侵害的受害人,使这一诉讼制度对于权利受侵害者的救济功能相对不足。

2. 我国的共同诉讼与代表人诉讼之于证券群体性纠纷解决的障碍

我国《民事诉讼法》对于共同诉讼和代表人诉讼有明确规定。[②] 依据其规定,当事人一方人数众多的共同诉讼可以推选代表人进行诉讼,代表人的诉讼行为对其所代表的当事人发生效力。最高人民法院2002年1月15日颁布的《关于受理证券市场因虚假陈述引发的民事侵权纠纷案件有关问题的通知》第4条规定:"对于虚假陈述民事赔偿案件,人民法院应当采取单独或者共同诉讼的形式予以受理,不宜以集团诉讼的形式受理。"有学者指出,上述规定中的"集团诉讼"就是指我国民事诉讼法第55条所规定的人数不确定的代表人诉讼,因此等于排除了虚假陈述民事赔偿案件对此种诉讼模式的适用。[③] 2002年12月26日,最高人民法院颁布的《关于审理证券市场因虚假陈述引发的民事赔偿案件的若干规定》第12条规定,证券民事赔偿的原告可以选择以单独诉讼或共同诉讼的方式提起诉讼。第13条规定,多个原告因同一虚假陈述事实对相同被告提起的诉讼中既有单独诉讼也有共同诉讼的,法院可通知提起单独诉讼的原告参加共同诉讼;多个原告因同一虚假陈述事实对相同被告提起两个以上诉讼的,法院可将其合并为一个共同诉讼。另外,第14条又规定,共同诉讼的原告在开庭前应确定。原告人数众多的可推选2~5名诉讼代表人。结合前一个司法文件和后一个司法解释,可以看出最高人民法院实际排除了证券虚假陈述民事赔偿案件对人数不确定的代表人诉讼方式的适用。最高人民法院2006年发布的《关于人民法院受理共同诉讼案件的通知》则规定:"当事人

① 参见朱磊:《群体诉讼的基本模式与路径选择——以美、德、日三国为中心的比较法考察》,载《中共乌鲁木齐市委党校学报》2013年第3期。

② 参见《民事诉讼法》第52条、第53条、第54条的相关规定。

③ 参见学者杨严炎在其论文《群体案件的诉讼形式及其价值取向——以大庆联谊虚假陈述案为例》(载《清华法学》2011年第2期)第168页脚注[5]中表达的观点。

一方或双方人数众多的共同诉讼,依法由基层人民法院受理。受理法院认为不宜作为共同诉讼受理的,可分别受理。”因此,尽管最高人民法院 2002 年关于审理证券虚假陈述民事赔偿案件的司法解释赋予投资者选择以单独诉讼或共同诉讼提起证券民事赔偿诉讼的权利,但实际上根据 2006 年关于法院受理共同诉讼案件的通知,对于是否受理共同诉讼的决定权掌握在法院手中,这就使投资者的选择权实际处于落空状态。

最高人民法院《关于审理证券市场因虚假陈述引发的民事赔偿案件的若干规定》中规定,若以共同诉讼方式提起诉讼则需在开庭审理前确定原告人数。这一规定击中了我国群体性证券期货纠纷的软肋——原告人数难以确定,导致实践中绝大多数群体性证券期货纠纷都是采取单独诉讼的形式提起,共同诉讼在证券民事赔偿诉讼中十分少见。审理证券虚假陈述民事赔偿案件的司法解释还规定,若原告提起共同诉讼且原告人数众多,可推选 2 ~5 名诉讼代表人。然而,代表人诉讼制度在我国司法实践中发挥的功能是否契合了其本来的立法初衷?这种诉讼制度又能否成功化解我国所面临的群体性证券期货纠纷解决的难题?事实上,这两个问题的答案恐怕难以令人满意。这项由我国现行法明文规定、在理论和实务界亦未遭到批评的诉讼程序却在审判实践中受到一味阻挠。①

从我国的司法实践来看,从 20 世纪 90 年代民事诉讼法确立了代表人诉讼制度以来,种种原因导致这一制度被不恰当地限制适用甚至拒绝适用,许多地方法院的领导认为,代表人诉讼增加了案件审理的难度、影响了社会稳定。② 原告人数不确定的代表人诉讼在我国更是形同虚设。我国法院对于群体性纠纷案件多采取单独立案分开受理的方式,在审判中要么单独审判,要么合并审判。例如,广东省对于可以作为代表人诉讼的案件普遍的做法是采取分别立案、合并审理、分别判决的方式进行,此类案件被称为“系列案件”。在上海,也很少以代表人诉讼的方式解决群体性纠纷。上海市高级人民法院民一庭在总结群体性案件审理经验时指出,当前审理群体性案件一般应单独立案。北京市高级人民法院也曾在其发布的文件中规

① 参见傅郁林:《群体性纠纷的司法救济》,载法律快车网:http://www.lawtime.cn/info/minfa/dlgongtongdl/2007041744439_5.html,最后访问日期:2018 年 4 月 21 日。

② 参见杨严炎:《群体案件的诉讼形式及其价值取向——以大庆联谊虚假陈述案为例》,载《清华法学》2011 年第 2 期。

定群体性纠纷的立案除必要的共同诉讼外一般不合并受理,应视具体情况分别立案审理。在群体性诉讼相对较多的海口市中级人民法院,所调查案件中也没有一宗利用(人数不确定的)代表人诉讼制度进行立案。由此可见,代表人诉讼制度在我国司法实践中的利用率十分低,因而不可能指望这样一种制度作为我国当前群体性证券纠纷的私人执法方式。①

代表人诉讼在我国的遇冷除了该制度设计不足的先天缺陷外,司法政策的维稳目的对法院及办案人员的影响,以及法院案件指标管理的功利化所造成的适用动力不足也是导致该制度形同虚设的重要原因。② 除司法环境不佳等内生性因素外,影响这一诉讼制度实践应用的更复杂的原因可能还来自我国的人情社会以及诉讼文化等外在因素。代表人诉讼取得胜诉的关键在于诉讼代表人的选择,然而如何选择代表人、选择谁为代表人、代表人能否恰当行使所赋予的权利、是否会侵害被代表人的合法权益,这些问题在我国显然都构成了代表人诉讼制度难以被采用的理由。我国是典型的崇尚熟人文化的社会,人与人之间的联系往往并不是来自于契约型社会所结成的正式的信任关系,而是源于一个个特殊的经由熟人网络而编织的看似牢固实则复杂微妙的人际"圈子"。在涉及合作的种种情形下,人们通常更倾向于选择"熟人"而非陌生人。囿于这种根深蒂固的社会文化,代表人诉讼自然难以获得制度生存必需的文化土壤,尤其对于群体性证券纠纷而言,被卷入纠纷的投资者很难建立起熟人社会中的信任关系,因此很难选择合适的投资者作为诉讼代表,利用代表人诉讼制度进行权利救济也就无从谈起。

---

① 值得一提的是,2015年4月人大审议版《证券法(修订草案)》在新增设的"投资者保护"一章中却规定,"投资者提起虚假陈述、内幕交易、操纵市场等证券民事赔偿诉讼时,当事人一方人数众多的,可以依法推选代表人进行诉讼。国务院证券监督管理机构认可的投资者保护机构可以作为代表人参加诉讼或者清算程序"。

② 参见张嘉军:《多元化:两大法系群体性纠纷解决机制的当代走向——兼论我国群体性纠纷解决机制的未来趋势》,载《郑州大学学报》(哲学社会科学版)2008年第4期。

第三章　我国证券期货群体性纠纷解决的出路探索:从示范诉讼到示范调解

当前,我国证券期货市场纠纷频发且群体性特征显著,无论是纠纷解决的传统机制还是实践中出现的新型机制,无论是英美法系还是大陆法系抑或我国本土的群体性纠纷解决方案,在化解我国的群体性证券纠纷问题上都存在种种缺陷。迹象表明,我国证券期货市场以中小投资者为主的散户型格局在一定时期内难以改变,这使保护投资者尤其是中小投资者权益的任务尤为重要。如何在现有机制的基础上探索建立适合我国的群体性证券纠纷解决机制无疑是一个极为迫切的现实问题。

一、示范诉讼制度:群体性纠纷化解机制中的一颗"新星"

当我们带着学习借鉴的态度对境外的群体性纠纷化解机制进行梳理,并一一排除了集团诉讼、集体诉讼、团体诉讼、选定代表人诉讼,甚至在我国本土的代表人诉讼作为证券群体性诉讼机制的可能性而无从着落之时,一种在德国证券市场上已有立法例和实践基础的新型群体诉讼模式——示范诉讼制度给了我们新的启发和灵感。

示范诉讼(Test Case),亦称为试验诉讼、典型诉讼或范式诉讼等。关于其内涵目前理论界尚无定论。美国《布莱克法律词典》和《元照英美法律词典》的解释为:其一,为了确立一项重要的法律原则或权利而提起的诉讼,通常在当事人对案件事实均无争议的前提下提起,有时亦称"合意诉讼";其二,从存在共同原告或被告且事实与证据相同、要解决的法律问题亦相同的数个案件中选出一案,经由全体当事人同意,由法庭作出相当于合并审理的裁定,对选定的典型案件首先进行审理并作出判决,全体当事人均受该判决约束。[①] 前者所指示范诉讼目的在于创设一般法律原则与权利,主要存在于英美法系国家;后者所指示范诉讼目的则在于解决具体的纠纷,这也是通常意义上所指的示范诉讼。[②] 亦有学者在更广义的层面上理解示范诉讼,认为只要某一诉讼程序具有超越个案的意义,最高法院即可就该诉讼所为的判决作为解决其他同类案件的依据。[③]

关于示范诉讼究竟起源于何时,德国学者裴特 · 阿仁斯教授(Peter Arens)经过考察认为,德国统一前的西德采取的就是一种"示范诉讼"(Musterprozesses),其实质为"试验诉讼",[④]做法是在同类案件大量存在的情形下,"法院只对某一类型案件作出'试点'判决;当事人仅提出个别的、特定的诉讼,但法院的判断却具有普遍性"。日本学者小岛武司称"范式诉讼"是有相同诉讼标的的众多诉讼可能处于未决状态,此时有管辖权的法院可在未决案件中挑选一案并审理以解决某些共通问题、明确目的,这些共通问题的解决对那些暂时延迟审理的案件亦有拘束力。[⑤] 我国台湾地区学者沈冠伶认为,示范诉讼系指某一诉讼的纷争事实与其他多数事件之事实主要或大部分相同,该诉讼事件经由法院裁判后其结果成为其他事件在诉讼上和诉讼外处理的依据,法院的这一判决可称为"示范判决",而相应的诉讼则为示范诉讼。[⑥] 我国学者范愉提出,试验性诉讼是指一部分成员作为原告尽管与其他成员之间并无法律上的代表关系,但其他成员亦可期待原告所进行的诉讼也能为自己带来相同效果。[⑦] 而学者季卫东则认为示范诉讼有"模式诉讼"和"原则诉讼"两种形态。前者侧重于对具体事实关系的认定和共同争论点的处理,以利于归并

---

① See Bryan A. Garner, Black's Law Dictionary, Thomson West, 2004, p. 228;《元照英美法律词典》,法律出版社 2003 年版,第 1339 页。

② 参见杨严炎:《示范诉讼的分析与借鉴》,载《法学》2007 年第 3 期。

③ 同上。

④ See Peter Arens, Das Problem des Musterprozesses, in L. M. Friedman/M. Rehbinder(eds.), Zur Soziologie des Gerichtsverfahrens, Jahrbuch fur Rechtssoziologie und Rechtstherorie Bd. 4, Opladen, 1976, p. 334. 日本学者小岛武司的日译稿载《法律人》(Jurist)第 726 期,1980 年,第 110 ~ 116 页。

⑤ [日]小岛武司:《范式诉讼之提倡》,郭美松译,载陈刚主编:《自律型社会与正义的综合体系——小岛武司先生七十华诞纪念文集》,中国法制出版社 2006 年版,第 153 页。

⑥ 参见沈冠伶:《示范诉讼契约之研究》,载《台湾大学法学论丛》2004 年第 6 期。转引自洪秀娟:《示范诉讼制度初探》,载张卫平、齐树洁主编:《司法改革论评》(第 8 辑),厦门大学出版社 2008 年版,第 133 ~ 149 页。

⑦ 参见范愉:《集团诉讼问题研究》,北京大学出版社 2005 年版,第 44 页。

案件、减轻诉累、提高审理效率，因而是广义上的“试验诉讼”；后者则限于对未来的程序具有重要的实质性价值的原则性法律问题的解决，是协议上的“试验诉讼”。[①]

梳理学者们关于示范诉讼的观点发现，尽管学者们的界定各有不同，在某些具体的观点和主张上也存在一定分歧，但我国学者已就民事诉讼法引入示范诉讼达成了一定共识。[②] 此外，学者们也认同以下两点：第一，示范诉讼与我国法学界传统关注的焦点——代表人诉讼和集团诉讼制度迥然有别。这种诉讼制度并不主张对诸多个人进行集合或合并审理，其坚持在已有诉讼制度框架内以个案审理的方式，寻求其他相同或类似案件处理的事实或法律依据，以实现其超越个案审理、全面解决群体性纠纷的意义。[③] 第二，示范诉讼是在已有诉讼制度框架内进行构造，因此不会与现有法律制度形成较大冲突。示范诉讼作用最大的领域是群体性纠纷领域，尤其是扩散性、规模化的多数人诉讼领域。[④] 在遍寻适宜我国的群体性诉讼机制而无果之后，这样的发现无疑令人备感欣喜：示范诉讼制度所具有的典型特征，正好符合我们建立中国式证券群体性纠纷解决机制的基本构想。

二、示范诉讼在证券群体性纠纷解决中的运用范本：德国《投资人示范诉讼法》及其实践

与集团诉讼、团体诉讼等传统群体性诉讼模式相比，示范诉讼是一种新兴群体性纠纷解决方案。正如所有新生事物一样，示范诉讼的出现为世界各国共同面临的大众侵权行为引发的群体性纠纷解决难题提供了新的思路，因而越来越多的国家正在尝试运用这一制度。在美国，示范诉讼是作为集团诉讼的替代方式而存在的，关于其规定体现在美国《联邦民事诉讼规则》23(b)(3)中。[⑤] 英国的示范诉讼是从实务领域发展起来的，直到2000年民事诉讼规则新增设的集团诉讼制度才将

---

① 参见季卫东：《要关注“试验诉讼”——当事人推动的制度变迁及其实证研究》，载徐昕主编：《司法》(第2辑)，中国法制出版社2007年版，第1～5页。

② 参见吴泽勇：《建构中国的群体诉讼程序：评论与展望》，载《当代法学》2012年第3期。

③ 参见洪秀娟：《示范诉讼制度初探》，载张卫平、齐树洁主编：《司法改革论评》(第8辑)，厦门大学出版社2008年版，第133～149页。

④ 参见郑妮：《示范诉讼制度研究》，四川大学出版社2014年版，第17页。

⑤ 《联邦民事诉讼规则》23(b)(3)要求法院在决定是否采取集团诉讼时需评价集团诉讼是否比其他方法在解决纠纷的有效性方面更为优越。采用示范诉讼就是非集团的替代性方法之一。

实务中存在的示范诉讼纳入新的集团诉讼范畴并进行了明文规定。但在所有关于示范诉讼的立法和实践中,德国模式堪称典范。

(一)"德国电信案"与德国《投资人示范诉讼法》的诞生

2003年,德国法兰克福州法院收到了由630名律师代理的、针对德国电信公司提起的、涉及约15,000个人和公司的约1700个诉状。这些诉状请求存在共同的基本事实,即德国电信公司在2001年第3期股票发行中可能存在虚假陈述行为。据称,德国电信公司在1999年和2000年的股票公开发行说明书中就其不动产价值高估了约20亿欧元,而次年德国电信就将该数据向下修正,但因价值高估造成德国电信股票在发行后不久就急剧下跌,致使大量股民遭受损失。而在法兰克福法院系属的还有2001年提起的另外350个同样针对德国电信股票发行虚假陈述的诉讼。这些诉讼请求总额高达1亿欧元,而单个请求则从几百欧元到650万欧元不等。此外,为规避诉讼时效届满带来的制约,还有约17,000名股民在专门的调解机构登记调解,而一旦调解不成,这些案件也要进入法兰克福法院的诉讼程序。按照传统诉讼程序,法兰克福法院无论如何都不可能在可接受的时间内处理规模如此庞大的诉讼案件;而对案件当事人而言,其诉讼请求与诉讼成本的支出也是完全不成比例。因为就德国电信虚假陈述事实是否成立,假如法院认为每一件诉讼原告投资者均应负举证责任,那么仅就德国电信所属地产进行估值就需耗资1700万欧元。而按照德国传统民事诉讼法的做法,提起诉讼的原告投资者需要为此项估值预缴鉴定费。日本学者棚濑孝雄认为,诉讼成本是实现程序正当性的必要条件。但如果付出的代价过于昂贵,即使审判能够完美地实现正义,人们往往也只能放弃通过审判实现正义的希望。[①] 因此,仅预缴鉴定费用一项就足以使大多数投资者放弃起诉德国电信公司。[②]

面对"德国电信案"给德国司法体制造成的压力,德国立法者不得不为当事人和法院创造一种可操作且有效率的大规模诉讼解决程序,而这直接推动了德国示

① 参见[日]棚濑孝雄:《纠纷解决与审判制度》,王亚新译,中国政法大学出版社2004年版,第267页。

② 关于"德国电信案"更详细的介绍可参见吴泽勇:《〈投资者示范诉讼法〉:一个群体性法律保护的完美方案?》,载《中国法学》2010年第1期。

范诉讼立法的产生。[①] 为应对德国电信案带来的难题，德国联邦司法部部长于2004年4月提出了德国《投资者示范诉讼法》的政府草案讨论稿，经征求社会各界意见后形成了政府草案，后又提交联邦议院讨论并经三次宣读后，该法案终获通过。之后联邦参议院在提出了修改意见后也通过了此项法案。2005年11月1日，德国《投资人示范诉讼法》(KapMug)终于正式生效实施。该法也是世界上第一部关于示范诉讼的单项立法。[②]

德国《投资人示范诉讼法》是在德国证券纠纷数量日益增多且呈群体性纠纷之势的背景下诞生的，[③]立法的初衷是为了解决众多投资者针对同一被告提起损失赔偿案件而使法院陷入审理困境的难题。该法主要适用于解决证券领域因下述情形而产生的纠纷案件：其一是由于公开资本市场信息错误，或欺骗性、疏忽产生损害的赔偿请求权；其二是依据德国证券收购与接管法基于某供应关系达成合同而产生的履行请求权。不同于其他程序法的繁复性，该法篇幅较简短，整部法律仅有3章共20条。[④] 按照该法，示范诉讼程序分为三个阶段(见图1)。在第一阶段，投资者向有管辖权的州地方法院提出示范诉讼申请，州地方法院进行公告，其后将案件移交州高等法院处理。第二阶段，法院通知在一审法院登记的案件其他当事人，案件审理暂时中止。州高等法院选定示范诉讼原告进入示范诉讼程序并形成示范裁判。第三阶段，示范裁判作出后，原来在一审法院登记的案件恢复程序，一审法院依据示范裁判对各原告的具体损害赔偿请求进行裁决。[⑤] 德国《投资人示范诉讼法》的特别之处在于，其将大量关联案件中具有共同性的问题抽离出来放在一个单独的诉讼阶段进行解决，并以此作为处理其他平行案件的基础。其诉讼合并的基

---

① 事实上，早在“德国电信案”之前德国就已经有了关于示范诉讼的法律规定。根据德国《行政法院法》第93a条即规定，就同一行政措施之合法性争议，如超过20件诉讼系属于法院时，法院得依职权择定其中一件或数件作为示范诉讼(标准诉讼)，同时中止其他诉讼。但应事先听取参与人意见，且对有关裁定不得提起争执。只是这一关于示范诉讼的法律条款主要适用于解决因行政行为引起的群体性纠纷。但德国行政法上的立法例也为后来示范诉讼的单独立法作出了榜样。

② 参见郑妮：《示范诉讼制度研究》，四川大学出版社2014年版，第87页。

③ 本篇中对德国《投资人示范诉讼法》进行研究的基础来自翟巍博士的中文译本，获得途径为http://blog.sina.com.cn/s/blog_59f9a9490100cx2p.html。该中文译本见附录。另外，也可通过德国司法部网站获取该法的英文官方译本。

④ 其中，第20条“过渡规则”是关于该法生效期间的规定，因而其实质性内容仅有19条。

⑤ 参见汤欣：《论证券集团诉讼的替代性机制——比较法视角的初步考察》，载张育军、徐明主编：《证券法苑》(第4卷)，法律出版社2011年版，第174～200页。

础是“问题”,而不是“人”。[①] 在程序设置上,这部法律兼顾了群体诉讼审理的效率和对当事人权利的保障,因而整体上提升了德国投资者权益保护的水平。

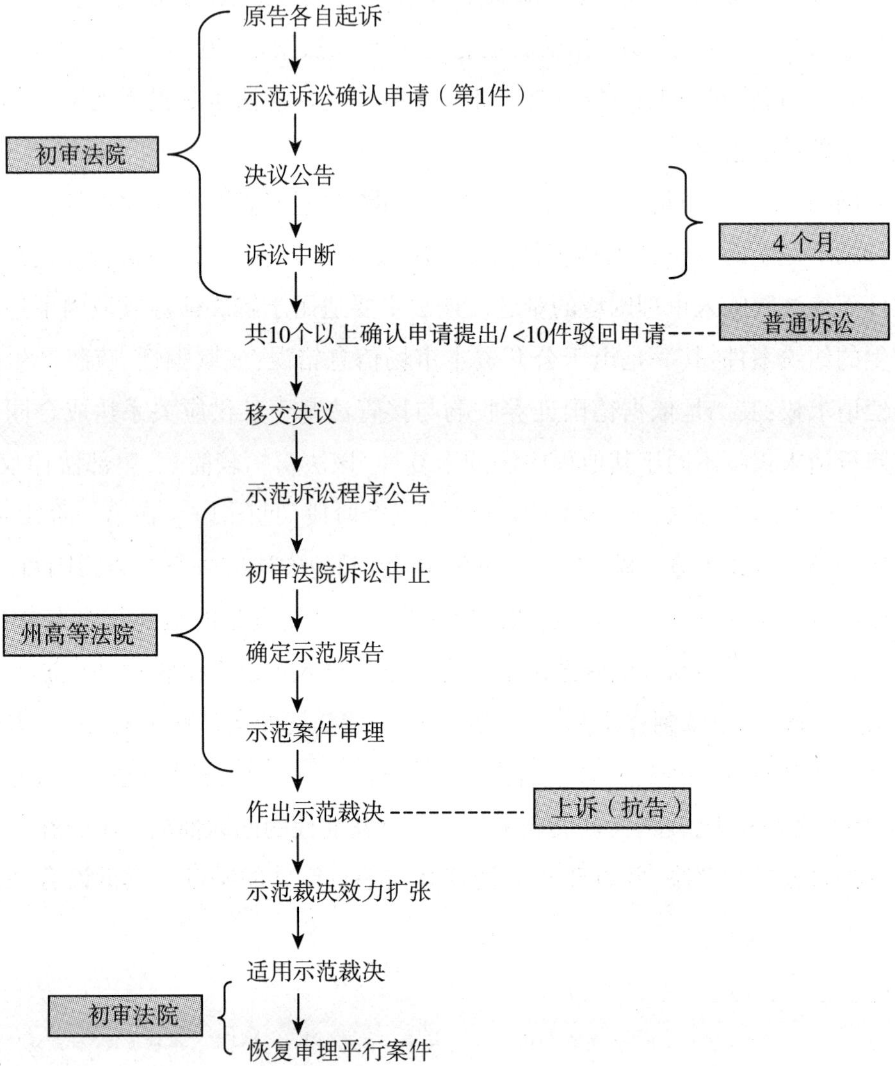

图 1 德国立法中的示范诉讼程序示意

虽然德国《投资人示范诉讼法》希望探索一种与德国传统民事诉讼制度和法学理论冲突最小的群体诉讼模式,但在一定程度上该法还是突破了德国传统诉讼原

① 平行案件系指在一起群体性诉讼中除被选定作为示范案件以外的、与示范案件具有共通性法律或事实问题的其他同类案件。参见吴泽勇:《群体性纠纷解决机制的建构原理》,载《法学家》2010 年第 5 期。

理。耐人寻味的是，德国《投资人示范诉讼法》在最后还规定了一个日落条款，即除非德国立法机关在该法自动失效日期之前决定延长该法的生效期限，或者将该法的相关规定扩张适用于其他类型的群体纠纷程序，抑或即使该法失效但有关示范诉讼的相关规定已体现于最新颁布的其他法律之中，否则该法将于 2010 年 11 月 1 日自动失效。① 而德国《投资人示范诉讼法》的日落条款正是来自德国联邦参议院此前对该法草案的修改建议。究其缘由则在于，该项立法具有实验性，给予该法五年的有效期限以便将该法的持续或拓展留待实践检验，并由立法者决定其是去是留。② 为确保德国《投资人示范诉讼法》的顺利施行，德国还对德国《有价证券交易法》等与该法实施相关联的其他法律进行了修改，以形成与该法相适应和配套的法律制度规则。

(二)德国《投资人示范诉讼法》在德国的司法实践及其评价

作为世界上第一部示范诉讼立法，德国《投资人示范诉讼法》对德国传统诉讼体系的变革精神固然值得大力褒奖，但该法依然难免存在诸多缺陷，这使该法一经颁布便遭到了各方的批评，其批评的角度既有对该法施行下当事人诉讼权利保障的质疑，更有激烈者则认为该法无法实现“为法院减负”之立法目的。③ 诚然，自德国《投资人示范诉讼法》生效以来，共有 212 个示范确认申请在德国联邦电子登记系统进行了登记，但截至 2009 年 4 月 29 日，德国法院仅对其中 3 个案件作出了示范裁决。截至 2010 年 6 月，示范诉讼程序也只在 25 件有关资本市场的诉讼纠纷中得到运用。④ 有学者认为，对于那些相对简单且易于控制的案件，德国《投资人示范诉讼法》的确提供了一种迅速解决的可能性。然而对于一些比较复杂和不易控制的案件，德国《投资人示范诉讼法》所引入的示范诉讼程序对于案件解决的效果似乎并不理想。此外，关于示范诉讼中示范确认的目标应如何拟定以及可以包括哪

① 德国议会曾在该法有效期届满前将其延续到 2012 年 12 月。目前，该法的有效期又再次被延续到 2020 年 11 月 1 日。

② 参见郑妮：《示范诉讼制度研究》，四川大学出版社 2014 年版，第 37 ~ 38 页。

③ 参见吴泽勇：《群体性纠纷解决机制的建构原理》，载《法学家》2010 年第 5 期。

④ 参见阿斯特丽德・斯塔德勒(Astrid Stadler)教授为“Recht und Rechtswirklichkeit-Eindeutsch-chinesischer Dialog zur prozessualen Durchsetzung privater Anspruche” – 2. Freiburger Forum zum chinesischen Recht(“权利与权利实现——关于司法权利程序实现中的对话”(第二届弗莱堡中国法论坛))提交的论文“德国资本市场示范程序法”(2010 年 6 月 25 日)。转引自汤欣：《论证券集团诉讼的替代性机制——比较法视角的初步考察》，载张育军、徐明主编：《证券法苑》(第 4 卷)，法律出版社 2011 年版，第 174 ~ 200 页。

些问题,即使是德国司法和实务界也还在试探和摸索,且并未形成统一认识和稳定的处理方法。

至此,或许还有一个困扰许久的疑问有待解答,即为应付德国电信案的解决而诞生的德国《投资人示范诉讼法》是否最终解决了“德国电信案”带来的问题?事实上该法甫一生效,投资者即提出了第一份关于“德国电信案”的示范确认申请,后不断有示范确认申请提出。之后法兰克福法院将该案移交至法兰克福州高等法院进行裁决。遗憾的是,德国《投资人示范诉讼法》并未促成“德国电信案”的圆满解决。截至目前,“德国电信案”依然悬而未决且短期内结案的可能性极小。据悉,该起群体性案件中的部分当事人已经死亡,由其后代继续参与诉讼。尽管如此,德国《投资人示范诉讼法》的积极意义依然不容置疑。虽然该法因存在诸多缺陷而遭到批评,但世界上没有堪称完美的法律或制度。德国《投资人示范诉讼法》开拓性的意义在于其对传统诉讼体系的变革,以及促使德国群体诉讼制度开始由此前的以保护公共利益和多数人利益为主,转向对群体诉讼当事人主观权利的兼顾。可以说,对于那些意图进行示范诉讼立法或实践的国家而言,德国《投资人示范诉讼法》是不可不学的典范。

三、我国审判实践中的“示范诉讼”做法与模式雏形的形成

我国现行法律体系并没有关于示范诉讼的立法,但这并不妨碍司法实践中采取各种类似示范诉讼程序的做法。我国甚至已经成为目前世界上实际运用此类程序处理群体案件数量最多的国家。[①] 事实上早在十几年前,我国基层法院就开始了示范诉讼方式的实践探索,在时间上甚至早于德国《投资人示范诉讼法》的出台。2005 年 4 月,因北京朝阳区珠江绿洲家园小区被检测出生活用水氟化物含量超标,该小区 50 余名业主以开发商未按合同约定提供市政用水为由向法院提起诉讼请求开发商支付违约金。对于这起群体性案件,朝阳区法院即采取了一种全新的诉讼方式,即先期选择一个案件进行审理,以明确这起群体性案件共通的事实和法律

① 参见杨严炎:《示范诉讼的分析与借鉴》,载《法学》2007 年第 3 期。

问题。[①]

近年来，在农民工工资拖欠、房屋拆迁安置、环境污染等涉及众多人利益的群体性纠纷中，法院采取类似示范诉讼的方式进行审理已是一种较常见的做法。例如，浙江省三门县法院针对债务诉讼案件、商品房销售合同违约、劳动争议等群体性诉讼案件增多的趋势，积极探索运用示范诉讼模式化解涉众型纠纷，已审结各类涉众型案件3459件。该法院还于2015年制定了《关于涉众型案件适用示范诉讼模式的意见》，将示范诉讼予以规范化。[②] 内蒙古赛罕区法院针对涉众型案件，采取"三段化"示范诉讼模式进行审理，仅2016年即以此种方式成功处理了华辰信托投资公司案等862件涉众型案件。[③] 河南省安阳市文峰区法院对涉及87户业主的房屋买卖合同纠纷案件，采取示范诉讼模式进行审判，形成了调解案例，最终成功化解了这起群体性纠纷。[④] 贵州省贵阳市修文县法院2017年11月对一起集合了45件医药买卖合同纠纷，以先行调解其中一件纠纷的"示范诉讼"方式最终成功审结了这起涉众案件。[⑤] 广东省广州市中级人民法院2017年4月发布《关于做好示范诉讼改革的意见》，以加强对系列性或群体性民事案件的审判工作。2017年6月，广州市中级人民法院首次"试水"示范诉讼模式，对一起涉及147件同类租赁合同纠纷系列案进行了审理……[⑥]

在涉众案件中，类似的审判实践经验还有很多。我国目前甚至已经成为世界上实际运用此类程序处理群体性案件最多的国家。[⑦] 尽管在实践中，各个法院在具体的做法上存在一定差异，但大都采取了拆案处理、形成系列案件，选择其中具有代表性的案件先期处理，以先期处理结果作为后续分批审判依据的模式。尽管这

---

① 参见齐树洁、徐雁：《群体诉讼的困境与出路：示范诉讼制度的建构》，载《中州学刊》2009年第1期。

② 参见毛林飞：《三门示范诉讼疏解涉众型纠纷》，载《人民法院报》2016年9月26日，第7版。三门县法院探索示范诉讼的实践经验还得到了最高人民法院的推介。在《〈最高人民法院关于进一步推进案件繁简分流优化司法资源配置的若干意见〉读本》"条文解读"部分的"探索形式示范诉讼方式"中，最高人民法院将三门法院运用示范诉讼模式化解涉众型案件的工作进行了经验推介。

③ 参见王美春、李新平、潘慧芳：《呼和浩特赛罕区法院：示范诉讼化解涉众纠纷》，载《中国审判》2017年第24期。

④ 参见戴明辉：《文峰区法院运用示范诉讼模式成功化解87起系列案件》，载 http://wfqfy.hncourt.gov.cn/public/detail.php? id=2740，最后访问日期：2018年4月20日。

⑤ 参见《修文县人民法院：努力让人民群众感受到公平正义》，载《贵阳日报》2018年2月6日，B19版。

⑥ 参见《广州中院首次尝试"示范诉讼"》，载中国人民广播电台网：http://www.cnr.cn/gd/gdkx/20170619/t20170619_523808635.shtml，最后访问日期：2018年4月20日。

⑦ 参见杨严炎：《我国示范诉讼司法实践与相关立法问题浅析》，载《人民法院报》2008年1月22日，第6版。

些做法不一定属于规范意义上的示范诉讼,但已经具备了示范诉讼“三段式”解决的特点并形成了一定的模式雏形。可以说,在解决群体诉讼问题上,示范诉讼机制比有法律明文规定的代表人诉讼在我国更具实践应用基础。

四、我国证券期货领域的“示范诉讼”实践

在证券期货纠纷领域,从大庆联谊案开始我国就已经探索如何突破传统诉讼模式,开辟证券群体性案件审理的新路径。尽管迄今为止并没有形成真正意义上的示范诉讼制度,但以东方电子案和佛山照明案等为代表的类似证券“示范诉讼”表明证券期货纠纷审判实践已经初具该制度的适用基础。

(一)突破证券民事赔偿诉讼传统模式:“大庆联谊虚假陈述案”

1997 年 5 月,大庆联谊石化股份有限公司在上交所上市。但 1999 年 4 月大庆联谊即发布公告称存在违法违规行为正在接受国家有关部门调查。2000 年 3 月,证监会对大庆联谊存在的欺诈上市以及虚假陈述等违法违规行为作出了行政处罚。自 2001 年 1 月起,哈尔滨市中级人民法院陆续收到了涉及 788 名股民、诉讼标的额达 1700 余万元,共计 250 起针对大庆联谊及其保荐人申银万国证券的民事赔偿诉讼。受理该起群体性证券民事赔偿案件的哈尔滨市中级人民法院于 2002 年 10 月先期审理了 3 名股东的诉讼,此后哈尔滨市中级人民法院将第二批 456 名原告投资者分为若干组,在 2003 年至 2004 年间先后多次开庭审理。[①]

“大庆联谊虚假陈述案”是在最高人民法院《关于受理证券市场因虚假陈述引发的民事侵权纠纷案件有关问题的通知》发布后,国内法院受理的首起投资者诉证券发行人虚假陈述民事侵权案。该案最引人关注的是,其突破了传统的单独诉讼模式,对群体诉讼采取了分批审理形成“系列案件”的做法。关于此种诉讼方式的具体性质,我国学术界的看法存有分歧,如有学者认为此案的审理法院即尝试了类似示范诉讼的做法,[②]有的学者倾向于认为此案的审理具有代表人诉讼的特点,而

① 由于无意对该案本身做过多评价,故对案件及其审理和结果的详情不再赘述。

② 参见刘毅、张谷:《示范诉讼及其在我国审判实践中的运用》,载《人民司法》2009 年第 11 期。

另有学者则认为此案具有集团诉讼的特点但并非代表人诉讼。[①] 尽管理论界和实务界对于该案所采取诉讼模式的理解不同，对于该案诉讼形式、处理方式以及诉讼效果的评价也褒贬不一。[②] 但不可否认，作为中国证券市场虚假陈述民事赔偿第一案，"大庆联谊虚假陈述案"的司法实践无疑具有里程碑意义，是我国探索新的证券民事赔偿诉讼模式的重要转折。

（二）中国式证券"示范诉讼"的探索者："东方电子虚假陈述案"

1997 年 1 月，山东省烟台东方电子信息产业股份有限公司在深交所上市。2001 年 8 月，证监会对东方电子涉嫌违规问题进行调查。2003 年 1 月，东方电子 3 名高管因提供虚假财务报告被烟台市中级人民法院作出刑事判决。随着刑事判决的作出，相应的民事赔偿诉讼接踵而至。从 2003 年 2 月 8 日开始，全国先后有 6989 名股民提出了 2716 件针对东方电子虚假陈述的民事赔偿诉讼。面对如此庞大的起诉群体，受理案件的烟台市中级人民法院以原告代理律师所在的律师事务所为分类依据，将同一律师所代理的全部案件以合并审理的方式分配到同一办案人名下。烟台市中级人民法院选择一部分原告将其提起的诉讼先期审理，以此厘清关于东方电子虚假陈述行为的实施日、揭露日、基准日的确定，民事责任的承担主体，损失赔偿的计算方法以及应否扣除因系统风险因素造成的损失等共通性问题。在厘清了这些共通性问题之后，烟台市中级人民法院不再审理已解决的问题而只是对每一案件的个案情况进行审查。

尽管该案中的类"示范诉讼"做法没能走到最后，由于该案在东方电子进行股改和领导班子调整后转而采用集中调解的方式进行解决，因而案件对具有共同指向性的问题所作出的判决没能约束后来的案件。但"东方电子虚假陈述案"这种对群体性案件进行拆分，选取典型案例厘清共通问题，然后再对每一个案进行分批审理的案件审理思路已经具有了示范诉讼的程序元素，是我国在证券群体性诉讼解决模式上的重大突破，堪称中国式证券示范诉讼的探索者。

---

① 参见杨严炎：《群体案件的诉讼形式及其价值取向——以大庆联谊虚假陈述案为例》，载《清华法学》2011 年第 2 期。

② 如学者范愉即对此案的诉讼效果给予了高度评价，而该案原告方的代理律师则作出了截然不同的评价。具体参见杨严炎：《群体案件的诉讼形式及其价值取向——以大庆联谊虚假陈述案为例》，载《清华法学》2011 年第 2 期。

(三)类"示范诉讼"模式再创佳绩:佛山照明虚假陈述案

2012年11月5日,广东佛山电器照明股份有限公司因涉嫌信息披露违法违规被广东省证监局立案调查。2013年3月6日,广东省证监局对佛山照明信息披露违法违规行为作出行政处罚决定书,认定佛山照明构成虚假陈述。随后便有股民陆续提出针对佛山照明的民事赔偿诉讼,包括首批提起诉讼的955名股民在内,佛山照明虚假陈述案的原告投资者人数最终多达2749人,诉讼标的总额合计3.85亿元。受理该起群体性证券纠纷的广州市中级人民法院对于该案也采取了类似东方电子的拆案处理、分批审理的办法。2014年12月5日,法院一审判决佛山照明向提起民事赔偿请求的首批955名原告投资者赔偿6041.08万元,并承担102.75万元案件受理费。佛山照明对此判决提起了上诉。后广东省高级人民法院在二审中对佛山照明案维持原判。由于涉及原告数量众多、索赔金额巨大,佛山照明虚假陈述案成为继东方电子案后引起社会各界关注的又一重大案件。该案的成功处理与案件审理所采取的类"示范诉讼"模式有脱不开的关系,由于促成了众多中小股民获得赔偿,佛山照明案极大地鼓舞了中小投资者维权的信心,也成为近年来我国证券投资者维权的标志性事件。

(四)中国证券内幕交易民事赔偿第一案:"光大证券内幕交易案"

上述3起证券群体性案件的共同之处在于都属于虚假陈述引发的民事赔偿案。相对而言,此类案件的审理在我国不仅有明确的司法解释,而且从证券交易和诉讼实务来讲,虚假陈述的行为证明并不涉及十分复杂的技术性问题,因而在实践中投资者针对证券虚假陈述的诉讼并不少见,而且已经有了多起投资者获赔的经典案例。相对于虚假陈述而言,内幕交易行为因为更具隐蔽性,且投资者要证明内幕交易行为与自己损失之间的因果关系要比虚假陈述困难得多,所以实践中针对内幕交易的民事赔偿并不多见,即使投资者提起诉讼法院一般也不予受理或者即便受理也往往以投资者败诉而告终。但证券内幕交易投资者零胜诉的局面最近已被光大证券内幕交易民事赔偿案所打破,该案开创了我国证券市场上投资者因内幕交易受损获赔的先河。

在光大证券因内幕交易行政处罚决定书作出后,[①]2013年12月2日,上海市第二中级人民法院即受理了第一件投资者提起的因光大证券内幕交易遭受损失而要求民事赔偿的诉讼,之后陆续受理了其他类似案件,总计受理507件。在案件审理方式上,上海第二中级人民法院同样采用了分批处理、形成系列案的模式,本着"先易后难"的原则避开了复杂和疑难案件,但又考虑到需涵盖系列案中主要交易类型的问题,合议庭在第一批案件中先期选择了8个具有代表性的案件进行审理。从第一件案件的受理到最后一件案件的判决,光大证券内幕交易民事赔偿系列案前后经历了970天终告结束。[②] 该起证券群体性诉讼的成功处理开创了我国投资者因内幕交易获赔的先例,其所采取的审理方式、克服的诸多难题、取得的诉讼效果以及对于中小投资者保护的意义无疑值得我国证券市场发展史重点记载。

五、我国审判实践中证券示范诉讼的类型化分析

示范诉讼既可以基于归并案件、减轻诉累、提高审理效率的目的而适用,也可用以解决对未来程序具有重要实质性价值的原则性法律问题。[③] 我国审判实践中存在的证券示范诉讼又可以被归为以下几种具体类型。

(一)常规意义上的证券示范诉讼实践

所谓常规意义上的证券示范诉讼,是指涉诉的证券民事纠纷案件除原告投资者众多以外,并无十分特别之处。在该类案件中适用示范诉讼程序的主要目的是为了归并同类案件,避免重复审理共通性的法律与事实问题,以减轻当事人诉累,

---

① 2013年8月16日上午11时许,上证综指在短短几分钟内突然上涨超过5%,中石油、中石化、工商银行、中国银行等权重股均触及涨停。为数不少的投资者(主要是个人投资者)在不明就里的情况下,以为这是重大市场利好的信号,因而纷纷跟风建仓、高位接盘。之后经证监会调查,"引起沪深300、上证综指等大盘指数和多只权重股短时间大幅波动"的原因,是由于光大证券在进行ETF申赎套利交易时,因策略交易系统程序错误巨额买单入市。根据证监会的调查结果,光大证券在异常交易事件发生之后、信息依法披露之前,卖空IF1309、IF1312股指期货合约共计6240张,获利7414万元。同时转换并卖出180ETF基金2.63亿份、50ETF基金6.89亿份,规避损失1307万元。两项交易获利与避损合计8721万元。根据我国《证券法》和《期货交易管理条例》相关规定,证监会认定光大证券上述交易行为构成内幕交易,除作出了严厉的行政处罚、行政监管和市场禁入措施之外,还专门提出了投资者因光大证券内幕交易受到损失的,"可以依法提起民事诉讼要求赔偿"。

② 参见张春波:《我国内幕交易民事赔偿第一案》,载中国审判网:http://www.chinatrial.net.cn/news/9997.html,最后访问日期:2018年1月24日。

③ 参见季卫东:《要关注"试验诉讼"——当事人推动的制度变迁及其实证研究》,载徐昕主编:《司法》(第2辑),中国法制出版社2007年版,第1~5页。

节省司法资源,提高案件审理的效率。最高人民法院所提出的"探索实行示范诉讼方式",目的就是"通过个案示范处理带动批量案件的高效解决"。[1] 常规性的证券示范诉讼在我国审判实践中较常见,许多享有证券侵权民事赔偿纠纷管辖权的法院都有相应案例,广州市中级人民法院的佛山照明虚假陈述案、上海市第一中级人民法院的上海仪电控股虚假陈述案等,是此类证券示范诉讼实践的典型代表。

(二)具有宣示法律原则意义的证券示范诉讼实践

这种类型的证券示范诉讼,属于学者季卫东所提出的示范诉讼中的"原则诉讼"的一种,主要限于解决对未来程序具有重要实质性价值的原则性法律问题。最高人民法院和证监会在其所提出的"建立示范判决机制"中表示,"对因虚假陈述、内幕交易、操纵市场等行为所引发的民事赔偿纠纷,需要人民法院通过司法判决宣示法律规则、统一法律适用的,人民法院应当及时作出判决"。在我国的证券审判实践中,光大证券内幕交易案是此类示范诉讼的典型代表。

相对于虚假陈述而言,内幕交易行为因为更具隐蔽性,且投资者要证明内幕交易行为与自己损失之间的因果关系要比虚假陈述困难得多,所以实践中针对内幕交易的民事赔偿十分少见。在"光大证券内幕交易案"之前,我国的类似案件,包括广为关注的黄光裕内幕交易民事赔偿案,基本都以投资者败诉而告终。[2] "光大证券内幕交易案"是我国内幕交易民事赔偿第一案。由于我国相关法律规定不明确,国内司法实践也无成熟先例可供借鉴,因此"光大证券内幕交易案"作为示范诉讼的意义并不在于其审理方式的特殊性,而是其所确立的此类案件审理的法律原则。这种类型的证券示范诉讼,远远超越了个案解决的局限,具有开创新、指导性和宣示法律的意义。

(三)对解决新型纠纷具有指向意义的证券示范诉讼实践

我国证券市场正处于快速发展阶段,在纠纷多发的同时,也出现了一些新型证券违法违规行为。这些新型纠纷由于缺少先例,其解决对于未来同类纠纷的处理具有重要的指向作用。"'开南系'违规举牌*ST新梅案"是这类证券示范诉讼实

① 参见最高人民法院《关于进一步推进案件繁简分流优化司法资源配置的若干意见》(法发〔2016〕21号)第7条。

② 参见张春波:《我国内幕交易民事赔偿第一案——"8·16光大证券乌龙指"引发的内幕交易赔偿系列案回顾》,载http://www.chinatrial.net.cn/news/9997.html,最后访问日期:2018年5月30日。

践的典型代表。

事实上，该案的案情并不复杂，案件的主要事实也得到了诉讼双方和证券监管部门的确认。该案作为广义上的证券示范诉讼，其主要的示范意义在于，属于A股市场第一起上市公司状告违规举牌“野蛮人”的案例，该案的判决会对未来司法如何限制违规举牌者的股东权利产生指向性作用，也会对未来上市公司的“举牌战”产生深远影响。审理此案的上海市第一人民法院将案件类型定义为“新类型证券欺诈责任纠纷”，表明其认可违规举牌者“开南系”的过错，但最终仍认定 * ST 新梅原大股东兴盛集团诉请限制被告股东权利等缺乏事实和法律依据，驳回其全部诉请。该案的审判结果保持了司法一贯的谨慎原则，却引发了公众对如何协调和平衡违规举牌行为的行政监管与司法判决之间的关系的热烈讨论。提高违规举牌者的成本是普遍认可的观点，但究竟应通过行政监管手段加以规制，还是修改基本规则或在司法判决层面予以突破，还存有较大争议。[①]

（四）具有重大模式突破意义的证券示范诉讼实践

证券民事赔偿诉讼一般由受到损害的投资者自行或委托代理律师提起，然而对于中小投资者来说赢得诉讼并不容易，往往需要克服重重困难。近年来，投服中心推出的证券支持诉讼使投资者诉讼难的问题得到了一定改观。证券支持诉讼是对涉及中小投资者众多、矛盾比较突出、社会影响较大的典型证券侵权纠纷，由根据中小投资者提出的申请，委派投服中心的公益律师或法律专业人员作为中小投资者诉讼代理人，代理中小投资者向法院起诉并参与诉讼的活动。[②] 2017年5月19日，上海市第一中级人民法院对鲜某等证券虚假陈述案作出一审判决，支持原告全部诉请。该案是全国首例由投服中心接受投资者委托提起证券支持诉讼并赢得全面胜诉的案件。该起诉讼毋庸置疑具有独特示范意义，主要在于：其一，实现了证券民事赔偿诉讼的重大突破，投服中心作为受托人提起诉讼使投资者不再单打独斗地维权；其二，该案将匹凸匹公司的实际控制人作为责任主体列为被告，抓住了上市公司虚假陈述行为的主要矛盾，首次以司法案例的形式明确了直接责任人的

---

① 参见赵一蕙：《 * ST 新梅诉讼案一审“落槌”违规举牌成本几何引关注》，载中国证券网：http://ggjd.cnstock.com/company/scp_ggjd/tjd_bbdj/197001/3832315.htm，最后访问日期：2018年5月26日。

② 参见《投服中心业务介绍：证券支持诉讼》，载中国证券网：http://www.cnstock.com/v_fortune/sft_jbsjlb/tbs_lcwq/flwq_tt/201612/3990346.htm，最后访问日期：2018年5月28日。

首要赔偿责任,真正达到了严惩违规者、警示后来者的目的。[1] 目前,投服中心正在探索建立支持诉讼示范判决机制,这种模式必将成为更高层次和更深意义上的证券示范诉讼。

六、从示范诉讼到示范调解:我国证券期货市场纠纷解决的示范制度

在我国,对于群体性纠纷的当事人而言,尽管可以选择以共同诉讼下的代表人诉讼方式提起诉讼,但是从群体诉讼制度的实际运行来看,大部分法院很少适用法律规定的代表人诉讼,反而对分拆案件的方式运用更普遍。正如前文所述,尽管我国目前并没有关于示范诉讼的任何立法,但法院在处理群体性纠纷的案件中已经摸索出了一套类似示范诉讼的做法,并在劳动争议、房地产纠纷、小股东与公司或控股股东争议等类型的诉讼中得到广泛运用。示范诉讼的概念可以在不同含义上使用,它既可以指群体性纠纷中的多数当事人一方为了对案件起诉和判决的效力加以约定而达成的一种契约,也可以指法院为了处理群体性纠纷而采取的一种程序策略。[2] 目前我国司法实践中的示范诉讼显然属于后一种情形。当然,这些类似示范诉讼的做法还不能构成真正意义上的证券示范诉讼。"东方电子案"等所开创的群体性证券纠纷案件审理模式也只是初步具备了示范诉讼的一些雏形,与严格意义上的示范诉讼相比还存在巨大差距。为更好地应对不断增多的群体性纠纷,应将我国司法实践经验与境外成功制度相结合,尝试示范诉讼的相关立法,以便规范和统一示范诉讼的法律适用。[3]

(一)我国证券示范诉讼的建立依据与制度价值

近年来,我国一直致力于对群体性纠纷解决机制的探索,这种探索不仅指现实中已经付诸行动的各种类似示范诉讼的司法实践活动,还包括相关司法政策和立法者所透露出来的关于建立示范诉讼制度的意思表示。

---

① 参见曹中铭:《首例证券支持诉讼案一审胜诉的多重涵义》,载《上海证券报》2017年5月24日,第8版。

② 参见吴泽勇:《建构中国的群体诉讼程序:评论与展望》,载《当代法学》2012年第3期。

③ 参见杨严炎:《示范诉讼的分析与借鉴》,载《法学》2007年第3期。

1. 示范诉讼制度建立的司法政策依据

我国近年来的多个司法文件提到了“示范判决”“示范诉讼”。2016 年 5 月 25 日，最高人民法院联合证监会发布了《关于在全国部分地区开展证券期货纠纷多元化解机制试点工作的通知》（法〔2016〕149 号），该通知第 13 条即规定：“建立示范判决机制。证券期货监管机构在清理处置大规模群体性纠纷的过程中，可以将涉及投资者权利保护的相关事宜委托试点调解组织进行集中调解。对因虚假陈述、内幕交易、操纵市场等行为所引发的民事赔偿纠纷，需要人民法院通过司法判决宣示法律规则、统一法律适用的，人民法院应当及时作出判决。”尽管这一规定并没有对“示范判决机制”的含义作出解释，但为我国建立示范诉讼制度提供了最直接的司法政策依据。2016 年 9 月 12 日，最高人民法院发布《关于进一步推进案件繁简分流优化司法资源配置的若干意见》（法发〔2016〕21 号），其中第 7 条意见就是“探索实行示范诉讼方式”，“对于系列性或者群体性民事案件和行政案件，选择个别或少数案件先行示范诉讼，参照其裁判结果来处理其他同类案件，通过个案示范处理带动批量案件的高效解决”。由此看出，最高人民法院对于推动适用示范诉讼有很大决心。

除司法政策明确提出以外，我国证券监管部门的相关领导也曾公开表示，“中小投资者保护的特殊问题，成为中国监管者必须面对和解决的现实问题”。对具有群体性特征的证券期货侵权诉讼案件，可以参考借鉴有关示范诉讼的制度做法，探索研究建立示范判决机制。按照“类似案件类似处理”的原则，解决好由于投资者人数众多带来的多头起诉、重复审理的问题。① 而在此前，该证券监管机构领导还曾赴上海市第一中级人民法院就证券支持诉讼示范判决进行了交流。

2. 示范诉讼的制度价值

示范诉讼制度对于我国证券期货群体性纠纷解决具有不同寻常的意义。这不仅是因为集团诉讼等群体诉讼制度与我国不相适宜，还因为代表人诉讼制度在我国实践中几乎不起作用，导致法院实务层面的示范诉讼活动日益普遍。更重要的是，示范诉讼作为群体诉讼制度的一种有其独特的制度价值。

---

① 参见 2017 年 8 月 23 日证监会主席助理黄炜在 2017 年国际证券投资者保护研讨会上的发言——《从法制入手保护中小投资者证监会预热示范判决机制》，载财新网：http://finance.caixin.com/2017-09-02/101139710.html，最后访问日期：2018 年 2 月 26 日。

首先,示范诉讼能够以个案处理带动解决大规模证券期货纠纷中的共通性事实或法律问题,从而增强了现有证券期货纠纷解决机制化解纷争的能力。德国著名民事诉讼法专家裴特·阿仁斯(Peter Arens)教授将示范诉讼的基本特征总结为:存在大量同类案件,但法院只对某一典型案件作出试点判决。当事人仅提出个别的、特定的诉求,但法院的判断却有普遍性,[①]这正是示范诉讼制度的重要价值所在。

其次,示范诉讼具有预防群体性证券期货纠纷的作用,并有助于促进证券期货纠纷当事人在裁决外解决纷争。这是因为示范诉讼可以为同类纠纷的解决提供准据,有助于社会大众对法律及其规制下的个人行为后果进行预期,也有助于后续发生的同类纠纷当事人通过示范裁决预知自己的权利、义务,从而能够在一定程度上起到预防纠纷发生的效果,也有助于推动部分证券期货纠纷在法院之外得到解决。[②]

再次,示范诉讼制度很好地契合了证券期货纠纷多元化解的理念,可以在诉讼与调解之间顺畅对接,从而实现不同解纷方式对于证券期货纠纷解决的相互补充与互相协调。在最高人民法院与证监会提出的"建立示范判决机制"中,就提到了对大规模证券期货纠纷的集中调解和相关民事赔偿纠纷的司法判决两种机制。可见,我们所要建立的示范判决机制应该具有衔接调解与诉讼的制度功能。实践表明,示范诉讼制度不仅在缺乏群体诉讼制度的国家发挥着重要价值,在群体诉讼较发达的国家也是一种行之有效的制度。

最后,示范诉讼制度有利于节约司法资源,降低证券期货纠纷当事人维权成本,维护法律适用的统一。不同于单独诉讼,采取示范诉讼方式免去了法院对具有相似法律事实和存在相同被告的群体性案件中共通性法律与事实问题反复审理的工作,因而有利于节约司法资源,提高纠纷解决的效率。从促进案件繁简分流,为法院减轻办案负担的角度来看,示范诉讼机制也有助于节省司法资源的耗费。我国最高人民法院正是基于推进案件繁简分流、优化司法资源的目的而提出了探索示范诉讼方式的意见。对于当事人而言,示范诉讼程序中的示范裁决可以引导当

---

① 参见季卫东:《要关注"试验诉讼"——当事人推动的制度变迁及其实证研究》,载徐昕主编:《司法》(第2辑),中国法制出版社2007年版,第1~5页。

② 参见杨严炎:《示范诉讼的分析与借鉴》,载《法学》2007年第3期。

事人进行利弊权衡，以及时作出是否继续诉讼或者进行和解的决定，因而能够减少不必要的维权成本。群体性证券期货纠纷通常案情复杂，传统的处理模式难以出现法律适用不一、裁决结果不统一甚至互相矛盾的情况，而示范诉讼则能够在很大程度上避免出现这种问题。[①] 最高人民法院和证监会联合发布的司法文件中提出的建立“示范判决机制”，就是希望通过司法判决宣示法律规则、统一法律适用。

（二）从示范诉讼到示范调解：何以必要、是否可行

与传统的群体性纠纷诉讼模式不同，示范诉讼最大的特点在于它集合大量纠纷的途径，是通过选择典型争议事实亦即示范诉讼争点，而不是典型当事人或代表人的方式。正是这一特点使示范诉讼特别适合于解决那些具有相同争议事实的大规模纠纷，[②]例如，证券期货欺诈行为是否成立等群体性纠纷。但是，群体性纠纷的解决不能完全依赖于诉讼方式，毕竟，诉讼只是解决纠纷的一种途径。示范诉讼所形成的解决群体性纠纷的示范效应只产生在采取诉讼机制的条件下，如果要取得示范诉讼的效果则只能采取提起诉讼的方式。这可能会造成更多的纠纷涌向法院，增加法院的诉讼压力。

在多元化纠纷解决机制改革的背景下，我国司法机关十分注重调解等其他方式对于诉讼机制的替代作用。2010 年 6 月 7 日，最高人民法院《关于进一步贯彻“调解优先、调判结合”工作原则的若干意见》（法发〔2010〕16 号），其中提出要建立健全以调解案件分类化、调解法官专业化、调解放大特定化为内容的类型化调解机制，“要根据案件利益诉求、争议焦点的相似性，对道路交通事故损害赔偿纠纷、医疗损害赔偿纠纷、劳动争议等案件试行类型调解模式，实现‘调解一案、带动一片’的效果。要根据类型案件的特点……鼓励法官加强对类型案件调解理论和方法的梳理和研究，将经过实践检验行之有效的个案调解方法，提升为同类案件的调解技巧……”这里提出的类型化调解，与示范诉讼的基本思想何其相似！那么，我们可否做一个大胆的尝试与创新，将示范诉讼的制度理念和基本方法，嫁接应用到调解之中，建立一种别具特色的证券示范调解制度？

调解是解决我国证券期货纠纷的一种重要途径，建立证券示范调解制度既可

① 参见刘毅、张谷：《示范诉讼及其在我国审判实践中的运用》，载《人民司法》2009 年第 11 期。

② 参见吴泽勇：《建构中国的群体诉讼程序：评论与展望》，载《当代法学》2012 年第 3 期。

以保留示范诉讼在处理证券群体性纠纷方面的精粹思想,又能够帮助纠纷当事人摆脱对诉讼机制的依赖,这不仅为权益受损的证券投资者提供了纠纷解决的更多选择,也有利于减轻法院负担,减少对司法资源的耗费,提高纠纷解决的效率,可谓一举多得。从最高人民法院与证监会发布的相关文件来看,其所提出的“建立示范判决机制”,并不仅仅指的示范诉讼,而是一种包含了调解机制的格局更大的示范机制。这种思路,在国家深化纠纷多元化解机制改革的背景下,是具有可行性的。主要原因在于,无论是诉讼还是调解,抑或和解、仲裁,任何一种纠纷解决方式在宗旨上都是相同或相似的,即都是为了有效化解社会矛盾纠纷。从这一点来看,从示范诉讼到示范调解的路径转换不存在纠纷解决的理念冲突。此外,对于纠纷当事人,尤其是证券期货民事赔偿纠纷的当事人而言,由于纠纷在性质上基本属于财产性纠纷而不涉及人身关系,其诉求也主要以财产性权益的恢复为目标,因而无论采取何种方式化解纠纷,其基本诉求在本质上都具有一致性,不会因为采取示范诉讼还是示范调解而发生较大改变。此外,从理论上分析,示范诉讼与示范调解的基本原理是相通的,示范诉讼制度本身就蕴含着促进当事人和解的功能。在我国的实践中,前期采取了类似示范诉讼方式审理的东方电子案,在案件处理的后期顺利地从“示范诉讼”转换为调解结案,并取得了良好的纠纷解决效果。这足以证明,示范调解与示范诉讼之间不存在不可调和的矛盾和冲突,从示范诉讼到示范调解在理论和实践上均具有可行性。

(三)证券期货市场纠纷解决的示范制度

证券期货市场纠纷解决的示范制度是一种致力于解决群体性证券期货纠纷的制度。示范诉讼和示范调解是这一制度的主体,其中,示范诉讼是建立这一制度的蓝本。在证券期货市场纠纷解决示范制度下,解决纠纷的核心思想遵循示范诉讼的基本原理,即对群体性纠纷中具有共同事实和法律问题的部分进行抽取,先行处理群体性案件中一部分(一件或数件)具有代表性的案件形成处理结果,以此结果作为处理其他案件的基础。对这一制度,可作如下理解。

1. 示范制度以更好地保护中小投资者权益为核心理念。一项由投服中心和上交所联合开展的投资者调查显示,接受调研的87.75%的投资者都愿意行使自己的股东权利，但35.9%的投资者认为自己没有途径行使股东权利。① 可见，我国证券期货投资者的权利意识正在觉醒，但保障其权利行使的渠道还不够通畅。在以散户为主的证券期货市场上，保护中小投资者权益不受侵害，保障其股东权利行使的畅通，是当前证券监管的重要任务。建立示范制度的核心目的，就是改善中小投资者权益救济机制的缺陷，为中小投资者提供更加完善和更有效率的纠纷解决制度。

2.示范制度更注重形成纠纷解决的示范效应。不同于单独诉讼，示范诉讼采取“三段式”裁判方式，即先期选择典型案例进行裁决，形成示范判决，以该示范判决为依据并进行效力扩张，再行审理后续诉讼。示范调解亦基本遵循“三段式”的纠纷解决模式。示范制度通过对群体性案件中典型案件的先期处理形成示范裁决，不仅可以为同案中其他案件的处理提供依据，还能为此后类似案件的处理提供借鉴。示范制度的这种特点使其纠纷解决的结果具有了超越个案的意义，能够形成一定的示范效应。从这个角度来讲，示范制度具有类似于我国案例指导制度的作用。当然，其与案例指导制度除本质的区别以外，②在示范效应的来源方面也不一样。案例指导制度的示范性直接源于指导性案例的裁判要点、案件事实和裁判理由，尤以裁判理由为重。③ 而示范制度的示范性则来源于其独有的程序构造，以及典型案件裁决结果对嗣后发生的同类型案件处理的示范作用。

---

① 参见中证中小投资者服务有限责任公司与上海证券交易所联合开展的市场调研所发布的《投资者权益知识调查报告》和《投资者风险认识调查报告》中的相关数据。

② 示范制度与我国案例指导制度都具有一定的“示范效应”，但二者却有本质的区别。案例指导制度的初衷主要是为了化解我国司法审判实践中存在的“同案不同判”矛盾。作为非判例法国家，由最高人民法院发布的指导性案例对各级人民法院审判类似案件有重要的参照作用。指导性案例是我国案例指导制度实践“案例释法”的组成部分，是最高人民法院编辑形成的供各级法院审理类似案件参照示范性案例。指导性案例选取的通常是审判实践中或具有影响性，或细则性，或典型性，或疑难性，抑或新类型的案件。这些指导性案例的裁判要点，对人民法院审理类似案件并作出裁判具有一定的指导效力，法官在案件审判中应当参照且可将其作为裁判依据加以引用。因此，指导性案例具有对个案的超越性。尽管具有一定的事实上的拘束力，但指导性案例作为一种审判经验并不具有普遍意义上的规范拘束力。与示范制度相比，案例指导制度是一种静态意义上的“指导”和“示范”。而示范制度的初衷在于为群体性纠纷的解决提供一种不同于传统的路径，其“示范性”不仅在于审判程序的特殊性，还在于案件审结对嗣后产生的同类群体性纠纷具有指引和预判作用。案例指导制度的精髓在于经典案例的选择与发布，而示范制度的精髓则不仅在于示范案例的选择和示范判决的拘束力，还在于对共同争议事实和法律问题的抽取，更在于其不同于传统群体性纠纷解决机制的特殊实体规则和程序构造。关于案例指导制度的相关内容参考了以下资料：杨力：《中国案例指导运作研究》，载《法律科学》(西北政法大学学报)2008年第6期；刘峥：《指导性案例的法律效力》，载中国法院网：http://www.chinacourt.org/article/detail/2017/07/id/2928013.shtml，最后访问日期：2018年1月22日；《最高人民法院详解案例指导制度：参照执行不具约束力》，载东方网：http://news.eastday.com/eastday/13news/auto/news/china/20180228/u7ai7474606.html，最后访问日期：2018年3月6日。

③ 参见邹海林：《指导性案例的规范性研究——以涉商事指导性案例为例》，载《清华法学》2017年第6期。

3.示范制度是具有开放性和兼容并包精神的多元解纷机制。示范诉讼和示范调解是示范制度的主体,但从发展的眼光来看,示范制度并不局限于这两种纠纷解决机制,或许可能形成示范仲裁或其他新型示范性纠纷解决机制。不同于一元化的解纷机制,示范制度本身就是一种开放性制度,这种制度并不限定采取某种特定的解纷方式,而是提倡以多种手段有效化解群体性证券期货纠纷,示范诉讼和示范调解只是当前示范制度中的主体内容。随着多元化纠纷解决机制的深入发展,示范制度的内涵与外延也会相应地加以改变。

4.示范制度是对司法实践经验的整合、改造和理论升华。我国司法实践中虽然已经有了示范诉讼的雏形,但还只是一些具体的做法且过于零散。示范制度就是要整合这些实践经验,结合我国实际情况,可以学习借鉴境外的示范诉讼制度并加以适当改造,在此基础上将现有关于示范诉讼的实践经验塑造成具有一定稳定形态的制度,从而实现从实践到理论的升华。

第四章　我国建立证券期货纠纷解决示范制度的困难与有利条件

建立证券期货纠纷解决的示范制度对于我国的意义主要在于两个层面：一是以证券民事赔偿诉讼和调解为中心建立一种新的群体性纠纷解决程序，这一程序的特别之处在于通过对示范案件的先期解决寻求共同争议的处理依据，从而实现超越个案、全面解决群体性纠纷的目的；二是通过这种方法对群体性证券期货纠纷的解决产生具有多重效果的“示范效应”，其多重效果是指解纷程序的示范性、解纷方式的引导性以及解纷结果的预见性。因此，证券期货纠纷解决的示范制度不仅是一种程序上的“示范”，也是一种结果上的“示范”。然而，源于我国目前的法律法规体系和司法环境状态等，这一制度的建立与运行还面临着一些困难。

一、突破现行法律法规体系的难度

在这方面主要面临三个难题：其一，关于示范制度的立法空白。目前，我国仅有一些类似示范诉讼的司法实践，而且还处于极不成熟的摸索阶段。对于证券示范判决，仅有最高人民法院和证监会发布的相关文件略有提及，因此在立法上完全处于空白状态。这使该制度的建立与运行将面临无法可依的困境。其二，创造性地建立示范调解制度。示范诉讼在国外尚有立法和实践的先例，尤其是德国的《投资人示范诉讼法》能够给我国证券示范判决机制的建立提供重要参照。但是对于示范调解，目前在世界范围内既无立法也无实践的先例，我们所要做的是一种创造性的工作，其中涉及的难题必然很多。其三，证券示范诉讼仍然无法避开前置程序问题。证券期货民事赔偿诉讼通常会因前置程序而遭到法院不予立案对待，证券示范诉讼尽管是一种不同于单独诉讼的诉讼程序,但仍属于证券民事诉讼机制,因而不能扭转受前置程序制约的局面,除非前置程序被依法取消。但目前来看,尽管有这方面的动议,但来自法院的压力以及其他种种因素都决定了短期内取消前置程序的可能性并不大。

二、示范制度在实践中可能面临的困难

要建立和运行这样一种制度,所面临的不仅是突破传统法律理论和现行法律法规体系的困难,还有来自实践方面的各种难题。就证券示范诉讼而言,这些实践难题可能包括:如何使投资者理解并接受这种不同于传统的案件审判模式;如何确保法院对于证券示范诉讼程序的恰当运用和把握,使审判质量不会因此受到影响;如何确定示范案件并通过其审理成功解决具有共通性争议问题;如何作出具有"样本"意义的示范裁决并以合法且合理的方式对其效力予以扩张……就证券示范调解而言,所面临的实践难题主要涉及:证券示范调解无先例可循;证券示范调解如何参照证券示范诉讼进行设计改造;是否有充足的具备高专业素质和强调解能力的调解员来主导证券示范调解程序;证券示范调解如何破解调解程序所共同面临的调解协议效力与执行难题……这些实践中的问题如得不到妥善解决,则证券示范制度就难以真正建立和顺利运行。

三、我国当前建立证券期货示范制度的有利条件

当前,我国正处于社会转型和过渡的关键时期,面对相关规范残缺错位的现实,有关当局不得不鼓励审判机关根据个案积极提出司法建议,也不得不承认以司法解释形式而存在的立法现象的无奈。再加上,我国强调法律试行的条件,这使司法实践中的示范诉讼活动相当活跃。在一定意义上可以说,中国的制度改革其实就是在一种实验主义氛围里不断向前推进的。[①] 因此,尽管困难重重,但目前我国

① 参见季卫东:《要关注"试验诉讼"——当事人推动的制度变迁及其实证研究》,载徐昕主编:《司法》(第2辑),中国法制出版社2007年版,第1~5页。

仍有一些有利条件能够促成证券期货纠纷解决示范制度的建立。这些有利条件主要来自三个方面。

首先是国家对多元化纠纷解决机制的大力倡导和推行，这为证券示范制度的建立提供了良好的司法政策环境。其次，我国证券期货市场正在日渐成熟。尽管短期内投资者结构难以发生质的变化，在较长时间内仍将以自然人投资者为主，但长期的投资者教育已经逐渐显现出效果，投资者的维权意识逐渐提高，也懂得通过合法渠道救济权利。近年来，证券期货纠纷增多、诉讼增加即是证明。最后，我国的司法环境在不断改善，相关制度也在不断健全。例如，曾经被法院抗拒、缺乏动力的群体诉讼，在我国当前的环境下已经有了一定的存在和应用基础，这为示范诉讼活动的开展提供了良好的司法环境。[①] 因此，尽管面临着一些困难，但我们有信心一一破解这些难题，建立证券期货市场纠纷解决的示范制度。

① 例如，在本调研中，受访的法官就提出了当前诉讼案件偏多、法院压力大的问题，而对于示范诉讼方式，尤其对证券示范诉讼能够解决需要法庭重复审理的专业性问题表示十分期待。在被问及是否会因为法院业务量考核缘由而对示范诉讼缺乏适用动力时，受访法官皆表示不存在这样的顾虑。法院的困难不在于缺少案件来源，而恰恰是由于案件太多，因此非常期望通过适用这种程序减轻办案压力。

第五章 证券期货市场纠纷解决的示范制度之一:证券示范诉讼的建构与运行

保护投资者一直都是证券法律研究的永恒主题。面对我国证券投资者保护机制尚不健全,投资者仍属弱势群体、权益易受侵害的现实,完善投资者保护与权利救济的机制遂显得尤其重要。投资者保护的途径多种多样,但诉讼机制却是其中最有效也是投资者最常用的一种机制。建立证券期货群体性纠纷解决的示范制度,必然应首先考虑证券示范诉讼制度的建构与运行。我国有关示范诉讼的司法实践以及可作为范本的德国《投资人示范诉讼法》,为证券示范诉讼制度的建构与运行奠定了重要基础。

一、证券示范诉讼的适用范围

对于寻求权利救济的众多受害者来说,如果没有群体诉讼,同样的受害事实可能会因诉讼的个别化而导致诉讼结果千差万别,这是单独诉讼难以克服的重大缺陷。尽管任何司法体制都不鼓励使用群体诉讼程序,①但不可否认在解决某些类型的大规模群体性纠纷问题上,群体诉讼的确显示出了无可比拟的优越性。证券期货市场是比较容易发生大规模群体性纠纷的领域,在这一市场上建立行之有效的群体诉讼制度十分必要。然而,证券期货市场纠纷种类十分繁多,可以按照诸多标准进行分类,并不是所有的证券期货纠纷都需要采用群体诉讼或示范诉讼的方式

---

① 参见王福华:《打开群体诉讼之门——由"三鹿奶粉"事件看群体诉讼优越性的衡量原则》,载《中国法学》2009年第5期。

解决。有的“不需要”是因为采用示范诉讼不足以产生足够的示范效应，或不符合经济利益原则；而有的“不需要”则是因为纠纷性质和纠纷形式决定不能采用示范诉讼程序。

示范诉讼坚持个人审理的方式，通过对典型案件的审理为处理其他相同或类似案件提供事实或法律上的依据，从而使群体性纠纷得以全面解决。证券示范诉讼的适用必须满足一定的条件，这些条件包括：第一，群体性证券纠纷存在共同的原告投资者或共同的证券侵权行为人，即同一投资者对多个证券侵权行为提起若干诉讼，或多个投资者对同一证券侵权行为人提起若干诉讼。后一种情形在我国实践中最普遍。第二，涉诉的群体性证券纠纷之间存在相同的事实或证据。这是能够决定这些群体性证券纠纷可以被置于示范诉讼程序的关键理由。在我国，这种相同的事实或证据主要在于违法违规行为人实施了违法违规行为，给投资者造成了损失，并且其违法行为已经受到了行政处罚或刑事判决。第三，涉诉的群体性证券纠纷需要解决同样的法律问题。通常来说，需要通过示范诉讼对群体性证券纠纷案件中关于证券侵权行为人存在故意或过失以及原告投资者所受损失与证券侵权行为之间的因果关系等共同争点予以解决。

关于证券示范诉讼适宜解决哪些类型的纠纷，我国的相关司法政策实际上已经给出了参考答案。最高人民法院和证监会联合发布的《关于在全国部分地区开展证券期货纠纷多元化解机制试点工作的通知》中“关于建立示范判决机制”提出，“对因虚假陈述、内幕交易、操纵市场等行为所引发的民事赔偿纠纷，需要人民法院通过司法判决宣示法律规则、统一法律适用的，人民法院应当及时作出判决”。因此，适宜证券示范诉讼程序的纠纷类型主要有三种。

（一）因虚假陈述引发的群体性民事赔偿纠纷

我国司法解释对于虚假陈述引发的民事赔偿案件进行了界定，是指证券市场投资人以信息披露义务人违反法律规定，进行虚假陈述并致使其遭受损失为由提起的民事赔偿案件。同时，该司法解释还对虚假陈述进行了界定，认为“证券市场虚假陈述，是指信息披露义务人违反证券法律规定，在证券发行或者交易过程中，对重大事件作出违背事实真相的虚假记载、误导性陈述，或者在披露信息时发生重大遗漏、不正当披露信息的行为"。[①] 可见,虚假陈述主要发生在两个阶段,即发行阶段和交易过程中,无论是哪个阶段的虚假陈述行为,由于其受众的不确定性和广泛性,因虚假陈述而受影响的投资者必然是一个人数众多的群体。现实中发生的虚假陈述投资者索赔案件绝大多数都是大规模的群体性纠纷,涉及的投资者人数少则几十,多则成百上千甚至过万。面对如此规模庞大的证券群体性纠纷,采取示范诉讼机制进行审理既符合经济原则,也符合效率原则。

(二)因内幕交易引发的群体性民事赔偿纠纷

内幕交易是指掌握内幕信息的人为获取利益或减少损失利用内幕信息进行证券交易的行为。在证券市场上,内幕交易是一种典型的欺诈行为。[②] 对内幕交易行为进行强有力的规制是各国公司及证券立法的重要内容。尽管各国证券市场皆为内幕交易所困扰,并为此不断加强相关立法措施,但其规制的手段却依然倾向于利用公法。事实上,对内幕交易的私权救济更重要,因为证券内幕交易不过是违法者通过扭曲价格发现机制,诱使其他投资者作出错误的投资决策,从而剥夺其他投资者的合法财产。[③] 美国第九巡回法院曾经指出:"我们想不出有什么会比允许受证券欺诈的出售者或购买者向联邦法院寻求损害赔偿,更能打击确立的市场之外和违反政府规章的交易,更能确定阻止证券交易中的欺诈行为,从而使该法更加'合理地完善和有效'。"[④]对内幕交易的私权救济一直是世界范围内的难题,因为有关的因果关系证明和损失计算等问题往往十分复杂烦琐。而内幕交易行为所引发的纠纷又往往具有群体性的特点,这使以上难题的解决更是难上加难。在我国光大证券内幕交易民事赔偿案中,最大的困难之一就是对内幕交易行为所涉及的相关交易方向的认定和投资者损失确定,需要进行大量的数据处理与计算等烦琐的事务性工作。如果没有示范诉讼的审理方式,将会使其中的部分事务性工作不断重复,加重案件审理的负担。

---

① 参见最高人民法院《关于审理证券市场因虚假陈述引发的民事赔偿案件的若干规定》(法释〔2003〕第2号)第1条、第17条第1款。

② 参见冯果:《内幕交易与私权救济》,载《法学研究》2000年第2期。

③ 参见窦鹏娟:《探索内幕交易投资者损害救济的新路径》,载黄红元、徐明主编:《证券法苑》(第9卷),法律出版社2013年版,第446~463页。

④ Fratt V. Robinson,203F 2d. 627. p. 632(9th,cir,1953)。转引自冯果:《内幕交易与私权救济》,载《法学研究》2000年第2期。

（三）因操纵市场行为引发的群体性民事赔偿纠纷

操纵市场行为对证券市场的危害极大，对于这种行为各国都加强立法予以打击和规制，一些国家和地区也规定了操纵市场行为的民事责任。我国《证券法》第77条在对操纵证券市场行为进行界定的同时，还规定“操纵证券市场行为给投资者造成损失的，行为人应当依法承担赔偿责任”。然而由于这一规定过于原则化，对于操纵市场民事责任的因果关系、归责原则、赔偿数额等没有详细说明，导致《证券法》关于操纵市场行为民事赔偿责任的可操作性不强。这也造成实践中投资者经常因为无法证明操纵行为与所受损失之间的因果关系而遭遇败诉。[①] 操纵证券市场的目的在于利用优势地位，通过实际交易或虚假交易影响股价，从而诱使投资者作出错误投资决策，以获取不正当利益或转嫁风险。操纵市场行为的成功必然会造成股价的异常波动，[②]受此异常波动影响的投资者人数自然不在少数，因而对于此类案件十分适宜适用示范诉讼程序进行审理。

二、证券示范诉讼的制度范畴

建立和运行一项制度的前提是，必须清楚地厘定制度的基本范畴。就证券示范诉讼制度而言，必须就谁来示范、为谁示范、示范什么、如何示范等基本问题予以回答方能谈及制度建构与运行之事。

（一）证券示范诉讼的示范主体

示范主体是解决由谁来主导示范诉讼的问题。谁才是证券示范诉讼的示范主体？对此问题的回答还需结合示范诉讼的模式方能确定。示范诉讼有契约型示范诉讼、职权型示范诉讼和混合型示范诉讼三种模式。[③] 契约型示范诉讼以当事人起诉前达成的示范诉讼契约为中心而展开，诉讼形成示范判决效力对所有达成示范诉讼契约的当事人均具有约束力。在此种模式下，示范诉讼契约的当事人应是示范的主体，而法院只需关注于案件审理本身即可。因此，如果是契约型的证券示范

---

① 参见杨峰：《操纵证券市场民事责任因果关系认定规则及完善——从对美国、日本相关规定的比较出发》，载《法商研究》2006年第6期。

② 参见彭冰：《建立补偿投资者的证券行政责任机制针对内幕交易和操作市场行为》，载《中外法学》2004年第5期。

③ 参见郑妮：《示范诉讼制度研究》，四川大学出版社2014年版，第51～55页。

诉讼,那么达成契约的所有原告投资者就是示范诉讼程序的示范主体。职权型示范诉讼的控制权掌握在法院手中,在此种模式下法官有较大的诉讼指挥权,可依职权选择示范案件并决定采取的审理策略以及控制具体的诉讼程序等。因而在这种模式下,主审法官自然是示范诉讼程序的示范主体。混合型示范诉讼模式是指当事人在达成示范诉讼契约的同时,还需以此契约向法院申请批准,只有经法院裁定允许才能适用示范诉讼程序。这一模式是契约型和职权型示范诉讼的结合,因而达成示范诉讼契约的所有当事人和具有诉讼指挥与管理权的法院及法官同时构成了示范的主体。

(二)证券示范诉讼的示范对象

示范对象即证券示范诉讼向谁示范的问题。向谁示范或者说为了谁而示范,这是决定示范诉讼制度是否具有实际价值的重要问题。如果没有明确的示范对象,或者示范对象的目标选择出现了偏差,就会使所进行的示范诉讼活动失去意义。证券示范诉讼的示范对象具有层次性,可分为三层:一是在具体的群体性证券纠纷中,示范的对象是被选定的典型案件之外的其他当事人。二是在嗣后发生的具有类似情节的同类型证券期货纠纷中,示范的对象是同类型纠纷的当事人,先遣的示范诉讼案件具有为当前纠纷解决提供参照和预判的作用。这一层次上的示范意义与指导性案例具有相似功能。三是为证券期货市场上所有参与者进行示范,向其展示通过证券示范诉讼解决纠纷的效果、保护的投资者利益以及侵害投资者权益行为的代价等,即达到我国司法部门所倡导的“处理一案、教育一片”的诉讼效果。

(三)证券示范诉讼的示范内容

示范内容即通过证券示范诉讼示范什么的问题。证券示范诉讼所示范的内容应该既包括实体方面和程序方面。实体的示范内容,如选定的典型案件以及为何选定案件的阐释、作出的示范判决及其效力的扩张、双方当事人各自享有的权利以及如何恰当行使权利、案件的争点所在及需要审理查明的共同事实与法律、证券侵权行为所侵害的投资者利益与原告的主张和诉讼请求、案件审理所运用的法律原理及具体法律规则等问题。程序方面的示范内容则十分广泛,包括从案件受理到审理、执行完毕的整个环节,具体内容因案件所采取的示范诉讼模式的不同而有所区别。

（四）证券示范诉讼的示范方式

示范方式即如何示范的问题。依据面向示范对象的不同，所采取的示范方式亦有所差异。对于同案中典型案件以外的其他当事人，示范的方式是将与其诉讼相关的案件资料、信息等在审理过程中予以适当公开，在没有特殊需要保密的情况下允许其他当事人参与旁听先期审理的典型案件。对于嗣后发生的类似证券纠纷案件的当事人以及证券市场全体参与者，示范诉讼的示范方式则更为广泛和灵活，如允许投资者参加旁听、采取合适方式（如实践中一些法院采取录制视频的方式）公开案件审理过程、以适当方式公开案件判决书、允许相关媒体对案件审理及结果进行报道、开展对经典的证券示范诉讼案件的评选以扩大社会公众的了解等。在具体的示范方式中，值得一提的是对示范诉讼的公告。由于所涉及的当事人众多，以及实现“示范效应”的需要，示范诉讼公告就显得十分重要。通过公告可以使潜在的受害人知悉示范诉讼的进行并在必要之时参与示范诉讼。① 在德国，电子登记公告系统是证券示范诉讼程序进行通知、公示等工作的重要载体和平台。

三、证券示范诉讼制度的程序构造

程序构造是制度建立的核心内容，也是制度得以运行的前提。就证券示范诉讼而言，其程序的设计包括诸多内容，主要涉及以下方面。

（一）证券示范诉讼的启动

对两大法系下的示范诉讼样本进行考察后发现，示范诉讼的启动通常有四种模式：当事人直接启动模式，法院依职权启动模式，当事人缔结示范诉讼契约后提请示范诉讼经法院许可启动模式，据当事人申请及法院指定启动模式。每一种模式都有其优势和弊端。从我国的实际情况出发，我国证券示范诉讼的启动以采取以下方案。

1. 方案之一：法院依职权启动

在国外，法院依据职权启动示范诉讼程序的典型代表是英国。英国《最高法院

---

① 参见洪秀娟：《示范诉讼制度初探》，载张卫平、齐树洁主编：《司法改革论评》（第8辑），厦门大学出版社2008年版，第133～149页。

规则》(Rules of Supreme Court,RSC)指令4第9条的规定最先作出了类似示范诉讼的立法例。依据该规则,示范诉讼程序主要由管理法院依职权启动,法院还可以依职权指定首席律师,以保障示范诉讼的顺利开展。

首先,法院启动示范诉讼程序的正当性。法院之所以可以启动示范诉讼程序的理由主要有两点:一是基于法院职权;二是案件分类审理的理论与实践。法院职权是法律所规定的法院在其职责范围内所享有的权力,既包括法院的专有职权即审判职权,还包括法院的特殊职权,如法律解释权、立法权、司法审查权、程序规则制定权以及司法行政事务处置权等。法院是审判职权的唯一拥有者,法官作为最接近司法一线的专业人员掌握着丰富的司法实践经验,在判断案件是否适宜采取示范诉讼方式进行审理的问题上,法院与法官最有发言权,应赋予其根据诉讼的实际情况进行综合考量以决定是否启动示范诉讼程序的权力。

案件分类审理的理论与实践是法院依职权启动示范诉讼程序的另一正当理由。社会不断纵深发展使人们的纠纷类型越来越纷繁复杂,为了提高纠纷解决的效率,对纠纷案件进行分类化处理遂显得极为必要。在理论上,法官审理的案件虽然千差万别,但依然存在分类的基础。分类别的归纳是法律领域中认识事物和分析矛盾的基本方法之一。[①] 因为同一类型案件的法律关系性质相同,而相同法律关系的产生、变更和消灭也具备相同的法律事实并依据相同的法律规范。基于这一原理,法官对于案件的审理就具有进行标准化操作处理的可行性,于是就有了分类型标准操作规范的产生。在我国法院的审判实践中,早就形成了对案件进行分类化审理的业务流程与规范。源于案件分类审理的需要,法院应该有对群体性纠纷决定是否启动示范诉讼进行审理的权力。

其次,法院依职权启动模式的优势与弊端。群体性纠纷的特点决定了对于此类案件的审理,既要讲求司法裁判的公平、公正,还要权衡诉讼效果的社会性与效率性。法院依职权启动示范诉讼使对于诉讼程序的掌控权落在法院手中,法院在整个诉讼过程中居于主导地位,法官拥有较大的诉讼指挥权,可以审时度势根据案件具体情况进行审理并及时作出调整。职权型模式下公权力的主导和保障,可以

① 参见徐德利、曹杨:《分类型案件审理标准操作规范的价值考量》,载《人民法院报》(实务周刊第325期)2016年10月20日,第5版。

减去很多环节上不必要的繁杂过程，有利于提高案件审理的效率，[①]缓解群体性纠纷造成的紧张局势和社会压力。尤其在大规模的证券群体性纠纷中，由于涉及的原告投资者少则几十上百，多则成千上万，令全体当事人形成“合意”的难度相对较大。在这种情况下，由法院依据职权启动而无须以当事人达成示范诉讼契约为启动前提遂显得特别必要。

无须纠纷当事人在起诉前达成示范诉讼契约，赋予法院依职权启动的权力，能够在很大程度上提高案件处理的效率。然而，由于缺乏当事人合意，示范裁决效力扩张的正当性也就大打折扣。对于示范诉讼中平行案件的当事人而言，凭什么要受示范诉讼判决的约束，如何保护平行诉讼中诉讼当事人的诉讼权利，恐怕是职权型示范诉讼面临的最大难题，[②]这些问题处理不好就会给群体性纠纷的妥善解决留下隐患。此外，法院依职权启动模式将决定权赋予法院，但如果法院缺乏启用示范诉讼的动力，那么示范诉讼机制就会陷入类似我国代表人诉讼制度的僵局。而事实上，由于在任何司法体制中群体诉讼都不是一种被鼓励使用的程序，[③]群体诉讼机制经常面临诉讼动力不足的问题，[④]在实践中示范诉讼程序也可能遭遇这样的困扰。

2. 方案之二：当事人申请启动

这种模式又具体分为两种情形：当事人申请经法院许可后启动；当事人申请及法院指定启动。前者的代表国家为美国，当事人申请启动还须以缔结示范诉讼契约为前提；后者的代表国家是德国，不以示范契约的形成为要件，只需满足存在10件以上示范诉讼确认申请的条件即可。当事人申请启动模式体现了保障当事人程序自主权与法院依职权干预诉讼程序的双重性质。当事人既可凭示范诉讼契约提起示范诉讼申请，或无须达成契约但有10件以上的示范诉讼确认申请，法院也能够依职权对示范诉讼契约的正当性进行审核并决定是否准许示范诉讼。当然，当事人申请启动模式也并非一种完美的方式，以当事人提出申请为先决条件的程序设计可能会对示范诉讼的顺利启动形成阻碍。

就我国证券期货群体性纠纷状况而言，由于往往涉及投资者人数众多，且投资

---

① 参见张有林、庞云霞：《我国示范诉讼制度的建构》，载《人民论坛》2017年第14期。

② 参见吴泽勇：《建构中国的群体诉讼程序：评论与展望》，载《当代法学》2012年第3期。

③ 参见王福华：《打开群体诉讼之门——由“三鹿奶粉”事件看群体诉讼优越性的衡量原则》，载《中国法学》2009年第5期。

④ 参见吴泽勇：《建构中国的群体诉讼程序：评论与展望》，载《当代法学》2012年第3期。

者之间通常缺乏沟通和信任的基础,故形成示范诉讼合意的难度较大,因此可借鉴德国模式,此模式下的启动要件涉及以下方面。

第一,利益受损投资者提起证券民事赔偿诉讼并获法院受理。受制于司法谦抑性,示范诉讼程序的启动还须以当事人提起诉讼为程序前提。就证券期货纠纷而言,只有受损害的投资者提起证券侵害民事赔偿诉讼请求,才能迈出启动示范诉讼程序的第一步。然而,由于此类纠纷的特殊性以及我国对此类案件设置的前置程序,实践中常有投资者的诉讼请求不被法院受理的情况。经法院受理后,证券民事赔偿纠纷才有了启动示范诉讼程序的可能。

第二,当事人提出证券示范诉讼申请。由证券侵权群体性纠纷的当事人向受诉法院提出采取示范诉讼方式进行审理的申请。这里存在的一个问题是,纠纷当事人包括原告投资者和作为被告的证券侵权行为人,那么究竟当事人中的哪一方有提出申请的权利?按照德国《投资人示范诉讼法》,原告和被告都有向管辖的地方法院提出适用示范诉讼的申请。我国亦可参照此做法,使原告和被告皆享有提出示范诉讼申请的权利。对于原告来说,其申请的动力来源于利用示范诉讼尽快审结案件并恢复权利的愿望;对于被告来说,其申请的动力可能源于利用示范诉讼程序避免使自己陷入受大量诉讼袭扰和不断重复应诉的期望。按照德国的做法,须有10件以上的示范诉讼确认申请才有可能促使法院启动示范诉讼程序。对此,我国可作参照,亦规定需要满足的提起示范诉讼程序的申请件数。

第三,受诉法院核查示范诉讼申请并作出决定。是否采取示范诉讼方式对证券群体性纠纷案件进行审理,除需要当事人提出示范诉讼申请外,受理案件的法院还要对该申请进行核查以作出决定。法院核查的目的在于确认当事人提起示范诉讼的申请有无侵害国家、集体和第三人利益的情形。根据德国《投资人示范诉讼法》第1条第3款,存在如下情形将会被法院认定为申请不合法:(1)示范诉讼申请所涉及的法律讼争已经达到可以裁判的程度;(2)当事人提出示范诉讼申请的目的是拖延诉讼;(3)示范诉讼申请书所表明的证据是不适当的;(4)申请人的陈述尚不足以使示范诉讼申请正当化;(5)申请人单独提出的法律问题显见缺乏厘清的必要性。据此,我国法院也应从讼争是否已经可以裁判、当事人申请的目的、当事人申请书所提出的证据、示范诉讼申请的正当性陈述、申请案件的典型性等方面核查示范诉讼申请。此外,法院也可以酌情对采取示范诉讼方式审理是否符合经济利益原则和效率原则等进行考量,并向纠纷当事人提出有益建议。但此类问题的考量不应作为法院核查的实质要件,原则上法院不得以不经济、无效率等为由剥夺当事人提出示范诉讼申请的权利。

第四,法院作出是否批准示范诉讼申请的决定并听取对方当事人意见。法院应根据核查标准对当事人提出的证券示范诉讼申请进行核查并及时作出是否予以准许的决定。如决定不予批准采取示范诉讼方式审理涉诉案件,则应将阐明不予批准的理由。由于示范诉讼的进行对于案件相对人亦具有重大影响,因此,如法院在批准示范诉讼申请决定启动示范诉讼前,应听取提起申请的对方当事人的意见。①

3. 我国证券示范诉讼的启动模式选择

不可否认,无论是法院依职权启动示范诉讼还是当事人申请启动,两种示范诉讼模式都有其优势和不足。就我国现实情况而言,既要考虑到赋予法院启动示范诉讼职权的必要性,也要注意不能剥夺当事人自主选择示范诉讼方式进行审理的权利。因此,可以将以英国为代表的法院依职权启动模式和以德国为代表的当事人申请启动模式,同时作为我国证券群体性案件示范诉讼审理的可选方案。

鉴于示范诉讼程序在我国尚处于初始形成阶段,证券群体性纠纷的当事人可能因缺乏示范诉讼程序的指导与管理人而难以提出示范诉讼申请,在此种情形下受诉法院可依据情况,对确有必要采取示范诉讼程序进行审理的,由法院依职权决定启动示范诉讼程序。如法院对“是否确有必要”存有疑问,可以向其上级法院请示。在特殊情形下,也可以由最高人民法院直接指示受诉法院采取示范诉讼方式审理。这种情形主要针对涉及人数众多、诉讼标的额巨大、社会影响广泛、案件极为典型、预期示范效果良好的群体性证券期货纠纷。当示范诉讼制度在我国正式确立尤其是发展和适用较为成熟之后,则需要注意保护当事人程序选择自主权,主要采取当事人申请方式启动证券示范诉讼。

4. 我国证券示范诉讼的辅助启动力量

作为一种由实践经验发展而来的做法,示范诉讼在我国还没有任何相关法律

---

① 参见洪秀娟:《示范诉讼制度初探》,载张卫平、齐树洁主编:《司法改革论评》(第8辑),厦门大学出版社2008年版,第133～149页。

规定(仅有司法建议),尚处于非正式制度状态,无论是法院还是潜在的当事人,对于该程序的适用都处于实验和探索阶段。因此引入必要的辅助力量对于提高示范诉讼的成功启动极为有益,这对于我国证券期货投资者特别是中小投资者权益保护意义非凡。

第一,证券示范诉讼中的律师作用。从以往实践来看,律师在我国证券群体性纠纷案件处理中起到了重要的推动和协助作用,这一点在"大庆联谊虚假陈述案"中体现得尤为突出。该案中的律师在使当事人人数从不确定到确定的转化、诉讼代表人的确定、投资者损失计算程序的设计以及胜诉酬金的开创性采用等方面发挥了极其重要的作用。[①] 在一定程度上甚至可以说,没有优秀的律师团队的积极作为,就没有"大庆联谊虚假陈述案"作为证券虚假陈述民事赔偿第一案的地位。此外,在"光大证券内幕交易案""欣泰电气欺诈上市案"等其他影响广泛的群体性证券侵权纠纷中,律师在原告投资者征集以及推动诉讼等方面也显示出良好的效果。因此,在我国证券示范诉讼制度构建方面,绝不应忽视律师的作用。律师可以作为促进证券示范诉讼程序启动的重要辅助力量,这不仅是因为律师有成为诉讼代理人的经济利益上的强大动力,更在于律师作为法律专业从业人员可以为当事人提供其所欠缺的必要法律协助。在当事人对于示范诉讼完全陌生、不了解其制度功能和给自己带来的诉讼利益的情况下,可经由律师解释和建议促进当事人提出示范诉讼申请。

第二,证券示范诉讼中监管部门及其投资者保护机构的作用。证监会作为我国证券期货市场监管部门,在推动建立证券示范诉讼制度中的地位不可取代。最高人民法院曾联合证监会发布文件明确提出建立示范判决机制,证监会相关官员也曾在公开场合表示应在我国证券期货纠纷中引入示范诉讼。当然,证监会并不具有直接启动示范诉讼的权力,其在示范诉讼启动中的作用是间接和辅助性的,而最能发挥这种辅助作用的应是证监会下设的投资者保护机构。

目前,证监会已经形成了"一体两翼"的投资者保护组织体系。[②] 其中,"两翼"

---

① 参见杨严炎:《群体案件的诉讼形式及其价值取向——以大庆联谊虚假陈述案为例》,载《清华法学》2011年第2期。

② 其中,"一体"系指证监会下设的投资者保护局,"两翼"分别指中国证券投资者保护基金有限责任公司和中证中小投资者服务中心有限责任公司。

中的投保基金公司近年来在引导证券先行赔付方面的成就引人瞩目；[①]而投服中心则在支持诉讼、持股行权等方面成绩不俗。[②] 投保基金公司和投服中心在投资者保护方面分工明确，而投服中心作为中小投资者保护的专门机构，亦有支持诉讼和持股行权的实践经验，因而可以发挥其在证券示范诉讼中的重要作用。证监会在“探索研究示范判决机制”的过程中，也表示在具体操作上将与投服中心的证券支持诉讼相结合。[③] 投服中心也已在探索建立示范判决机制方面迈出了实质性脚步。

具体而言，投服中心在证券示范诉讼中可以通过两种形式发挥作用。一是投服中心以其全面持有沪深两市所有上市公司股票的独特优势，可以以股东身份，通过持股行权在证券示范诉讼中发挥作用。2015 年 4 月人大审议版的《证券法(修订草案)》对投服中心以持股行权方式提起诉讼已有规定，根据其第 175 条，国务院监督管理机构认可的投资者保护机构持有遭受损害的公司股份的，可为公司利益提起诉讼。第 176 条还规定，对投资者提起的虚假陈述、内幕交易、操纵市场等证券民事赔偿诉讼，如当事人一方人数众多，国务院监督管理机构认可的投资者保护机构可以作为代表人参加诉讼。如投服中心以持股行权方式提起诉讼，由于投服中心本身即股东，其在示范诉讼中可以直接作为诉讼原告，提出证券示范诉讼申请，并以其专业优势成为示范诉讼程序的指挥人与管理人，推动涉众型证券侵权纠纷以示范诉讼程序得到解决，真正发挥投服中心作为专业性投资者保护机构的作用，为投资者“示范展示”如何正确行使、保护和救济股东权利。

二是投服中心也可以以支持诉讼的方式，支持群体性证券侵权纠纷中的其他受损害投资者提起民事赔偿诉讼。中小投资者居多是我国证券期货市场的显著特点之一。与专业的机构投资者相比，中小投资者的弱势地位十分明显，在免受权益侵害和遭受侵害后的权益救济方面欠缺相应能力和经验，因此投资者保护机构有必要引导和帮助受损投资者提起诉讼，要求相关责任人承担赔偿责任。[④] 投服中心

---

① 目前在投保基金公司主导下通过先行赔付方式已经较为妥善地解决了 2013 年“万福生科案”、2014 年“海联讯案”和 2017 年“欣泰电气案”，先行赔付使受损害投资者获得了相对满意的补偿。

② 截至 2017 年 8 月底，投服中心共提起 7 起诉讼(包括当时正在提起的诉讼)，其中 6 起属于支持诉讼，1 起是投服中心直接以原告身份(以持股行权方式)提起的股东诉讼。7 起诉讼中已有 2 起获得胜诉。

③ 参见朱亮韬、李明明：《从法制入手保护中小投资者证监会预热示范判决机制》，载财新网：http://finance.caixin.com/2017-09-02/101139710.html，最后访问日期：2018 年 3 月 10 日。

④ 参见史奉楚：《保护投资者不能止于行政处罚》，载《法制日报》2018 年 4 月 18 日，第 7 版。

支持诉讼有明确的法源依据。我国《民事诉讼法》第15条规定:“机关、社会团体、企事业单位对损害国家、集体或者个人民事权益的行为,可以支持受损害的单位或者个人向人民法院起诉。”投服中心作为我国证监会依法设立的专业投资者保护机构当然可以为受损害的证券投资者提供支持诉讼的帮助。在支持诉讼方式下,由于投服中心并非诉讼当事人,因此只能作为推动示范诉讼程序的辅助力量。

(二)证券示范诉讼的专属管辖

我国《民事诉讼法》第17~20条对民事诉讼案件的级别管辖作出了明确规定。2015年,最高人民法院发布《关于调整高级人民法院和中级人民法院管辖第一审民商事案件标准的通知》(法发〔2015〕7号),其中规定群体性纠纷案件“一般由基层法院管辖”。然而针对因证券虚假陈述引发的民事赔偿纠纷案件的级别管辖,最高人民法院《关于审理证券市场因虚假陈述引发的民事赔偿案件的若干规定》(法释〔2003〕第2号)第8条却规定,对于此类案件“由省、直辖市、自治区人民政府所在的市、计划单列市和经济特区的中级人民法院管辖”。另外,最高人民法院《关于审理期货纠纷案件若干问题的规定》(法释〔2003〕10号)第7条也规定:“期货纠纷案件由中级人民法院管辖。高级人民法院根据需要可以确定部分基层人民法院受理期货纠纷案件。”于是就产生了一个问题,对于群体性证券期货纠纷,究竟应由哪一级法院管辖?如采取示范诉讼程序,由哪一级法院进行审理才是恰当的?

由于证券市场的复杂性、证券技术的专业性、证券交易的特殊性,加之群体性证券期货纠纷的影响范围广泛,显然不宜将此类案件的管辖权赋予基层法院。示范诉讼在我国尚处于不成熟的摸索实践阶段,因而基层法院适用示范诉讼程序审理群体性证券期货民事赔偿案件不够现实。在德国《投资人示范诉讼法》中,初审法院可以受理示范诉讼申请,也拥有准许示范诉讼申请的权利,但在作出准许示范诉讼申请的决议后,初审法院须将案件呈送给州高等法院审理。德国的这种做法在一定程度上减损了当事人的上诉途径,若当事人对州高等法院作出的示范裁决不服,只能向德国联邦最高法院提出法律抗告,这就将实际上的三审制变成了两审制,破坏了案件级别管辖的统一性。① 为保障当事人上诉途径的畅通和案件级别管辖的统一,在证券示范诉讼的级别管辖上,我们也不应采取德国《投资人示范诉讼

① 参见邱联恭:《程序选择权论》,台北,三民书局股份有限公司2001年版,第12页。

法》的做法，对采用示范诉讼程序审理的群体性证券纠纷案件，一般不宜直接由高级人民法院进行审理。因此，综合考虑，应赋予中级人民法院对于证券示范诉讼的专属管辖权。对于那些经由示范诉讼程序审理的社会影响广泛、具有较大参照价值的经典证券群体纠纷案件，最高人民法院可以将其作为指导性案例，使案件审理的"示范效应"得到更好的发挥。

（三）证券示范诉讼的程序改造与设计

在德国的司法实践中，德国《投资人示范诉讼法》对于解决如"德国电信案"等复杂案件的效果并不理想。其中两个非常重要的原因在于，其示范诉讼的程序设计比较烦琐，且示范诉讼公告及其所产生的中止诉讼的期限较长。在程序设计上，受理案件的初审法院并没有直接适用示范诉讼程序进行案件审理的权利，而是须将案件移交至州高等法院进行审理。在"德国电信案"的审理中，正是这种"长篇累牍的移交裁决、该裁决的一再扩张"以及对于开庭审理的旷日持久的等待，使案件审理过程的复杂程度并没有因为示范诉讼程序的引入而有任何降低。① 鉴于德国实践中的这一教训，应结合我国情况对证券示范诉讼的程序设计上加以必要的改造以克服此种缺陷。

1. 我国证券示范诉讼的程序设计可以免去"移交裁决"的环节

第一，我国不存在如德国那样因受理证券诉讼的法院分散、级别不等而产生使高等法院予以示范裁决的必要。在德国，其对于证券虚假陈述等提起的民事诉讼并没有像我国这样规定哪一级别的法院有专属管辖权，因而证券纠纷发生后投资者诉诸的法院可能比较分散，且受理案件的法院级别不等，为避免法院间出现协调困难，同时为了保证法律适用的统一性，就产生了需要由更高等法院予以示范审理的必要，高等法院的示范裁决将成为较低级别法院对后续诉讼审判的依据。然而我国的情况与德国不同，我国的司法解释已将证券虚假陈述民事赔偿案件的管辖权赋予了中级人民法院，内幕交易、操纵市场等其他类型证券侵权纠纷案件的管辖亦参照该司法解释之规定。加之我国关于此类案件"原告就被告"的地域管辖原则，使当发生因证券侵权行为而引发的民事赔偿纠纷（包括群体性纠纷）时，具有管辖权和予以受理的法院基本是确定的，因而不存在因受理案件法院分散、级别不等

① 参见吴泽勇：《〈投资者示范诉讼法〉：一个群体性法律保护的完美方案？》，载《中国法学》2010 年第 1 期。

而必须由高级法院予以示范的必要。

第二,我国中级人民法院在证券期货纠纷案件审理方面的实践经验满足进行示范诉讼并作出裁决的能力要求,因而无须移交至高级法院。在实践中,中级人民法院由于拥有此类案件的专属管辖权,在长期的审判实践中积累了丰富的审判经验,“东方电子案”“杭萧钢构案”以及“光大证券内幕交易民事赔偿案等”涉众型证券侵权纠纷案件的妥善解决即为最佳例证。

因此,我国完全可免去德国法下的示范诉讼移交裁决环节,而赋予由受理案件的中级人民法院直接适用示范诉讼程序进行审理的权力。这种程序改造可以在很大程度上避免产生德国那样因移交裁决而造成的诉讼拖延,也能发挥我国中级人民法院在审理证券期货纠纷案件上的经验优势,同时也保障了当事人对中级人民法院示范判决不服时上诉途径的畅通。

2. 我国可以缩短示范诉讼公告所产生的诉讼中断期限

德国法下的示范诉讼登记公告在作出后,将产生长达4个月的中断诉讼程序的法律效力。其中断诉讼的目的在于通过公告公示和告知更多受损投资者,给予其能够参加到正在进行中的诉讼中来的时间准备,并等待是否能够形成促成启动示范诉讼程序的另外9件示范诉讼申请。然而,较长的诉讼中断期限却使示范诉讼无法产生相较其他群体诉讼方式更高效的优势。在互联网及通信技术已经十分发达的信息社会,借助于互联网等手段并辅之以其他方式进行示范诉讼公告,可以在相对较短的时间内就达到良好的公示与通知效果。另外,由于我国证券纠纷案件受理法院的相对确定,以及实践中律师征集代理的积极主动性,故无须为形成足够启动示范诉讼程序的案件数量而长期等待,且我国法院亦可以视情形依据职权决定采用示范诉讼程序。因此,我国可以缩短示范诉讼公告产生的诉讼中断期限。参照我国《民事诉讼法》关于公告送达的规定,可将示范诉讼公告产生诉讼中断的期限规定为60日。

(四)证券示范诉讼的公告及其法律效力

我国《民事诉讼法》第54条第1款规定,“诉讼标的是同一种类、当事人一方人数众多在起诉时人数尚未确定的,人民法院可以发出公告,说明案件情况和诉讼请求,通知权利人在一定期间向人民法院登记”。依据该规定,群体性纠纷案件可通过法院发出公告的方式,使更多权利人获悉案件情况并积极参与诉讼程序。可见,适当的公告可以实现诉讼效果的最大化。

在德国《投资人示范诉讼法》中,示范诉讼的公告是分为两个阶段进行的。第一阶段是诉讼登记公告,由初审法院将获得准许的示范诉讼申请以电子版的联邦法律公报的形式予以公示。公告的内容包括6项:被告方与其法定代表人的全面说明;示范诉讼申请所涉及的证券发行人与其他资产提供者的说明;初审法院的说明;初审法院的卷宗编号;示范诉讼确认申请的目的;诉讼登记公示的时间。诉讼登记公告将产生中断诉讼程序的法律效力。此阶段的公示期为4个月。公告的目的除进行必要的通知与公示外,其更重要的目的还在于等待在此诉讼程序中断期间是否能够形成足以启动示范诉讼程序的另外9件示范诉讼确认申请。第二阶段的公告为示范诉讼程序的公告,是州高等法院在收到初审法院移交决议后,应在诉讼登记册公开告示有关内容,包括:示范诉讼原告方与其法定代表人的具名表征;示范诉讼被告方与其法定代表人的完整表征;示范诉讼程序的确认目的;州高等法院的卷宗编号;初审法院的移交决议内容。第二阶段的公告作出后,初审法院应中止其所受理的诉讼程序,并待州高等法院示范判决作出后以该示范判决作为其后续审理的依据。

就我国而言,由于对证券示范诉讼程序进行的必要改造,证券示范诉讼公告及其产生的诉讼中断与中止的具体情况也有别于德国法的情形。我国证券示范诉讼公告也应有两个阶段,第一阶段为法院受理案件后的初次公告。此次公告的主要目的在于通知潜在权利人,使更多受损害投资者能够参加到诉讼中来,促使群体性证券侵权案件当事人人数由不确定向确定逐渐转化。公告的基本内容所涵盖的范围基本同于德国《投资人示范诉讼法》之相关规定。公告可采取传统公告方式与现代网络信息技术相结合的方式进行,既依托互联网信息与通信技术在全国法院公告系统、中国庭审公开网、受诉法院官方网站等网络系统中予以公告,同时也通过主要纸质媒体进行公告。初次公告将产生使原告投资者已经提起的诉讼发生中断的法律效力。公告及诉讼中断的期限宜规定为60日。第二阶段为法院启动示范诉讼程序前的公示公告。此阶段的公告目的在于对法院即将启动示范诉讼程序的相关问题向案件当事人及社会各界予以公开告示。示范诉讼公告的内容应涵盖启动示范诉讼程序审理的必要性、示范案件的选定及其理由、示范诉讼当事人双方及其法定代表人、示范裁决作出后的法律效力以及其他必要的案件情况。示范诉讼公告将产生除示范案件外其他原告投资者提起的平行案件诉讼中止的效力。

(五)证券示范诉讼之示范案件的选择与理由

示范案件的选择是示范诉讼程序的关键,直接决定着示范诉讼能否产生足够的示范效应和预期的诉讼效果。德国《投资人示范诉讼法》第8条(2)规定示范原告应在请求示范裁决的法院的原告中进行挑选,①由于只有形成10件示范诉讼确认申请方能使初审法院形成移交州高等法院的决议,因而州高等法院需要在10件示范诉讼确认申请案件中确定示范原告,而德国《投资人示范诉讼法》并没有规定具体的确定标准和依据,参考德国《行政法院法》第93a条的相关规定,州高等法院应通过自由裁量的方式来确定示范原告人选,②但在确定时应考虑原告的请求数额以及多名原告的一致同意。

德国法上关于示范原告的选择主要侧重于程序方面,而对于其选择的标准、示范原告和案件数量等实体性问题未明确规定。基于示范案件在整个示范诉讼程序中的重要地位,示范案件的选择应遵循以下原则:其一,所选原告及其案件应具有足够的典型性。这种典型性主要是指示范原告所诉讼的案件应具有整个群体案件所共同争议的事实或法律问题,并且这些同一性问题在示范案件中表现尤为突出。其二,所选原告及其案件应具有足够的代表性。这种代表性主要是指示范原告及其诉讼请求在整个群体案件中占有相当分量或地位,例如,原告投资者提出的赔偿请求额在所有提起诉讼的原告中相对较大,或者数量众多的原告投资者因由同一律师事务所代理而形成了一个有代表性的原告团体,则在该团体中选定其中某位作为示范原告也有重要的代表性意义。

示范案件的选择方式既可以是法院依职权选定,也可以由当事人协议选定并向法院申请确认。在法院依职权选定示范案件的方式下,法院通过行使自由裁量权,在尊重当事人意愿的前提下,以案件是否具有足够典型性和代表性为基本依据,并酌情考虑原告投资者的个人综合素质,如道德素养和相关知识掌握程度、是否有足够精力和时间投入诉讼程序等,最终确定示范原告和示范案件。在当事人

① 请求示范裁决的法院即第一个在电子登记系统上公告示范诉讼确认申请的法院。

② 事实上,没有提出示范诉讼确认申请的原告亦有可能被选为示范原告。而提出示范确认申请的原告如在诉讼进行过程中撤回示范诉讼确认申请,其示范原告身份将不受影响。示范原告若撤诉,则州高等法院需另行挑选一名示范原告。参见吴泽勇:《〈投资者示范诉讼法〉:一个群体性法律保护的完美方案?》,载《中国法学》2010年第1期。

可以就示范案件的选择达成协议的前提下,也可以由当事人协议选定示范案件,并向法院申请确认该示范案件。示范案件选择的基本标准应与法院依职权模式保持一致,即体现典型性与代表性。如法院认为当事人协议选定的示范案件明显不具有典型性和代表性,则法院可以不批准该示范案件并要求当事人另行选择。

示范原告和示范案件的数量可以是一件,也可以是数件,具体数量视案件情况而定。如群体性案件涉及纠纷数量众多,且有多个具有典型代表性的原告和诉讼可供选择,则可以挑选数件各具代表性的案件作为示范案件,但最多不宜超过5件,以免造成诉讼拖沓,影响纠纷解决的整体效率。

(六)证券示范诉讼的实质审理环节

确定采取示范诉讼程序进行审理的证券期货群体性案件,法院的实质审理包括两个必经环节和一个可能环节。必经环节中的第一环节是对于示范案件的审理和示范裁决的作出;必经环节的第二环节是在示范裁决作出后对其他平行案件的审理以及判决或裁定的作出。一个可能的环节是因当事人不服示范裁决而提起上诉。每一环节具体又包含诸多细节问题,以下分别详述之。

1. 示范案件的审理与示范裁决的作出

在示范原告或示范案件被选定后,证券示范诉讼开始进入示范案件审理环节。法院启动示范诉讼程序的公告发布后至示范案件审理结束前,其他平行案件处于诉讼中止状态。此环节的审理主要是为了解决群体性证券纠纷中共同争点问题。关于共同争点的含义,美国集团诉讼学理上是指在集团成员与被告之间存在的必要的共同联系而需要法院救济的重要事实问题;①而英国立法的定义则更为宽泛,认为若干诉讼导致共同或有联系的争点或法律争议点皆属共同争点。② 就群体性证券期货纠纷而言,共同争点主要是指虚假陈述、内幕交易、操纵市场等证券侵权行为的存在与否,以及侵权行为与原告投资者所受损失之间因果关系的证明规则,原告投资者损失计算的方法以及相关法律的适用。示范案件审理的参加者除示范原告和示范被告外,还应给予平行案件原告以参加人身份听审的权利,且有权在案件审理过程中提出攻击和防御的方法,但前提是其陈述与行为不与示范原告或示

---

① See HB Newberg and Conte, *Newberg on Class Action*, 4th edn, Colorado Springs, McGraw-HillInc, 2001, §4.25, p.173.

② 参见沈达明、冀宗儒:《1999 英国民事诉讼规则诠释》,中国法制出版社 2005 年版,第 292 页。

范被告的陈述与行为发生冲突。[①] 示范案件的审理以示范判决或裁决的作出为终结。该示范判决或裁决应送达示范原告和示范被告,对于参加人则可以以任意方式通知,送达和通知都可以通过公告方式替代。示范案件也可以以和解的方式解决,但如果示范案件一方当事人欲与对方达成和解,则必须得到其所在一方所有示范诉讼参加人的同意。

2. 示范裁决可能引起的上诉环节

示范裁决作出后还可能面临当事人提出法律抗告进行上诉的情形。无论是示范案件的当事人还是以参加人身份参与审理的平行案件的当事人,都有针对示范裁决提起抗告并上诉的权利。如示范原告提起针对示范裁决的上诉,其应作为上诉审程序中的示范上诉引领人并继续推进示范诉讼程序。如示范被告提起针对示范裁决的上诉,则应由法院确定示范原告作为其示范上诉相对人。如果由示范原告和被告以外的作为示范诉讼参加人的平行案件当事人提起针对示范裁决的上诉,则上诉法院应将第一个提出该法律抗告的参加人作为示范上诉引领人。[②]

3. 平行案件的审理与判决或裁定的作出

在示范案件审理完毕、示范裁决作出后,即面临平行案件的审理程序。但平行案件的审理还需解决一个至关重要的问题,那就是作为此阶段案件审理和裁判依据的示范裁决的法律效力扩张。示范裁决作出后,即产生针对示范原告和示范被告的当然的法律效力。但若使示范裁决的法律效力及于该起群体性案件的所有当事人,则还须经过对示范裁决效力的扩张。示范裁决效力扩张是任何示范诉讼都需要解决的问题,如不能实现示范裁决的效力扩张,则示范诉讼的功能就将止步于引导潜在诉讼达成和解,这对于案情复杂、索赔数额巨大的案件并不容易。[③] 而如何实现示范裁决法律效力的扩张,这不仅是一个法理上的难题,在法政策学上也面临着如何取舍的问题。在当事人协议启动示范诉讼模式下,由于当事人已经就案件采取示范诉讼方式审理达成了一致性意见,因而当示范裁决作出后将其效力扩张至所有诉讼当事人并不存在多大的正当性问题。然而当法院依职权启动示范诉讼程序时,由于缺少当事人合意作为基础,示范诉讼的效力扩张就面临着正当性问

---

① 参考德国《投资人示范诉讼法》第12条关于诉讼参加人法律地位的相关规定。

② 参考德国《投资人示范诉讼法》第15条关于上诉的相关规定。

③ 参见吴泽勇:《建构中国的群体诉讼程序:评论与展望》,载《当代法学》2012年第3期。

题。在法政策学上,对此问题的解决有两种可能:一是赋予平行案件当事人参加并影响示范诉讼进程的充分权利,如德国法上的做法;二是对平行当事人的诉讼权利作出较大限制,通过重新设计诉讼程序予以解决,英国的示范诉讼程序即属于此种情况。[①] 从我国的实际情况出发,宜参考借鉴德国式的做法,即赋予平行案件当事人参加示范诉讼并影响其进程的充分权利,解决示范裁决对所有纠纷当事人产生拘束力的正当性问题,以实现示范裁决效力的扩张。

解决了示范裁决效力的扩张后其他的问题自然就迎刃而解。因为示范案件的审理已经厘清了群体性证券期货纠纷中诸如证券侵权行为与原告投资者损失之间因果关系证明以及原告投资者损失的计算方法等共同争点,剩下的则是针对各个案件的差异性问题进行审理,如每一原告投资者遭受侵权的具体情形和赔偿数额的确定等,除须以示范裁决为依据并受其约束外,此阶段与普通诉讼模式下证券期货纠纷案件的审理与判决并无二致。

(七)证券示范诉讼的费用负担与律师收费

示范诉讼面临的另一难题是关于诉讼费用的负担问题。德国《投资人示范诉讼法》对示范诉讼费用作出了较详细的规定。首先,初审程序中的诉讼费用分为两部分:一是示范原告与作为诉讼参加人的其他原告在初审示范诉讼程序中产生的费用;二是示范诉讼被告和与其处于同一方的其他诉讼参加人在初审示范诉讼程序中产生的费用。所产生费用份额的确定依据,是由当下原告有效提出的请求权额度,以及由示范原告和与其处于同一方的其他诉讼参加人在初审程序中有效提出的请求权集合总额的比例关系予以确定,这两个请求权须被法院确定为是示范诉讼程序的对象。示范诉讼的初审程序不另行收取裁判费和律师费。关于上诉费用,该法规定由上诉抗告人与上诉参加人共同分摊。且上诉程序无须上诉人预先缴纳上诉费用。其次,对于示范诉讼中的证据调查费尤其是鉴定费等费用,由所有示范诉讼参加人依据其请求比例进行分担。德国《投资人示范诉讼法》关于费用负担的一个重大变革是取消了鉴定费用预缴制度,使这部分费用在案件审结生效时再行支付。证券期货纠纷所涉及的鉴定费用通常十分昂贵,[②]取消预缴鉴定费的做

① 参见吴泽勇:《建构中国的群体诉讼程序:评论与展望》,载《当代法学》2012 年第 3 期。

② 参见杨严炎:《示范诉讼的分析与借鉴》,载《法学》2007 年第 3 期。

法对于减轻当事人诉讼成本、鼓励其积极维权具有重要意义。

我国关于证券示范诉讼的费用负担问题可以参考德国的做法。但关于示范诉讼代理律师的收费问题,《投资人示范诉讼法》仍依照委托人争议比例的方式进行收取,规定示范诉讼的初审程序不另行收取律师费。实践中代理律师对此规定和做法颇有异议,原因在于示范诉讼的复杂程度远远超过普通诉讼,在示范诉讼程序中律师需在当事人之间进行协调,律师的工作量大大增加但却得不到应有的额外报酬。我国可以在这方面作出突破,改革示范诉讼程序的律师收费标准,适当提高代理示范诉讼律师的收费标准并使所有原告予以分摊,①这对于调动律师代理示范诉讼的积极性极为必要。另外,当前我国群体性证券侵权纠纷时有发生,且涉及投资者众多、侵权额度巨大,即使在承担一定诉讼风险的情况下律师也具有代理此类案件的较大动力。因此,我国证券示范诉讼或许也可以借鉴美国集团诉讼中的胜诉酬金制,使律师能够在获得胜诉的情况下获取丰厚酬金。当然在此种收费模式下,律师也需在很大程度上承担诉讼失败带来的风险并由自身承担相应费用。在我国的实践中,大庆联谊案中的原告代理律师即尝试采用了胜诉酬金的办法并且取得了良好的效果。② 当然,这种律师收费方法以代理律师和委托人之间达成一致意见并形成协议为前提。实践中,可以在影响范围广泛、涉及索赔额巨大、具有典型代表性的群体性证券侵权民事赔偿案件的示范诉讼程序中予以尝试。

四、我国证券示范诉讼制度的运行保障机制

为了保证证券示范诉讼制度的应有功能,还需要健全和完善该制度运行的保障机制。

(一)证券示范诉讼制度的监督机制

首先,最高人民法院和上级法院对证券示范诉讼审判工作的监督。依据我国《宪法》,最高人民法院作为我国最高审判机关,负有监督地方各级人民法院和专门人民法院审判工作的职责。此外,上级法院也享有监督下级法院审判工作的权力。

---

① 参见章武生、张大海:《论德国〈投资者典型诉讼法〉》,载《环球法律评论》2008年第3期。

② 参见杨严炎:《群体案件的诉讼形式及其价值取向——以大庆联谊虚假陈述案为例》,载《清华法学》2011年第2期。

因此，监督证券示范诉讼的审判工作也是最高人民法院以及相关上级法院的责任范畴。最高人民法院对地方各级人民法院已经发生法律效力的判决、裁定，发现确有错误的可以通过提审或指令下级法院再审的方式予以补救和更正。在司法审判独立的前提下，上级法院对下级法院的审判监督主要表现为程序性监督，即通过上诉、再审等程序对下级法院的案件裁判进行审查监督。[①] 群体性证券期货纠纷案件又因为涉及人数众多、索赔额高、影响广泛，对其审判工作尤其应该引起重视。同时，由于证券示范诉讼在我国尚处于探索阶段，对于适用此种程序进行的案件审判，既无明确的法律制度和操作规则可作依据，也没有丰富的先例作为参考，采用示范诉讼方式审理的此类案件主要依赖于受诉法院的审判经验，因而最高人民法院和上级法院对此类案件审判工作的监督就显得十分重要。

其次，人民检察院对证券示范诉讼的法律监督。我国《宪法》规定人民检察院是国家法律监督机关。我国《民事诉讼法》第 14 条也规定："人民检察院有权对民事诉讼实行法律监督。"具体而言，人民检察院对证券示范诉讼的法律监督包括对其审判活动的监督和执行活动的监督。当证券示范诉讼审判结束、作出判决或裁定且已发生法律效力或以调解方式结案后，如生效判决或裁定、调解存在以下情形，人民检察院可向证券示范诉讼当事人或者案外人调查核实：(1)可能损害国家利益或社会公益的；(2)证券示范诉讼的当事人或者原告、第三人在原审中因为客观原因不能自行收集证据，书面申请人民法院调查收集，人民法院应当调查收集而未调查收集的；(3)证券示范诉讼的审判活动违反法定程序，可能影响案件的正确判决、裁定。[②] 对于证券示范诉讼所涉及的民事执行活动，如存在下列情形人民检察院可以依职权进行监督：(1)损害国家利益或者社会公益的；(2)执行人员在执行该案时有贪污受贿、徇私舞弊、枉法执行等违法行为、司法机关已经立案的；(3)造成重大社会影响；(4)需要跟进监督的。[③]

最后，人民代表大会对证券示范诉讼制度的监督。立法和监督是宪法赋予人民代表大会的两大职权。根据我国《宪法》第 99 条的相关规定，地方各级人民代表

---

① 参见郑州市中级人民法院课题组：《关于上下级法院审判监督指导关系的再认识》，载 http://www.hncourt.gov.cn/public/detail.php? id = 145292，最后访问日期：2018 年 3 月 12 日。

② 参考最高人民法院、最高人民检察院《关于印发〈关于对民事审判活动和行政诉讼实行法律监督的若干意见(试行)〉的通知》(高检会〔2011〕1 号)第 3 条之规定。

③ 参考最高人民法院、最高人民检察院《关于民事执行活动法律监督若干问题的规定》(法发〔2016〕30 号)。

大会在本行政区域内,保证宪法、法律、行政法规的遵守和执行。另外我国《各级人民代表大会常务委员会监督法》也规定了各级人大常委会有听取和审议人民法院专项工作报告的权力和责任,同时要对本行政区域内法律法规实施情况进行检查。证券示范诉讼由于涉及受损害投资者人数众多、案件影响广泛,如未能妥善解决致使影响范围进一步扩大、引起普遍关注甚至导致上访的重大问题,人大常委会可以通过对人民法院的工作提出建议、批评和意见等方式集中反映,履行法律监督职责。

(二)证券示范诉讼制度的纠偏机制

为保证证券示范诉讼制度在正确轨道运行,还需要设置一系列纠偏措施防止该制度运行偏离预设轨道,这些措施主要包括三个方面。

1. 适当公开证券示范诉讼案件审判信息

公开证券示范诉讼案件审判信息的主要目的有两个:一是确保案件的审判可被适当监督。依据我国宪法,人民法院审理案件,除法律规定的特别情况外,一律公开进行。[①] 据此,能够公开审判的证券示范诉讼案件,应通过多种途径将案件信息予以公开。二是通过公开达到证券示范诉讼的"示范"目的。对我国而言,证券示范诉讼更重要的意义还在于其能发挥"示范效应",而示范效应的发挥须以案件审判信息的广为周知为前提。

2. 发挥专家辅助人在证券示范诉讼中的作用

证券期货纠纷所涉及的复杂技术和交易问题,使普通的民商事法庭法官在案件审理过程中时常遇到棘手的专业性问题,这些问题如得不到解决,则极有可能使案件的审理陷入僵局,即使勉强审理也很难保证判决、裁定的公平性和公正性。英美法上对于案件审理所需专业性问题的解决主要依赖于专家证人制度,我国法律也有类似制度。最高人民法院《关于民事诉讼证据的若干规定》(法释〔2001〕33号)第61条规定,"当事人可以向人民法院申请由一至两名具有专门知识的人员出庭就案件的专门性问题进行说明"。但由于法律对专家辅助人的诉讼地位没有定位等原因,专家辅助人意见被模糊地视为一种证据形式的创新。2012年第二次修正后的《民事诉讼法》第79条规定:"当事人可以申请人民法院通知有专门知识的人出庭,就鉴定人作出的鉴定意见或者专业问题提出意见。"这标志着专家辅助人

① 参见我国《宪法》第125条。

制度在我国民事诉讼法中的正式确立。2015 年,最高人民法院出台的《关于适用〈中华人民共和国民事诉讼法〉的解释》(法释〔2015〕5 号)对专家辅助人在诉讼中的引入、活动方式、发表意见的性质、有关费用的负担以及对专家辅助人进行询问等问题作了进一步的详细规定,这增加了我国专家辅助人制度的可操作性,[①]而且明确了将专家辅助人的意见视为当事人的陈述。鉴于证券期货纠纷,尤其是涉及面广泛的群体性纠纷的复杂性和专业性,引入专家辅助人参与证券示范诉讼极为必要。专家辅助人可以在两种情形下出庭:一是与鉴定人进行质证;二是对案件所涉专业问题发表意见。[②] 在证券示范诉讼中,当事人可以向法院申请其出庭就案件中涉及的鉴定意见进行质证,或者对案件所涉及的有关证券期货的专业问题发表意见。可见,专家辅助人具有矫正因诉讼涉及的专业性问题难以被说明和理解而产生不公平和不公正裁判的重要作用。当然,专家辅助人参与诉讼必须保持不偏不倚的中立态度,且不得干预和影响诉讼程序的正常进行,仅以其所具备的专业知识或技能为案件审理提供专家意见,不得参与专业问题之外的法庭审理活动,以利于法院在司法审判独立的前提下作出正确的判决或裁定。

3. 做好证券示范诉讼判前说法说理与判后释法答疑的结合

早在 2005 年,最高人民法院便在全国法院系统大力推行判后答疑制度。该制度是指在判决生效后,如当事人对裁判存有异议或疑问,则原审法院须就裁判的程序适用、证据认定、裁判理由等问题向来访的当事人进行解释和说明,其目的在于使当事人服判息诉。对于最高人民法院的这项创新性举措,我国理论与实务界赞同和否定的声音兼而有之。但不可否认,在我国当前的司法环境下,判后释法答疑有其实施的现实意义,该制度也是我国现阶段为消除当事人不满所能采取的最为现实的选择。[③] 目前,该制度已经在全国各级法院试行多年,且取得了较好的效果。相对于判后释法,部分法院如河南省法院系统和广东省高级人民法院等开展的判前释法工作则更是一种实践创新。判前释法的主要对象是针对民事、行政、刑事附带民事诉讼和刑事自诉案件中可能面临败诉的一方,在案件裁判文书发出前,法官

---

① 参见李永泉:《功能主义视角下专家辅助人诉讼地位再认识》,载《现代法学》2018 年第 1 期。

② 参见窦淑霞:《法官对专家辅助人意见的采信与心证形成的路径分析》,载《法学杂志》2018 年第 2 期。

③ 参见郭小冬:《判后答疑制度评析》,载北大法律信息网:http://article. chinalawinfo. com/ArticleHtml/Article_64919. shtml,最后访问日期:2018 年 1 月 25 日。

与案件当事人进行必要沟通,将法院在裁判文书中认定的事实与依据,以及将要适用的法律等向当事人公开,听取当事人意见并予以解释和说明,帮助其认识和理解其在诉讼中的不足与欠缺。判前释法的目的在于使当事人明白其可能败诉的原因,使其得以衡量诉讼成本,促使案件转化为以调解等其他可能方式予以解决。尽管该创新性措施遭到了来自法学专家的批评,认为法律的威严要求法官只能依靠判决书本身去说服当事人和公众。但面对我国的司法现实,审判中法官不得不考虑判决后可能引发的信访以及必需的答疑,只有最大限度地消除当事人及公众对于案件的疑问,才能最大限度地维护司法的权威。[①] 判前说法说理与判后释法答疑相互呼应,共同构成了法院就案件审理与当事人进行有效沟通的制度渠道。证券期货纠纷的特殊性使得此类案件的审理一直是法院审判实践中的难题之一。对于诉讼当事人尤其是作为原告的投资者来说,理解其中涉及的复杂法律和专业问题并不容易,因而必要的判前释法和判后答疑有利于消除当事人疑问,提高法院审判质量和成功化解纠纷。尤其对于群体性证券期货纠纷案件而言,由于其影响较广泛,社会关注度高,示范诉讼在我国还不是一项正式的制度,因而在案件审判中以及审判结束后作好必要的释法说明工作十分重要,通过释法说明增加当事人对判决或裁定的信服程度,同时也能在一定意义上达到示范诉讼之"示范"的目的。

(三)证券示范诉讼制度运行的配套机制

证券示范诉讼制度的顺利运行离不开配套机制的协调与配合,这些配套机制包括但不限于以下方面:[②](1)有关示范诉讼相关法律规范的改革。例如,对《民事诉讼法》《证券法》等法律中与示范诉讼相冲突的有关条款进行修改的必要。(2)建立法院系统内部关于群体性纠纷解决的协调机制。对于法院而言,群体性证券期货纠纷的解决不亚于一项"系统性工程",其妥善解决所依赖的绝不仅仅是审判庭这一个部门的工作,执行庭、审监庭也可能在案件的解决中发挥重要作用,因此需要法院系统内部建立起有效的协调机制保障示范诉讼程序的顺利运作。(3)加强法院与证券监管部门的协调与合作。证券期货纠纷案件的民事赔偿诉讼在我国面临一个重要的前置程序,即涉诉证券侵权行为已经受到刑事判决或行政处罚。证

① 参见孙娟:《河南法院推行"判前释法"制引争议》,载腾讯网:https://news.qq.com/a/20061214/001381.htm,最后访问日期:2018年2月3日。

② 每一配套机制又包含诸多需要解决的问题,限于篇幅和研究主题,本篇可能只涉及其中的一部分问题。

监会作为证券监管部门不仅负责对证券侵权行为作出行政处罚，而且也负有化解证券期货纠纷、保护投资者权益的职责。因此，在这一点上与法院通过示范诉讼程序审理证券民事纠纷案件具有目的上的相通性，二者有协调合作的基础与必要。在妥善化解证券期货纠纷，切实保护投资者权益，促进证券期货市场健康发展方面，最高人民法院已经有了与中国银行保险监督管理委员会建立诉调对接机制的经验，目前正在全力推进证券期货纠纷的诉调对接机制。通过立案前后的委托调解和邀请协助调解，充分发挥证监会作为证券监管部门在行业调解方面的优势，整合法院与证券监管部门的力量，形成合力共同保障群体性证券期货纠纷得到妥善解决。

第六章　证券期货市场纠纷解决的示范制度之二：证券示范调解的建构与运行

证券期货纠纷的特点之一就在于，一个违法违规行为可能会侵害众多不特定投资者的权益。在我国经济结构发生重大调整的背景下，证券期货市场的频繁波动更容易引发大规模纠纷。而群体性纠纷，由于本身类型的多样性，对纠纷解决机制的要求也各不相同。以多元化机制解决群体性纠纷，是一个无须太多论证的命题。① 在证券期货多元化纠纷解决机制中，调解是诉讼以外实践中运用最广泛的一种替代性机制。以示范诉讼的运作机理为参照，探索建构证券示范调解制度，对于转变投资者依赖诉讼维权的思维定式，缓解我国法院面临的诉讼压力以及改善群体性证券期货纠纷解决的效果具有重要意义。

一、调解机制在证券期货群体性纠纷解决中的运用

多元化纠纷解决机制中一种重要的诉讼替代机制，调解已在我国多部法律和法规中得到确立与肯定。

（一）我国调解的法律规范与群体性纠纷调解司法政策

我国历来注重调解对解决民事纠纷的作用。《民事诉讼法》以专章形式对民事诉讼中的法院调解进行了规定。② 自2008年最高人民法院确立“调解优先、调判结合”的工作原则以来，全国法院系统每年以调解方式化解的纠纷案件数量多达数百

① 参见吴泽勇：《建构中国的群体诉讼程序：评论与展望》，载《当代法学》2012年第3期。

② 参见《民事诉讼法》第8章，第93~99条。

万件。2010 年《人民调解法》颁布，该法为人民调解委员会开展民间纠纷调解活动提供了法律依据。为推进法院调解工作的规范化建设，提高调解的质量与效率，最高人民法院还于 2011 年启动了全国法院优秀调解案例评选工作，这些经过层层筛选评选出的优秀调解案例发挥了重要的示范调解作用。随着多元化纠纷解决机制改革的不断推进和一系列政策规范的出台，调节机制在化解社会矛盾纠纷中的作用日益突出。目前，我国已经形成了诉讼调解、行政调解、人民调解、律师调解、行业调解、商事调解等构成的多种调解方式与调解组织相结合的相对完备的调解机制，相关的法律规范也越来越健全。

对于群体性纠纷，各国也在积极探索各种非诉解决方式并通过相应立法予以确认。例如，荷兰立法者就另辟蹊径，于 2005 年通过了荷兰《群体和解法》，确立了一种不同于多数欧洲国家以群体诉讼回应危机，且在比较法上尚无先例的诉讼外群体性纠纷解决机制。荷兰实践已表明这种群体性和解制度在总体上是运作积极的。[①] 荷兰的成功经验证明群体性纠纷也可以通过和解、调解等非诉机制得到有效解决。近年来，我国开始重视引入调节机制解决群体性纠纷问题。最高人民法院 2010 年发布的《关于进一步贯彻"调解优先、调判结合"工作原则的若干意见》（法发〔2010〕16 号）认为"调解有利于化解社会矛盾，实现案结事了，有利于修复当事人之间的关系，实现和谐"，并要求"各级法院……把调解作为处理案件的首要选择"，而且要花大力气做好几类民事案件的调解工作，其中就包括"可能影响社会和谐稳定的群体性案件、集团案件"等。同时，该意见还要求建立健全类型化调解机制，提高调解同类案件的工作效率和成功率。根据案件利益诉求、争议焦点的相似性试行类型调解模式，实现"调解一案、带动一片"的效果。另外，还鼓励法官加强梳理和研究类型案件调解理论和方法，将经过实践检验的、行之有效的个案调解方法提升为同类案件的调解技巧。最高人民法院 2016 年发布的《关于人民法院进一步深化多元化纠纷解决机制改革的意见》（法发〔2016〕14 号）还在制度建设和程序安排上进行改革创新，其中就包括探索建立调解前置程序。可以预见，未来调解将在我国纠纷解决机制中占据更加重要的地位。

① 参见吴泽勇：《群体性纠纷解决机制的建构原理》，载《法学家》2010 年第 5 期。

(二)我国关于证券期货纠纷调解的法律规范与调解组织

调解也是我国证券期货纠纷解决的重要方法。我国《证券法》第164条即规定证券业协会的职责之一就是"对会员之间、会员与客户之间发生的证券业务纠纷进行调解"。对于因虚假陈述、内幕交易、操纵市场等行为引发的民事赔偿案件,更注重从调解角度促成纠纷的妥善解决。最高人民法院2002年颁布的《关于审理证券市场因虚假陈述引发民事赔偿案件的若干规定》(法释〔2003〕第2号)第4条规定:"人民法院审理虚假陈述证券民事赔偿案件,应当着重调解,鼓励当事人和解。"此外,最高人民法院与证监会2016年联合发布的《关于在全国部分地区开展证券期货纠纷多元化解机制试点工作的通知》(法发〔2016〕149号)中"关于建立示范判决机制"的规定中还提出,"证券期货监管机构在清理处置大规模群体性纠纷的过程中,可以将涉及投资者权利保护的相关事宜委托试点调解组织进行集中调解"。

目前,我国已经形成了多样化的证券期货纠纷调解组织和调解模式。证监会、证券业协会等还各自出台了一系列针对证券期货纠纷调解的办法及规则,形成了我国证券期货纠纷调解的基本法律规范。另外,为推进证券期货领域的多元化纠纷解决机制,最高人民法院、证监会还建立了试点调解组织制度,并确定自然人、法人和其他组织之间因证券、期货、基金等资本市场风险投资业务产生的合同和侵权责任纠纷,均属于证券期货纠纷多元化解机制的试点范围,且试点调解组织的非诉调解还可与司法诉讼对接,试点调解组织受理中小投资者的纠纷调解申请,不收取任何费用。目前已经确定的试点调解组织共有8家。[①] 此外,证券业协会已经建立起全国性的纠纷调解组织体系,成立了证券纠纷调解中心,具体负责证券调解的相关事宜。而证监会下属的投服中心目前也在推动设立全国证券期货纠纷调解中心,设立后该中心将成为资本市场纠纷解决体系的核心组成部分。[②]

(三)证券期货纠纷调解的域外经验与制度创新

调解在许多国家的证券期货纠纷解决中都发挥着重要作用,已有不少国家通过立法确立了调解机制的地位与功能。随着证券期货市场和交易技术手段等的不

① 这8家试点调解组织分别是中国证券业协会、中国期货业协会、中国证券投资基金业协会、中国证券投资者保护基金有限责任公司、中证中小投资者服务中心有限责任公司、深圳证券期货业纠纷调解中心、广东中证投资者服务于纠纷调解中心、天津市证券业纠纷人民调解委员会。

② 参见刘俊海、杨光:《尽快成立全国证券期货纠纷调解中心》,载《中国证券报》2017年6月7日,A14版。

断发展，尤其是受2008年次贷危机给全球金融领域造成的影响，一些国家和地区还在传统调解机制的基础上发展创新，形成了具有新形式、新特点和新功能的新型调解机制。

1. 证券纠纷调解的传统模式：以美国FINRA模式为例

尽管在美国，有着200余年历史的证券仲裁才是证券纠纷解决最重要和广为人知的方式，但是美国在证券仲裁与调解方面的程序对接以及机构与人员的重合使调解在解决证券纠纷中的作用也不容忽视。

成立于2007年的美国金融业监管局(Financial Industry Regulatory Authority, FINRA)，以美国全国证券商协会(National Association of Securities Dealers, NASD)的纠纷解决机制为主体，整合NASD与美国纽约证券交易所(New York Stock Exchange, NYSE)的证券仲裁与调解业务，形成了美国乃至全球最大的证券仲裁和调解机构(FINRA Dispute Resolution)。在FINRA的纠纷解决机制下，证券纠纷在发起仲裁或法院诉讼前，应首先考虑是否能够通过调解得到解决。在FINRA模式下，调解是一种基于当事人自愿的非正式方法，纠纷当事人在调解员的主持下进行谈判，以找到双方均可接受的解决途径。FINRA并没有因为NASD与NYSE的合并而另外制定证券纠纷调解规则，而是继续沿用NASD的《调解程序规则》(Code of Mediation Procedure)。FINRA《调解程序规则》第14101条规定："本规则适用于任何提交给FINRA调解的事项。"而根据其第14100条的规定，这些所谓的"事项"是指纠纷、索求或争议。据此，FINRA所受理的调解案件大体分为三类：一是投资者与证券公司之间的纠纷；二是证券公司相互之间的纠纷；三是证券公司与其雇员之间的纠纷。

按照FINRA的调解程序，调解各方须首先达成书面协议。调解过程十分注重自愿原则，任何一方中途均可提出退出调解程序申请，或在调解中直接协商达成和解，从而结束调解程序。调解自调解主任收到各方申请协议开始，经审查认为适宜时可进入调解程序。确保调解程序公正公平的一个重要环节是确定调解员。调解员的确定包括选择调解员和公开调解员信息两个步骤。在确定调解员之后会通过会议或电话会议等方式进行闭门调解，由调解员促使当事人进行讨论，调解员可与当事人各方或其代理单独会面交流案件情况。值得注意的是，调解应以秘密方式进行，未经同意调解员不得披露调解中的各方意见与观点，也不得在仲裁或诉讼中加以引用,调解员也不得向其他方传递或泄露任何当事方所提供的保密信息。如能通过闭门调解达成调解协议,则各方应签署书面协议并执行。但若是仲裁中的调解,某一事项在提交仲裁后不会中止或延迟该事项在FINRA的仲裁,除非当事各方对此另有约定。①

2. 证券纠纷调解的新型机制:以金融申诉专员制度(Financial Ombudsman Service,FOS)下的调解程序为例

进入21世纪以来,金融创新的加剧在导致金融证券产品日益复杂化的同时,也使越来越多的消费者自觉或不自觉地参与到证券期货交易中,造成投资者与金融消费者身份判定的难题,也使投资者/金融消费者保护面临新的困难。次贷危机后,各国和地区都加快了对新形势下金融(证券)纠纷解决和投资者保护机制的探索与创新,而金融申诉专员制度(FOS)则是其中最具代表性的制度创新之一。

申诉专员(Ombudsman)制度原为公共领域的一项申诉处理制度,主要用以处理民众对政府部门的申诉,后被扩展适用至私法领域,并成为金融领域中一种重要的纠纷解决机制,即金融申诉专员制度(FOS)。② 如今,FOS已成为域外成熟资本市场国家和地区金融领域纠纷解决的重要机制。其中,英国、澳大利亚、加拿大、新加坡等国在FOS方面的理论与实践已经发展了数十年。随着FOS在世界范围内影响的不断扩大,我国台湾地区和香港特别行政区也相继建立了FOS制度。各国和地区的FOS制度尽管在制度设计与运作方面存在差异,但其程序中基本都包括了调解环节。

20世纪90年代,英国金融服务立法的一个里程碑式的改革是制定了《2000年金融服务与市场法》(FSMA 2000),该法所确立的英国金融监管改革的重要举措之一就是成立一个独立的、非官方的法人FOS。FOS将此前英国存在的8个法定或

---

① 关于FINARA的调解程序参考了以下文献:刘晓春:《美国证券调解机制及其价值评析》,载北京大学金融法研究中心主编:《金融法苑》(总第79辑),中国金融出版社2009年版,第201~220页;吴伟央:《美国证券自律组织纠纷调解机制程序正当性研究——以证券调解与仲裁程序为中心》,载《证券市场导报》2013年第3期;王欣新、亢力:《浅论证券纠纷调解法律制度》,载《甘肃社会科学》2011年第2期;FINRA:14000,14101,14105,14109 Code of Mediation Procedure;Leonard L. Riskin,"Understanding Mediatiors' Orientations, Strategies, and Techniques: A Grid for the Perplexed",1 *Harv. Negot. L. Rev.* 7,1996,pp. 50-51。

② See Alexandros Tsadiras,"The European Ombudsman's Remedial Powers: An Empirical Analysis in Context", *E. L. Rev.* 38(1),2013,pp. 52-64. 转引自杨东:《论我国证券纠纷解决机制的发展创新——证券申诉专员制度之构建》,载《比较法研究》2013年第3期。

自愿的金融纠纷解决计划进行整合，形成了一个新的、法定的、覆盖整个金融行业的"一站式"投诉处理机构，并提供诉讼外替代性纠纷解决机制，即由独立的申诉专员在公平、公正、合理原则下，迅速且非正式地解决金融消费者与金融服务提供商之间产生的纠纷。[①] 其纠纷处理程序分为四个阶段：金融机构内部处理阶段、纠纷受理阶段、调解阶段和裁决阶段。以下重点介绍其调解阶段的程序。在 FOS 决定受理纠纷案件后，金融消费者须填写申诉案件表，FOS 在正式调查案件前，会对案件先行调解或协商以促进双方达成协议。如双方未能达成协议，则该调解程序即告终结。澳大利亚的 FOS 纠纷解决程序包括当事人申请、磋商谈判、调解和直接作出决定。新加坡的 FOS 制度也包括了调解程序和审裁程序。在加拿大的 FOS 制度中，消费者如通过金融机构内部的纠纷调解未能得到满意结果，且希望进一步协商，则可向申诉专员提出申请并由申诉专员先行调解，如纠纷仍未解决，投资者可诉诸法律。[②]

我国台湾地区和香港特别行政区的 FOS 制度也颇有特色。2008 年的次贷危机致使台湾地区也因为雷曼兄弟破产等事件而受到波及。台湾地区当时的"证券投资人保护法"无法为求偿心切的投资者提供有效的保护。在各种压力下，最终制定了"金融消费者保护法"及其 6 个子"法"作为应对。其在吸收、借鉴英国 FOS 制度运作经验的基础上，建立了台湾地区本土化的 FOS，即"财团法人金融消费评议中心"（Financial Ombudsman Institution，FOI），作为金融消费纠纷的解决机制。FOI 受理来自银行、保险、证券等领域金融消费者与金融商品及服务提供者之间的纠纷。当纠纷发生时，先由金融机构内部处理，此为 FOI 启动金融评议的前置程序。在金融机构内部无法解决纠纷时，可将纠纷诉诸 FOI 申请评议。如 FOI 裁定金融机构须向金融消费者赔付，而金融机构事先有相关声明且金融消费者也愿意接受的，则 FOI 所作出的一定金额内（超出则不受此限）的赔付裁定对金融机构具有约束力。此外，金融机构还需支付纠纷处理的费用。[③] 雷曼事件也影响了我国香港特别行政区的金融消费者保护格局。雷曼事件发生后，香港金管局和香港证监会向

---

① 参见贾小雷、刘媛：《英国金融申诉专员服务制度之评述》，载《河北法学》2011 年第 9 期。

② 参见杨东：《论我国证券纠纷解决机制的发展创新——证券申诉专员制度之构建》，载《比较法研究》2013 年第 3 期。

③ 参见杨东、文诚公：《资本市场诚信背景下的证券纠纷调解机制的现状与展望》，载黄红元、徐明主编：《证券法苑》（第 1 卷），法律出版社 2012 年版，第 589 ~ 600 页。

特区政府提出了设立金融申诉专员制度的建议。2010年,香港特别行政区成立了金融纠纷调解中心。严格来讲,香港特别行政区所采用的并非典型意义上的FOS,其纠纷解决采取的是类似美国FINRA体制下的"调解+仲裁"模式,但该制度也吸收了FOS的理念与制度优势,在其申索程序中也包括了调解环节,如调解失败,将使纠纷进入仲裁程序。①

(四)"杭萧钢构案":证券群体性纠纷调解的一个经典案例

近年来,我国适用调解程序解决的证券期货纠纷案件逐渐增多,包括对涉及人数众多的群体性纠纷的处理,而"杭萧钢构案"就是其中的经典之一。

2003年11月10日,浙江杭萧钢构股份有限公司在上海证券交易所A股挂牌上市。② 2007年5月14日,证监会对杭萧钢构发布《行政处罚决定书》,认定杭萧钢构及有关管理人员的行为违反了《证券法》第63条的规定,构成《证券法》第193条"未按照规定披露信息"行为、所披露的信息有"误导性陈述"行为,决定给予杭萧钢

---

① See Terms of Reference for Financial Dispute Resolution Center Limited in Relation to the Financial Dispute Resolution Scheme, June 2012. 转引自杨东:《论我国证券纠纷解决机制的发展创新——证券申诉专员制度之构建》,载《比较法研究》2013年第3期。

② 2006年12月12日,正值杭萧钢构与中国国际基金有限公司的合同谈判处于收尾阶段,杭萧钢构公司董事长在公司年度表彰大会发表讲话称,2007年将是杭萧钢构一个新的起点,如国外大项目正式启动,2008年公司股份争取达到120亿元,集团目标为150亿元。2月12日至14日,杭萧钢构股票连续三个涨停板。2月15日,杭萧钢构对外披露正在商谈一个境外合同项目,该项目将对公司业绩产生较大幅度增大。2月15日至16日,杭萧钢构股票继续涨停。期间股市因法定假日休市8天。新年开市后的第一天杭萧钢构继续涨停。2月27日出现转折,沪市暴跌8.84%,而杭萧钢构则"因有重大事项披露"停牌。但2月27日至3月12日期间杭萧钢构并未披露该重要事项,其股票继续停牌。3月13日,杭萧钢构公告与中国国际基金有限公司签订344亿元合同。3月13日至15日,杭萧钢构股票连续涨停。3月15日,杭萧钢构公告称合同签订后近期未形成收益,项目进度与收益存在不确定性,对公司影响需待时日。3月16日,杭萧钢构股票继续涨停。3月19日至30日,因杭萧钢构有重要事项未公告,股票停牌,期间证监会对其展开调查。4月2日,股票复牌,继续涨停。证监会未公布调查结果。杭萧钢构继续发布利好消息。4月3日,股票继续涨停。4月4日,事情出现重大转折。当天开盘仅1分钟涨幅6.84%后杭萧钢构即被紧急停牌,公司收到证监会调查通知书,称将对杭萧钢构股价异常波动和涉嫌存在违法违规行为进行调查,要求公司予以配合。4月5日至6日,股票连续跌停。4月9日,股票以跌停开盘却以涨停收盘。4月10日至13日,股票连续三个涨停。4月16日至30日,股票进入休整,期间跌幅高达38.4%。4月27日,证监会调查认定杭萧钢构存在信息披露违法违规行为,相关负责人涉嫌犯罪。5月8日至25日,股票连续涨停并创出其历史新高。5月28日至6月12日,股票大幅震荡,以连续跌停和连续涨停方式进行调整,期间再次刷新了历史新高。8月初,杭萧钢构实施中的工程按照原计划履行出现重大不确定性。股市对此反应剧烈。8月6日至8日,杭萧钢构股票累计跌幅20.67%,而在此期间沪指上涨超过2%。杭萧钢构成为沪市跌幅第一的股票,投资者损失惨重。关于此案更详细的情况参见上海证券交易所:《"杭萧钢构"案》,载上海证券交易所网站:http://www.sse.com.cn/disclosure/credibility/regulatory/case/c/c_20150911_3984043.shtml,最后访问日期:2018年3月12日。

构警告,并处 40 万元罚款。同时,对相关责任人员处警告和罚款。①

证监会行政处罚决定书作出后,即有投资者向浙江省杭州市中级人民法院提出了针对杭萧钢构虚假陈述行为的民事赔偿诉讼。至 2009 年 5 月 14 日该案民事诉讼时效到期之日,共有 127 名投资者提起诉讼,赔偿请求额共计 590 万元。②“杭萧钢构案”是杭州市中级人民法院受理的第一起证券市场纠纷案件,期间由于在“虚假陈述”的认定方面原告与被告之间存在较大分歧,在受理后两年时间内经历了暂停受理、中止诉讼、恢复受理等波折,在案件诉讼时效截止日后的一周,该案在杭州市中级人民法院的主持下以调解方式得到较为圆满的解决。

针对该案涉及原告众多、利益牵涉面广、社会影响大的特点,杭州市中级人民法院在受案之初就确定了通盘考虑、整体处理的思路。法院多次对当事人进行调解,通过释法明理,使原告投资者和被告方杭萧钢构最终接受调解方式化解纠纷。调解中双方代理律师谈判的焦点主要在于对适格索赔投资者的认定以及索赔的金额和赔付比例。调解程序使 127 名原告投资者中的 118 名投资者的索赔资格与金额得到认定,并就 118 件案件签署《调解框架协议》,协议约定杭萧钢构于 2009 年 6 月 30 日前以原告诉讼请求赔偿额 82% 的比例,以现金方式向各原告分别支付赔偿金额。杭萧钢构实际赔付约 400 万元,案件受理费由原告和被告各负担 50%。原告投资者中的另外 9 名投资者则以个案形式进行处理,其中 7 名涉及索赔资格认定问题,经双方律师讨论一致认定不具有索赔资格应予以撤诉,另外 2 名投资者则因为索赔金额标准问题无法达成一致选择开庭审理。

---

① 之后证监会按照规定将杭萧钢构涉嫌内幕交易罪案移交公安部门。2007 年 7 月,公安机关对该案侦查终结并移送检察院。2007 年 12 月 21 日,杭萧钢构内幕交易刑事案在浙江丽水市中级人民法院开庭审理,丽水市中级人民法院一审判决 3 名涉案人员构成泄露内幕信息罪、内幕交易罪,对其分别判处有期徒刑并处以罚金。后因其中 1 人提起上诉,浙江省高级人民法院委托丽水中级人民法院进行二审宣判,驳回上诉,维持原判。至此,杭萧钢构内幕交易刑事案件最终审结。

② 事实上,“杭萧钢构案”存在虚假陈述和内幕交易行为并存、联动、呼应、互为因果而非独立的情况,在性质上属于侵权责任竞合或请求权竞合。这是证券市场上第一例虚假陈述与内幕交易并存的案件。但以往案例出现的侵权责任或请求权竞合仅限于行政或刑事责任,民事责任中尚未涉及此种情况。律师宋一欣认为,“杭萧钢构案”中因虚假陈述提起民事赔偿的投资者应考虑在原案中追加内幕交易民事赔偿请求,使法院能够归并两种证券侵权行为进行单案审理,并明确两种侵权行为的责任范围。“杭萧钢构案”中虚假陈述民事赔偿在法院主持下以调解方式获得较为圆满的解决。而投资者并没有提起针对 3 位内幕交易行为人的民事赔偿诉讼。内幕交易民事赔偿相对于虚假陈述在因果关系证明等方面的困难使此类案件中原告投资者的诉讼请求很难获得法院支持。关于杭萧钢构案虚假陈述与内幕交易的竞合问题,参见宋一欣:《杭萧钢构案可能成为内幕交易民事赔偿第一案》,载《金融纵横》2007 年第 24 期。

"杭萧钢构案"是证券市场少有的虚假陈述与内幕交易并存的案件,两种证券侵权行为引起了行政处罚、刑事判决和民事赔偿三种法律后果。杭萧钢构虚假陈述民事赔偿案的诉讼调解具有重大意义。一是实现了对投资者最大限度的保护。原告投资者获得高达83%的赔偿比例创造了证券市场"史无前例"的高额赔偿案例。二是发挥了调解"一揽子"化解全部纠纷的优势。在求同存异、分类处理的审理方案下,以调解方式解决118件案件之后,另外9件案件也得以顺势处理。三是在调解中注重释法解疑,引导当事人理性解决纷争。四是实现了互利共赢的最佳纠纷化解效果,在保护了投资者合法权益的同时,也兼顾了上市公司及公司新旧股东的利益。经过层层筛选,该案("陈某某等诉浙江杭萧钢构股份有限公司证券市场虚假陈述民事赔偿纠纷系列案")于2012年入选第一届"全国法院十大调解案例"并位列首位。① "杭萧钢构案"的法院调解为群体性证券期货纠纷的解决创造了一个经典范例。②

二、从证券示范诉讼到证券示范调解的演进路径

我国可以尝试按照证券示范诉讼的基本范式构建证券示范调解制度,从证券示范诉讼到证券示范调解的演进之所以可行,是因为存在如下逻辑。

(一)证券示范诉讼作出的示范裁决可促使当事人选择调解

示范诉讼程序本身就具有促进诉讼当事人达成和解的功能。因为在示范诉讼中通过对选定的示范案例的先期审理,可以使平行案件当事人较为清楚地预见法律。例如,如果示范原告胜诉,则与示范原告处于同一方的平行案件的原告也将获得胜诉,反之亦然。鉴于这种预见性,有败诉风险的一方当事人就会进行这样的权衡:与其使其他平行案件当事人继续通过诉讼与自己对抗,不如与其和解以快速化解纠纷,从而避免败诉和增加不必要的诉讼成本。一些国家的司法实践已经证明,在示范诉讼程序下,双方当事人会在各自代理律师的帮助下,通过法官在示范诉讼中对于事实认定和法律适用等的阐释,在庭外达成和解。③

---

① 参见刘岚:《最高人民法院评选出全国法院十大调解案例》,载《人民法院报》2012年3月10日,第1版。
② 除了"杭萧钢构案"外,"东方电子案"最终也是在法院主持下以集中调解的方式获得了解决。
③ 参见刘毅、张谷:《示范诉讼及其在我国审判实践中的运用》,载《人民司法》2009年第11期。

此外,在各国的多元化纠纷解决机制中,调解与诉讼既可以统一于一个程序,也可以作为两个单独的程序对接转化。以我国为例,调解是民事诉讼中的一个重要环节,在证券虚假陈述等民事赔偿诉讼中,调解甚至可能将成为一种“前置程序”。而且,我国也尝试从多个方面建立诉讼与调解的对接机制,以使两种方式形成合力共同化解纠纷。证券示范诉讼必然离不开调解程序,而证券示范调解也必须考虑调解不成转入诉讼的问题。因此,从证券示范诉讼程序通往示范调解的路径是畅通的。

(二)证券示范诉讼的运作机理有助推导证券示范调解程序

示范诉讼制度的特殊性就在于,在解决群体性证券期货纠纷时不按照传统群体诉讼机制集所有纠纷于一个程序一次性解决的思路,而是通过分阶段处理、以典型案件处理的“示范效应”带动全部纠纷化解。因此,同为证券期货纠纷解决示范制度的组成部分,证券示范调解具有与证券示范诉讼类似的运作机理,即纠纷解决的程序遵循“三段式”模式。首先是析出群体性纠纷中的典型案件。即在众多的同类案件中选出具有典型代表性的案件作为示范案例,通过对示范案例的先期处理将其作为后续处理的依据;其次,示范案件解决结果的扩张。这是指在示范案件作出解决结果后,将这种解决结果用以处理后续案件,必须通过一定的扩张方式使其发生法律效力,才能成为解决后续案件的处理依据;最后,后续案件的处理和群体性纠纷的全部解决。在以适当方式使示范案件的解决结果扩张和取得法律效力后,将以此为依据处理示范案件以外的其他平行案件,最终所有平行案件处理完毕,证券群体性纠纷即得到全部解决。运作机理的相似性使从证券示范诉讼推导出证券示范调解具有逻辑上的可行性。

(三)参照证券示范诉讼的经验与实践设计证券示范调解制度

德国《投资人示范诉讼法》作为世界上第一部资本市场示范诉讼立法,为各国证券示范诉讼制度的建立提供了一个经典参照。尽管该法具有实验立法的性质,在立法之初就规定了失效的时间,但目前该法通过数次延续有效期已将下一次失效的日期延长到 2020 年 11 月 1 日以后。德国一再延长《投资人示范诉讼法》有效期的做法证明,该法在实践中发挥了一定作用,通过权衡利弊德国立法者决定暂时保留该法。在我国证券期货纠纷审判实践中,已经屡次尝试采取类似示范诉讼的方式进行审理并取得了良好效果。最高人民法院和证监会也为推动证券示范判决机制的建立做好了政策措施的准备。因此,可以预期,未来我国的证券示范诉讼应该可以得到明确的立法支撑并形成稳定的制度形态。证券示范诉讼既有国外立法的范本,又有国内实践经验,这种制度优势使其具有指引建立证券示范调解制度并为其提供参照的资格与能力。

(四)证券示范诉讼引领证券示范调解达致"示范"目的

无论是调解还是诉讼,二者的目的都是妥善解决纠纷。证券示范诉讼与证券示范调解尽管在性质、主体、程序、方式及方法等方面存在差异,但都必须以事实为依据、以法律为准绳,对证券群体性纠纷中的是非曲直进行判定,以实现对受侵害者权利的救济与保护,对侵权行为人的惩处与教育,从而达到定分止争、维护正义的目的。所不同的是,证券示范诉讼是通过司法的权威性保障纠纷解决目的的实现,而证券示范调解则是通过对当事人的引导促成群体性纠纷的化解。证券示范调解所要解决的根本问题与证券示范诉讼其实并无二致,即通过对群体性证券期货纠纷中共同争点的梳理与解决,达到"示范性"地化解所有平行纠纷的目的。因而,在示范案件的选择标准、当事人之间的必要协调、程序受阻时的及时调整与转换等方面,证券示范调解与证券示范诉讼都要遵从更好地达到"示范性解决纠纷"的原则以进行具体的程序设计和策略安排。从这一点来看,证券示范调解与证券示范诉讼不过是殊途同归。

三、证券示范调解的制度构想与程序构造

在我国当前大力推行"调解优先"的形势下,调解几乎成为诉讼的一个必经环节。鉴于证券示范调解与证券示范诉讼在诸多方面的相似性,如程序运作的机理、示范案件选择的标准、共通性问题的解决、制度存在的优势及弊端等,因此对二者的共性问题将略去不表,主要从差异性方面探讨有关制度构想和程序构造的部分内容。我国当前的调解机制是一种多元化机制,这一机制中存在多种性质和类型的调解组织,证券示范调解制度的构建可以基于以下三种模式。

(一)方案一:以司法调解模式为基础

我国证券期货市场投资者以中小投资者为主,这个群体的投资者在权益遭受损害时往往更依赖于"打官司"的方式"讨回公平",因此,大量的证券民事赔偿纠纷

被诉诸法院。鉴于此,必须考虑以司法调解的模式促使证券示范诉讼向证券示范调解转化。司法调解或称诉讼调解本身就是诉讼的有机构成部分,这种调解以当事人间的私权冲突为基础,以当事人一方的诉讼请求为依据,以司法审判权的介入和审查为特征,以当事人处分自己权益为内容,是公权主导下对私权的处分与让与。从促进当事人纠纷化解、实现各方共赢的角度来说,司法调解的意义与价值确实不容置疑。

司法调解模式下的证券示范调解,是指在群体性证券期货纠纷被诉诸法院并获法院受理后,在判决或裁定作出前的任何阶段均可在受诉法院的主持下以示范调解的方式化解该起群体性证券期货纠纷案件,这种模式实际是将证券示范诉讼转化为证券示范调解。具体又分为以下几种情形。

1. 示范案件选出前当事人即接受调解的情形。此种情况下,应以当事人自愿为前提选出示范案件先行调解,先期进行的示范调解将围绕纠纷的共同争议性问题,在法院的主持下由示范案件双方当事人或其代理律师进行谈判协商。如果调解失败,则该示范案件进入示范诉讼程序进行审理。而如果调解成功,则调解达成的示范调解协议将由受诉法院进行确认以赋予其法律效力。其后以该示范调解协议为蓝本对其他平行案件也采取调解方式进行处理,如其他案件当事人拒绝调解或无法达成调解协议,则可以个案形式置于诉讼程序中进行处理,其他平行案件的调解无须再就共同争议性问题进行协商,仅需就每一个案的具体差异进行谈判,最终分别达成调解协议,由法院制作民事调解书赋予其法律效力和强制执行力。

2. 示范案件已经选定但示范裁定尚未作出前示范案件当事人接受调解的情形。有学者认为案件一旦被确定为示范案件,示范诉讼当事人一般不能以调解、和解等方式结案,应走完全部示范诉讼程序并获得示范判决,除非经法院许可。[①] 但我们认为这种做法并不可取:一则不允许当事人调解恐有剥夺当事人自主选择纠纷解决方式的权利之嫌;二则违背了最大化民事纠纷与矛盾的原则。德国法上仅规定选定示范原告的决议不可撤销,[②]但仍允许示范案件当事人和解,只要与其同处一方的所有其他平行案件当事人同意。我们不能一味追求示范诉讼程序的完整

① 参见郑妮:《示范诉讼制度研究》,四川大学出版社2014年版,第179页。

② 参见德国《投资人示范诉讼法》第8条(2)。

而任意剥夺纠纷当事人调解的权利,这样就违背了民事诉讼原本的平息讼争、恢复权利的初衷。因此,即使在已经选定示范案件但示范裁决尚未作出的情况下,也应允许示范案件当事人调解,但为保障平行案件当事人利益,调解须经过与所有其他平行案件当事人的同意方可进行。如调解不成功,示范案件则继续进入示范诉讼进行处理。如果调解成功,则该调解达成的调解协议即可视为示范调解协议。因为调解已经事先经过了利害关系人的同意,则意味着其已经有了调解可能成功的预见并做好受调解协议影响的准备。调解方式须以当事人自愿为原则,因此,即使在平行案件当事人原本同意示范案件调解,但在示范调解协议作出后又不愿意对自己案件进行调解的,如这种不同意调解的平行案件当事人属于少数,可将其以个案形式进行处理,其他同意调解的平行案件当事人则以示范调解程序为参照进行调解;如不同意调解的平行案件当事人属于多数,则将在这部分中再行选定示范案件,采取示范诉讼程序进行审理,而对同意调解的部分进行调解。

3.示范裁决已经作出并生效而平行案件当事人提出调解的情况。示范裁决的作出有两种情况:一种是示范原告赢得诉讼,另一种是示范被告赢得诉讼。只有在前一种情况下,其他平行案件的当事人,尤其是案件的共同被告,才有提出调解的可能性。因为通过裁决已经厘清了所有纠纷案件的共同争议,示范原告胜诉则意味着所有平行案件的原告投资者也将在后续诉讼中赢得胜诉,所以平行案件的原告无论调解还是诉讼其结果都基本确定。而对于被告来说,为免大量同类诉讼引起的诉累和成本,其提出调解的意愿和动力较大,这就是示范裁决对调解的促进作用。而当示范被告赢得诉讼后,表示法庭审判已经否定了示范原告的请求权,则所有平行案件的当事人和示范原告一样失去了与被告谈判的资格,也就不再有提出调解的必要和可能。

总体而言,以司法调解为基础的证券示范调解实质上是诉讼与调解的结合,是将调解融入诉讼的各个环节,在诉讼进行的任何过程中都不放弃调解手段的使用,力图以示范调解的方式取代诉讼成功化解群体性证券期货纠纷。在这种模式下,纠纷当事人及其代理律师是证券示范调解中的主导,法院的作用主要是视具体情形引导当事人调解,但在调解不成的情况下也应及时进行审判。

(二)方案二:以行业调解模式为基础

我国《证券法》规定,证券业协会是证券业的自律性组织,证券业协会的职责之一就是对会员之间、会员与客户之间发生的证券业务纠纷进行调解。另外,《期货交易管理条例》也规定,期货业协会是期货业的自律性组织,期货业协会的职责之一是"受理客户与期货业务有关的投诉,对会员之间、会员与客户之间发生的纠纷进行调解"。《证券投资基金法》规定基金行业协会是证券投资基金行业的自律性组织,对会员之间、会员与客户之间发生的基金业务纠纷进行调节。此外,最高人民法院发布的多个文件也确立了行业调解在多元化纠纷解决机制中的地位。这是以行业调解模式为基础建立证券示范调解制度的法源基础。

以行业调解模式为基础的证券示范调解制度具有特别的优势。这是由于,行业协会的专业性可以在很大程度上避免诉讼调解因专业性不足而造成的纠纷解决困扰。但由于纠纷的一方当事人为协会的会员,投资者尤其是中小投资者可能会对协会能否保持中立的态度有所怀疑。目前,在证券期货纠纷多元化解机制试点调解组织中,中国证券业协会、中国期货业协会、中国证券投资基金业协会可以作为证券示范调解的调解组织。以行业调解为基础的证券示范调解主要解决两种类型的群体性证券期货纠纷:一是行业协会会员之间的纠纷;二是行业协会会员与其客户之间的纠纷。关于投资者与上市公司之间的纠纷,由于不在《证券法》所规定的证券业协会纠纷调解范围内,因而一般不通过行业协会进行调解。进入行业协会进行示范调解的纠纷案件,既可以基于证监会或法院的委托,也可以是纠纷当事人自行申请调解的案件。但无论以何种形式进入行业协会调解,其示范调解方式均遵从"三段式"原则,即选出"示范案件—示范案件调解—平行案件调解"。无论是示范调解协议还是平行案件的调解协议,经纠纷当事人签字或签章后仅具有民事合同的性质,因而并没有强制性约束力,须经过法院或其他权威机构的确认、认证或登记后,才能产生严格的法律约束力,与生效判决具有同等效力,这是规制调解程序最为妥善的方法。[①]

我国证券示范调解程序的构建,可适当参考借鉴美国 FINRA 对于调解的某些做法,其中主要有两项:一是关于调解员;二是关于调解协议的效力。在以行业调解为基础的证券示范调解中,调解员应该是示范调解的主导,对示范调解的成功与否以及示范效应的发挥起决定性作用。作为全球最大的证券纠纷调解场所,FINRA

---

① 参见焦凯:《证券期货纠纷中调解制度的建设研究》(上),载《山西法制报》2017 年 6 月 28 日,第 3 版。

的调解员队伍也十分庞大,这些调解员由从各行业中精挑细选而来,是FINRA重要的中立性资源。为了消除行业协会调解可能给投资者造成的"能否中立"的疑虑,行业协会主持下的示范调解应参考FINRA的做法,采取外聘调解员制度,外聘的调解员还应严格区分"行业专家"和"公众专家",在涉及投资者利益的案件中必须保证有公众专家性质的调解员。① 另外,在调解协议的效力方面,为了避免达成协议的纠纷当事人反悔和拒绝执行协议,一种办法是经过法院或其他权威机构确认其效力。还有一种就是FINRA的办法,在调解成功后FINRA提交给当事人的《提交调解协议》中有这样的条款:"在下面签字的当事人同意,经调解而达成的任何和解协议都具有约束力,可强制执行。"由于FINRA有权对会员作出处罚性措施,实践中其会员一般会自动履行协议。② 由于群体性证券期货纠纷涉及人数众多,如对达成的调解协议一一须经过法院或权威机构确认,无疑太过烦琐,因此是否可以借鉴FINRA的办法,对于小额的调解协议,由最高人民法院出台相关司法文件,赋予专门调解机构所调解的涉案金额在5万元以下的协议具有强制执行力,当事人可凭借调解协议直接向法院申请强制执行。③ 这对于在提高行业协会调解下证券示范调解的纠纷解决效率及效果无疑十分有益。

(三)方案三:以投资者保护机构调解模式为基础

近年来,投服中心开展的证券支持诉讼、持股行权等活动取得的成效引人瞩目。投服中心作为证监会下设专门投资者保护机构,正在全力推动建立全国性、综合性独立第三方调解中心,该中心的职责之一就是为全国范围内各类证券期货纠纷提供调解服务、示范制定证券期货纠纷调解的制度规则和管理办法,同时探索示范判决对调解的促进机制。④ 投服中心的性质及其所开展的各项以中小投资者保护为宗旨的活动使以其为依托探索建立证券示范调解机制的可能性极高。

依托于投服中心模式下的证券示范调解机制,可以解决各种类型的群体性证

① 参见吴伟央:《美国证券自律组织纠纷解决机制程序正当性研究——以证券调解与仲裁程序为中心》,载《证券市场导报》2013年第3期。

② 参见刘晓春:《美国证券调解机制及其价值评析》,载北京大学金融法研究中心:《金融法苑》(总第79辑),中国金融出版社2009年版,第201~220页。

③ 参见焦凯:《证券期货纠纷中解决制度的建设研究》(上),载《山西法制报》2017年6月28日,第3版。

④ 参见马婧好:《投服中心:推动尽快设立全国证券期货纠纷调解中心》,载《上海证券报》2018年3月16日,第4版。

券期货纠纷，但其应重点解决因证券虚假陈述、内幕交易、操纵市场等行为引发的涉众型证券期货侵权纠纷。这是由于，虚假陈述、内幕交易、操纵市场引发的民事赔偿纠纷多发生于上市公司与公众投资者之间，处理这方面的纠纷既是投服中心的"强项"，也是行业协会调解难以涉足的领域。投服中心以保护中小投资者为宗旨，而中小投资者涉及的群体性证券期货纠纷通常都有"小额多数"的明显特征，因此其证券示范调解程序的建构可适当借鉴境外 FOS 制度。因为 FOS 制度的特点就是以处理小额纠纷为主、注重效率性、裁决具有单方约束力且对投资者有倾向性保护、处理投诉保持独立性与公正性。[①] 近年来，投服中心积极探索新型证券纠纷调解机制，目前正在尝试构建证券申诉专员制度。投服中心所具有的监管部门指导设立的背景，所采取的"调解 + 仲裁"的纠纷解决模式，所坚持的向中小投资者倾斜的制度设计以及司法确认效力支持，其实已基本符合 FOS 制度的实质特征。而投服中心近年来的探索已表明，构建我国的证券申诉专员制度不仅可行，而且已经初具基础。[②]

投服中心模式下的证券示范调解在运作上与其他模式并无二致，但其优势在于，其作为国家依法设立的投资者保护机构所具有的专业性、公正性和独立性，使投资者更加信任并愿意接受投服中心主导下的调解与达成的调解协议，从而能够在很大程度上促进示范调解取得成功。

四、证券示范调解制度运作中的关键问题

无论采取何种模式，要保障证券示范调解制度的正常运作都必须处理好以下五个方面的问题：

1. 证券示范调解案件的选择

在证券示范调解中，示范案例的选择关系到能否通过对该案的先期处理形成后续案件的处理依据。因此，对于示范调解案件的选择，除要满足示范诉讼程序下的选择标准外，还需要考虑调解机制的特点。相比诉讼程序，调解制度的最大优势

① 参见杨东、文诚公：《资本市场诚信背景下的证券纠纷调解机制的现状与展望》，载黄红元、徐明主编：《证券法苑》（第 7 卷），法律出版社 2012 年版，第 589 ~ 600 页。

② 参见《投服中心探索纠纷调解新模式》，载《上海证券报》2018 年 4 月 18 日，第 3 版。

在于其灵活、便利和自愿性。在各国证券调解机构的调解规则下,当事人通常都不必经过严格、冗长的审理程序,也不拘泥于固定的调解形式,一切以方便和促进纠纷的有效解决为原则。示范调解案件的选择宜采取两种形式:一是由群体性证券期货纠纷当事人自行协商确定;二是在当事人无法选定示范案件的情况下,由该示范调解程序的调解员来选定,但选定的示范案件须取得案件当事人同意。

2. 证券示范调解的调解员团队

调解员是关系调解程序能否顺利运转和取得预期调解效果的关键。在证券示范调解中,调解员的选择除要满足普通调解程序的基本要素,如娴熟的调解技能、必要的专业背景、良好的声誉等以外,还需要特别考虑调解员是否具有驾驭大规模纠纷调解的能力。群体性证券期货纠纷涉及当事人众多,在示范调解程序和平行案件调解程序两个阶段的调解中,调解员需要在众多纠纷当事人之间进行协调和引导,没有丰富的调解经验和灵活的调解策略显然难以胜任此项工作。此外,群体性证券期货纠纷涉及人数多、案情复杂,因此可能需要组成调解团队予以应对。调解团队的组成应考虑方方面面的因素,除需形成调解所需的专业知识与背景等的互补外,也要适当考虑团队成员中年龄、性别、性格、地域等的合理搭配,便于调解员与当事人之间的沟通和促进调解的达成。

3. 证券示范调解协议的效力与执行

在证券期货纠纷调解中,调解协议或裁决的效力通常有三种情况。一是由投资者决定是否有效,调解协议或裁决一经生效则必须执行。英国、澳大利亚和新加坡即采取此种做法。在这种模式下,相关部门会采取一切手段保证生效裁决结果的执行,且不以是否有法院执行命令为前提。二是由调解协议来规定调解的效力,可强制执行。美国FINRA即采此法。三是经法院核定后可强制执行。我国台湾地区采取此种做法。前文曾建议对于5万元以下的小额调解协议,可由最高人民法院出台司法文件赋予其直接的法律效力和强制执行力。在我国大力推行"调解优先"的当前环境下,这一建议确有必要。而对于5万元以上的调解协议的效力与执行,可依据我国证券示范调解的具体模式采取不同方法。在法院主持下的证券示范调解,可采取由法院确认调解协议效力和赋予其强制执行力的办法;对于行业调解下的证券示范调解,可采取由调解协议规定其效力并赋予其强制执行力的办法;对于行政调解模式下的证券示范调解,可以由投资者决定协议是否有效,如投资者决定其有效则协议必须执行。为保证执行，证券监管机构可同证券调解机构一起监督生效调解协议的执行，并对拒绝履行的证券违法违规行为人予以处罚。[①]

4. 证券示范调解的收费问题

与诉讼方式相比，调解是一种维权成本相对较低的纠纷解决方式。从境外情况来看，证券期货纠纷调解的收费有两种基本模式。其一，完全不向投资者收费，投资者通常可免费享受调解服务，如英国。这种做法主要是为了鼓励投资者使用证券期货纠纷调解机构的调解服务，不让投资者因为收费问题望而却步。其二，向投资者收取适当费用，美国、新加坡和我国台湾地区即采用此种方法。如美国FINRA的收费包括两部分，即立案费和调解员的报酬支出。从鼓励调解、倾向性保护中小投资者的角度来看，除法院主持下的诉讼调解以调解方式结案应按照我国《诉讼费用交纳办法》第15条减半交纳案件受理费外，行业调解模式以及行政调解模式下的证券期货示范调解均应采取向投资者免费的办法。实际上我国当前大多数证券期货纠纷调解机构也是这样做的。

5. 证券示范调解与其他纠纷解决机制的对接问题

调解制度的最大特点之一就在于其自愿性和灵活性。在调解协议作出前的任何环节，只要当事人声明退出调解或拒绝调解，或调解员认为已无调解可能决定终止调解的，都可能导致纠纷从调解机制转向诉讼、仲裁或其他纠纷解决方式。因此，为了鼓励当事人采取调解方式解决其纠纷，消除其对于调解的顾虑，还应做好证券示范调解与其他纠纷解决机制之间的对接工作。最高人民法院与证监会推动建立的示范判决机制提出，“证券期货监管机构在清理处置大规模群体性纠纷的过程中，可以将涉及投资者权利保护的相关事宜委托试点调解组织进行集中调解。对因虚假陈述、内幕交易、操纵市场等行为引发的民事赔偿纠纷，需要人民法院通过司法判决宣示法律规则、统一法律适用的，人民法院应当及时作出判决”。这里的示范判决机制其实就包含了证券监管与调解的对接，以及证券调解与司法判决的对接。证监会可委托试点调解组织集中调解大规模群体性纠纷，必要时还需通过法院司法程序作出示范判决。实践中，法院在处理证券期货纠纷时，有时也会将案件委托给更具专业性的证券期货调解组织予以调解。因此，证券示范制度中各

① 参见王欣新、亢力：《浅论证券纠纷调解法律制度》，载《甘肃社会科学》2011年第2期。

纠纷解决方式的对接对于有效解决纠纷具有重要意义。以调诉对接为例,这种对接包括两个方面:一是在证券示范调解达成调解协议的情况下,通过法院的调解协议效力确认机制对该协议效力予以司法确认;二是在证券示范调解已无调解可能的情况下,保证投资者诉诸法院渠道的畅通和便利。对此,可以推动建立人民法院诉调对接中心,负责与专门的调解机构进行对接,将法院有关证券期货纠纷案件的诉前调解进行转移,也便于在久调不决或调解失败时再将案件转回法院予以审理。

结　论

近年来,我国证券期货市场违法违规行为有进一步扩大和增长的趋势,仅2017年证监会就作出了224件行政处罚决定。在证券市场三大侵权行为中,目前已有了虚假陈述和内幕交易民事赔偿的经典案例。而对于操纵市场行为,尽管其占据了2017年证监会违规罚单中的很大一部分,且其中多起案件甚至遭到顶格处罚,但迄今为止还未有投资者赢得操纵市场民事赔偿诉讼的先例。① 在深化多层次资本市场改革的背景下,我国证券期货市场无疑将面临巨大的挑战和机遇。然而,无论市场如何变革,保护投资者都将是资本市场亘古不变的主题。而保护投资者的最佳方式就是给予投资者有效的救济渠道,证券期货纠纷解决示范制度即致力于为投资者提供一种不同于传统机制的特别路径。本研究得出以下结论。

第一,证券期货纠纷具有典型的涉众性、群体性纠纷特点,纠纷类型复杂多样、专业性强,而证券期货违法违规行为的高发态势又将会引发更多相关民事赔偿纠纷。我国证券期货市场以中小投资者为主,投资者的维权意识正在崛起,但缺少行之有效的权利救济渠道。现有证券期货纠纷解决机制虽给予了投资者选择的空

① 截至2018年4月22日,在中国裁判文书网以"证券虚假陈述"为关键词进行搜索,可以检索到7542份相关案件的裁判文书;以"证券内幕交易"为关键词仅能检索到2份相关案件的裁判文书,且两件案件法院皆作出了不予受理的裁定;以"操纵证券市场"为关键词进行检索,检索不到任何裁判文书。此外,在威科先行法律信息库以同样关键词进行检索,得出的结果出入较大。以"证券虚假陈述"为标题进行精确搜索,显示有10,598份相关民事案件裁判文书;以"证券内幕交易"为标题进行精确搜索,显示有54份相关民事案件的裁判文书,其中就包括光大证券内幕交易民事赔偿纠纷案。以"操纵市场"为标题进行精确搜索,显示9份相关民事案件的裁判文书。这9份裁判文书皆是投资者针对鲜某操纵证券市场行为提起的民事赔偿诉讼。对于这起涉众型证券市场操纵民事赔偿纠纷案件,上海市第一中级人民法院予以立案并采取了合并审理的方法。值得关注是,对于鲜某操纵证券市场案,投资者还以鲜某虚假陈述为由提起了民事赔偿诉讼,受诉的上海一中院也采取了合并审理的方式。此外,投服中心对该起群体性纠纷进行了支持诉讼,这是投服中心的首例支持诉讼案件,该起群体性纠纷案件以法院一审支持原告全部诉讼请求,判决被告赔偿原告各类损失共计233.89万元审理终结。投服中心受托支持的14名原告投资者全部获得胜诉。

间,但无论是传统方式中的民事赔偿诉讼、调解与仲裁,还是创新机制下的证券行政和解、先行赔付制度,都因为各自存在的缺陷而难以获得理想的纠纷解决效果。在群体性证券期货纠纷中,现行解纷机制的局限性更加突出。

第二,改善证券期货纠纷解决的效果,需要在群体性纠纷解决机制方面进行突破。群体性纠纷的解决亦有诉讼方式与非诉方式的结合,其中群体诉讼中的集团诉讼、团体诉讼、集体诉讼等在我国的引入尚存争议,短期来看并不具有解决证券期货群体性纠纷的可能性。而我国的代表人诉讼也因为种种原因导致该制度在实践中形同虚设,对其解决群体性证券期货纠纷的作用亦不可过多期待。非诉方式解决群体性纠纷的代表性做法有美国的合并仲裁与集团仲裁制度以及荷兰的群体和解法,前者由于理论和实践方面的双重困难,不易发展为解决大规模证券期货纠纷的重要模式;后者在荷兰的实践中运作经验总体积极,且有与我国群体性证券期货纠纷集中调解方式相结合的基础,可以作为多元化证券期货纠纷解决中非诉机制的一种参考。

第三,传统群体诉讼模式之所以效果不佳的一个重要原因在于,期待以一个诉讼程序囊括所有纷争,最大可能地实现纠纷的一次性审理,因而过于注重从群体性角度审视案件处理的整体效果,忽略了对群体中个案差异性以及当事人诉求的关注。示范诉讼制度是一种不同于传统的群体诉讼模式,其特别之处在于通过对择定的典型案件的审理解决群体性纠纷中共通的法律或事实问题。示范诉讼程序既高度重视案件共通问题的处理,也恰当关注每一个案差异及当事人诉求,实现以个案审理为基础、最终超越个案并全面解决纷争的目的。示范诉讼制度为我国解决群体性证券期货纠纷提供了一种新的思路。

第四,我国尚没有关于示范诉讼的任何立法或司法解释,但实践中在处理群体性纠纷案件时法院已摸索出了一套类似示范诉讼的做法,并在证券期货群体性纠纷案件中得到适用,且取得了良好的效果。最高人民法院和证监会提出建立证券期货示范判决机制的意见。示范诉讼在我国已经有了一定的实践基础和法源依据。在制度建构和程序设计时可以借鉴模仿域外成功经验,德国《投资人示范诉讼法》是资本市场示范诉讼立法的典范,应作为我国建立证券期货示范诉讼制度的重要参考。但在制度模仿和借鉴时需结合我国实际进行必要的本土化改造,如我国证券示范诉讼中可省去移交裁决环节等。另外,在证券示范诉讼中尝试设立独立的第三方证据认定中心和专业的投资者损失计算中心，解决证券示范诉讼中的因果关系认定和损失计算难题，使示范裁决的作出和案件的最终解决能够兼顾效率与公平。

证券示范诉讼着重于解决因虚假陈述、内幕交易、操纵市场等行为引发的群体性证券侵权民事责任纠纷，应在遵从示范诉讼运作机理和“三段式”运作模式的基础上，结合我国实际情况进行具体的制度设计，并通过相应的监督机制、纠偏机制和配套机制保障该制度运行的规范和通畅。探索以调解前置程序取代证券民事赔偿诉讼的前置程序，在赋予投资者诉权的同时，尽量避免可能造成的滥诉对法院的冲击。但要真正发挥证券示范诉讼的功能，还须在理论和实践中突破示范裁决效力扩张的难题。

第五，调解是我国除民事赔偿诉讼外最普遍的证券期货纠纷解决方式。尽管属于两种不同的解纷形式，但调解与诉讼具有法理上的相通之处，对于主要涉及经济利益的证券期货纠纷而言，二者在纠纷解决的目的上具有一致性，可以通过借鉴证券示范诉讼模式建构类似的证券示范调解制度。证券示范调解的原理也是通过对典型案件的先期处理以厘清群体纠纷的共同争点，待达成示范调解协议再作为其他平行案件的调解依据。但在具体的制度设计上，还应体现调解与诉讼作为两种不同纠纷解决程序的差异性。证券示范调解制度有待突破的核心难题在于，如何确保示范案件调解协议的效力与强制执行力并使其作为后续调解的有力依据。

第六，证券示范诉讼与证券示范调解可作为我国处理群体性证券期货纠纷的示范制度。这种示范制度是示范诉讼在多元化纠纷解决思路下的适当扩展和延伸，它遵从示范诉讼的基本法理和运作逻辑，但也结合具体的解纷方式进行制度设计和改造。对于这样一种示范制度，可以采取“实践先行—试点实行—制度形成—立法跟进”的策略，分步骤依次实现，即先实践中采取证券期货示范诉讼、示范调解的做法，待这种做法逐渐成熟之后再进行试点，经试点取得较好效果之后逐渐使之制度化，最后再通过立法形式对该制度予以确认和规范。此外，还应加强对于证券期货群体性纠纷解决示范制度的解释和宣传，鼓励当事人、法院及法官、调解组织等选择示范制度解决群体性证券期货纠纷。保障群体性证券期货纠纷当事人对示范裁决提起上诉的权利和上诉渠道的通畅。发挥各试点调解组织的作用，依托投资者保护机构探索、采用证券示范调解程序。

证券期货纠纷示范制度的“示范”意义不仅在于其作为一种群体性案件处理模式所具有的“程序上的示范”,即通过对具体事实关系的认定和共同争点的处理,以利归并案件、减轻各方纠纷解决负担、提高纠纷解决效率,从而达到以示范案件处理程序带动全部纠纷解决的目的;这种示范制度的“示范”意义还在于其所达到的解纷效果具有一种“结果上的示范”作用,即能够帮助未来同类纠纷当事人进行预先判断并选择恰当的解纷方式,从而更有利于投资者在证券期货纠纷中进行理性维权。在多元化纠纷解决机制改革背景下,还需做好不同证券纠纷解决机制之间的协调对接,消除当事人对于纠纷解决方式选择的顾虑,转变对证券民事赔偿诉讼的依赖,真正实现解纷渠道的多元化。

20世纪40年代初,两位美国学者对于初创之时的集团诉讼制度曾有一番精辟评论,认为“现代社会日益将民众暴露在大规模损害的威胁之下,而他们却不易获得法律上的救济……如果损害的个人不得不孤立地寻求救济,则法律至多只能获得零星和片面的执行。这不仅仅是个案中的不幸,更会严重损害当代法制引为支柱的吓阻功能的实现……”①此处援引以阐释我国建立证券期货纠纷解决示范制度的重要意义亦十分精当。希冀在不久的将来,我国能够建立起行之有效的示范制度,使受损害的投资者不再无助。

---

① Harry Kalven,“Jr. & Maurice Rosenfield:The Contemporary Function of the Class Suit”,8 *U. Chi. L. Rev.*, 1941,pp. 684 -686. 转引自汤欣:《论证券集团诉讼的替代性机制——比较法视角的初步考察》,载张育军、徐明主编:《证券法苑》(第4卷),法律出版社2011年版,第174~200页。

参考文献

1.［日］棚濑孝雄:《纠纷的解决与审判制度》,王亚新译,中国政法大学出版社1994年版。

2.［日］小岛武司:《诉讼制度改革的法理与实证》,陈刚等译,法律出版社2001年版。

3.［意］莫诺·卡佩莱蒂:《福利国家与接近正义》,刘俊祥等译,法律出版社2000年版。

4. 郑妮:《示范诉讼制度研究》,四川大学出版社2014年版。

5. 吴泽勇:《〈投资者示范诉讼法〉:一个群体性法律保护的完美方案?》,载《中国法学》2010年第1期。

6. 杨严炎:《示范诉讼的分析与借鉴》,载《法学》2007年第3期。

7. 王福华:《打开群体诉讼之门——由"三鹿奶粉"事件看群体诉讼优越性的衡量原则》,载《中国法学》2009年第5期。

8. 汤欣:《论证券集团诉讼的替代性机制——比较法角度的初步考察》,载张育军、徐明主编:《证券法苑》(第4卷),法律出版社2011年版。

9. 周友苏、罗华兰:《论证券民事责任》,载《中国法学》2000年第4期。

10. 王利明:《关于完善中国证券侵权民事责任制度的几点思考》,载张育军、徐明主编:《证券法苑》(第6卷),法律出版社2012年版。

11. 季卫东:《要关注"试验诉讼"——当事人推动的制度变迁及其实证研究》,载徐昕主编:《司法程序的实证研究》(第2辑),中国法制出版社2007年版。

12. 方流芳:《民事诉讼收费考》,载《中国社会科学》1999年第3期。

13. 刘燕、楼建波:《金融衍生交易的法律解释——以合同为中心》,载《法学研究》2012年第1期。

14. 杨瑞:《示范诉讼制度探析——兼论我国代表人诉讼制度之完善》,载《现代法学》2007年第5期。

15. 张晓茹:《中国证券示范诉讼制度的雏形与构建规范——兼评德国投资者示范诉讼法》,载《人民司法》2011年第15期。

16. 王欣新、亢力:《浅论证券纠纷调解法律制度》,载《甘肃社会科学》2011年第2期。

17. 盛学军、刘如翔:《诉讼代表与纠纷调解:我国证券投资者保护基金公司的职能拓展与制度创新》,载《云南师范大学学报》(哲学社会科学版)2010年第6期。

18. 张嘉军:《多元化:两大法系群体性纠纷解决机制的当代走向——兼论我国群体性纠纷解决机制的未来趋势》,载《郑州大学学报》(哲学社会科学版)2008年第4期。

19. 胡改蓉:《证券纠纷解决机制多元化的构建》,载《华东政法大学学报》2007年第3期。

20. 施明浩:《金融创新下证券纠纷解决模式比较——从纠纷调解机制的视角》,载《证券市场导报》2013年第9期。

21. 邱星美:《当代调解制度比较研究》,载《比较法研究》2009年第4期。

22. 王开国:《中国证券市场超常规创新的理性思考》,载《中国社会科学》2001年第1期。

23. 戴文华:《证券市场创新与系统风险的若干问题》,载《证券市场导报》2013年第3期。

24. 杨严炎:《群体案件的诉讼形式及其价值取向——以大庆联谊虚假陈述案为例》,载《清华法学》2011年第2期。

25. 刘毅、张谷:《示范诉讼及其在我国审判实践中的运用》,载《人民司法》2009年第11期。

26. 冯果:《内幕交易与私权救济》,载《法学研究》2000年第2期。

27. 杨峰:《操纵证券市场民事责任因果关系认定规则之完善——从对美国、日本相关规定的比较出发》,载《法商研究》2006年第6期。

28. 彭冰:《建立补偿投资者的证券行政责任机制 针对内幕交易和操作市场

行为》，载《中外法学》2004 年第 5 期。

29. 洪秀娟：《示范诉讼制度初探》，载《司法改革论评》2008 年第 00 期。

30. 杨东：《论我国证券纠纷解决机制的发展创新——证券申诉专员制度之构建》，载《比较法研究》2013 年第 3 期。

31. 贾小雷、刘媛：《英国金融申诉专员服务制度之评述》，载《河北法学》2011 年第 9 期。

32. 杨东、文诚公：《资本市场诚信背景下的证券纠纷解决机制的现状与展望》，载黄红元、徐明主编：《证券法苑》（第 7 卷），法律出版社 2012 年版。

33. 吴伟央：《美国证券自律组织纠纷调解机制程序正当性研究——以证券调解与仲裁程序为中心》，载《证券市场导报》2013 年第 3 期。

34. 刘晓春：《美国证券调解机制及其价值评析》，载北京大学金融法研究中心编：《金融法苑》，中国金融出版社 2009 年版。

35. 耿利航：《群体诉讼与司法局限性——以证券欺诈民事集团诉讼为例》，载《法学研究》2006 年第 3 期。

36. 吴泽勇：《群体性纠纷解决机制的建构原理》，载《法学家》2010 年第 5 期。

37. 齐树洁、徐雁：《群体诉讼的困境与出路：示范诉讼制度的建构》，载《中州学刊》2009 年第 1 期。

38. 于是：《“示范诉讼”张力困局辨析及程序性破解——以司法公开为建构路径》，载《上海政法学院学报（法治论丛）》2013 年第 4 期。

39. 章武生、张大海：《论德国〈投资者典型诉讼法〉》，载《环球法律评论》2008 年第 3 期。

40. 李永泉：《功能主义视角下专家辅助人诉讼地位再认识》，载《现代法学》2018 年第 1 期。

41. 窦淑霞：《法官对专家辅助人意见的采信与心证形成的路径分析》，载《法学杂志》2018 年第 2 期。

42. 缪因知：《内幕交易民事责任制度的知易行难》，载《清华法学》2018 年第 1 期。

43. [日]小岛武司：《范式诉讼之提倡》，郭美松译，载陈刚主编：《自律型社会与正义的综合体系——小岛武司先生七十华诞纪念文集》，陈刚、林剑锋、段文波等译,中国法制出版社2006年版。

44.[日]田中英夫、竹内昭夫:《私人在法实现中的作用》,李薇译,载梁慧星主编:《为权利而斗争》,中国法制出版社2000年版。

45.刘俊海、杨光:《尽快成立全国证券期货纠纷调解中心》,载《中国证券报》2017年6月7日,A14版。

46.邢会强:《高效便民的证券期货纠纷调解机制》,载《中国证券报》2016年7月19日,A11版。

47.宋一欣:《"实验性诉讼"法值得借鉴》,载《中国证券报》2006年12月14日,A17版。

48. Bryan A. Garner, "Black's Law Dictionary", *Thomson West*, 2004.

49. Jill I. Gross, *Securities Mediation: Dispute Resolution for the Individual Investors*, Pace Law Faculty Publication, 2006.

50. Leonard L. Riskin, "Understanding Mediatiors' Orientations, Strategies, and Techniques: A Grid for the Perplexed", 1 *Harv. Negot. L. Rev.* 7, 1996: 50-51.

51. Arthur R. Miller, "Of Frankenstein Monsters and Shining Knights: Myth, Reality, and the 'Class Action Problem'", *Harvard Law Review* 92(3), 1979: 664-666.

52. Harald Koch, "Non-Class Group Litigation under EU and German Law", *Duke Journal of Comparative and International Law*. 2001(11).

53. Gerhard Walter, "Mass tort Litigation in Germany and Switzerland", *Duke Journal of Comparative and International Law*. 2001(11).

附录　德国《关于资本市场法律争议之示范诉讼法》(德国《投资人示范诉讼法》)

Gesetz über Musterverfahren in kapitalmarktrechtlichen Streitigkeiten
(Kapitalanleger-Musterverfahrensgesetz-KapMuG)

翟　巍　译

第一章　示范诉讼申请:呈送程序

第1条　示范诉讼申请

(1)示范诉讼申请可在一审诉讼获致生效,当在此诉讼中系

1. 由于公开资本市场信息之错误,欺骗性或者疏忽产生之损害赔偿请求权,或者

2. 依据德国证券收购与接管法基于某供应关系达成合同产生之履行请求权,

请求权赖以建立或与请求权具特别关联性之前提条件存在与否的确定,或者法律问题之解释,当法律争议之决断取决于此时,均得提出请求(确证之目的)。

示范诉讼申请可由原告与被告提出。

公开资本市场信息系指对为数众多之资本投资人来说关于事实、情况、标志性数字与其他经营者数据,只要其涉及证券发行者或其他资产提供者。

这尤其是指信息存在于

1. 依据德国证券章程法之章程,

2. 依据德国销售章程法或德国投资法之销售章程,

3. 在德国证券交易法第15条所述意义上关于内部人信息之告知

4. 依据德国股份法第400条第1款第1项在股东大会上关于公司各种关系包括它们与关联企业联系之陈述、概况、讲话与问询,

5. 年度决算,管理报告,康采恩决算,康采恩管理报告以及发行人之半年财政报告,和在

6. 依据德国证券收购与接管法第11条第1款第1句之供货文件。

(2)示范诉讼申请在初审法院通过确证目的与公开资本市场信息之说明而提出。

它必须包括对所有形成确证目的所必需之事实与法律状况(争论焦点)之说明,并标明申请提出人为证明或反驳事实层面之宣告所希图应用之证据。

申请提出人必须阐明,对其他处于相同境况之法律争端来说关于示范诉讼申请之决定具有超出单一法律争议之意义。

申请相对人得对此提出看法。

(3)一项依据本法第1款第1句提出的示范诉讼申请将不获准许,当

1. 作为这项示范诉讼申请所赖以存在根基之法律争议已经获致决定,

2. 这项示范诉讼申请是出于拖延诉讼程序而提出的,

3. 所标明之证据不适合,

4. 申请提出人之理由无法证明示范诉讼申请之正当性,或者

5. 一个单独提出之法律问题显而易见不具解释之必要性。

不获准许之示范诉讼申请由初审法院以决议形式驳回。

第2条　诉讼登记之公告

(1)初审法院将获得准许之示范诉讼申请以电子版联邦法律公报形式在“依据投资人示范诉讼法诉讼登记”栏目予以公示。

初审法院以决议形式决定此公告。

该决议不可撤销。

公告仅包括以下说明内容:

1. 被告方与其法定代表人之全面说明,

2. 示范诉讼申请所涉及之证券发行人与其他资产提供者之说明,

3. 初审法院之说明,

4. 初审法院之卷宗编号，

5. 示范诉讼申请之确证目的，和

6. 诉讼登记公示之时间。

多个示范诉讼申请，其确证目的涉及同一生活内容层面（同一指向示范诉讼申请），将依公示顺序为诉讼登记册所涵摄。

当依据本法第 4 条第 1 款第 1 句开启示范诉讼程序之前提条件已成立时，多个示范诉讼申请不必再在诉讼登记册中公示。

（2）诉讼登记册之查阅对每个人均为免费。

（3）初审法院对于由其在诉讼登记册中公示之数据承担数据保护之法律责任，尤其是对于其调查统计之合法性，公开之许可与数据之正确性。

（4）电子版联邦法律公报之经办者需在联邦安全部认可前提下在信息技术领域为诉讼登记册之公示制定安全计划，其内容尤其应当包括依据联邦信息保护法第 9 条所要求之技术与组织措施。

此类措施之有效性应定期结合当时技术发展进行测试。

（5）诉讼登记册所保存之数据应在依据本法第 4 条第 4 款示范诉讼申请被驳回后，或者在示范诉讼程序具有法律效力的终结之后予以销毁。

（6）联邦司法部获得授权，可通过法律规定细化诉讼登记册之内容与结构，尤其是关于登记、更改、销毁、查阅权、数据安全与数据保护之内容。在此，销毁期限将被预先设定，规章将确保公示。

1. 保持完好性、完整性与应时性，

2. 任何时候均能依其来源被有序编列。

第 3 条　诉讼程序中断

示范诉讼申请在诉讼登记册之公示将导致诉讼程序中断。

第 4 条　呈送州高等法院

（1）初审法院应当以决议形式促成处于同一指向之多个示范诉讼申请依其确证目的向上一层级之州高等法院提交（示范诉讼决定书），当

1. 在初审法院诉讼程序中依时间排序首个示范诉讼申请已经提出，和

2. 在公示后 4 个月之内在同一或其他法院在至少 9 个其他诉讼程序中同一指向之示范诉讼申请被提出。

呈送决议是不可撤销的,并对州高等法院具有约束力。

在初审法院提出之示范诉讼申请之时间排序依诉讼登记册之公示顺序而定。

(2)呈送决议必须包括:

1. 确证目的,

2. 所有有效提出之争议焦点,只要它们具有裁判显著性,

3. 被标明之证据,和

4. 关于所提出申请主要内容与就此提出之攻防手段之简短说明。

(3)初审法院在诉讼登记册中公示呈送决议之发出与日期。

(4)若当时一示范诉讼申请在公示之后四个月之内,在初审法院提出之同一指向之申请达不到呈送州高等法院所需之数目,初审法院驳回此一申请并继续诉讼程序。

(5)若在一州之内存在多个州高等法院,根据第1款由州高等法院负责之示范诉讼决定书可经由州政府通过行政法规形式指派其中某一个州高等法院或最高等级州法院负责,只要这一行为有利于法院判决统一性之保障。

州政府可将此一授权权力移转于州司法行政部门。

通过州之间协议可由一个州高等法院负责若干州某一区域或全部领域此事务。

第5条　呈送决议之阻却效力

随着呈送决议之发出,对于依据本法第7条中止之诉讼程序来说,进一步的示范诉讼程序之导入,不获准许。

第二章　示范诉讼程序之运作

第6条　示范诉讼程序之公告

在收到呈送决议之后,州高等法院于诉讼登记册公开告示:

1. 范诉讼原告方与其法定代表人之具名表征(第8条第1款第1项),

2. 示范诉讼被告方与其法定代表人之完整表征(第8条第1款第2项),

3. 范诉讼程序之确证目的,

4. 州高等法院之卷宗编号,和

5. 呈送决议之内容。

州高等法院依本法第 2 条第 3 款承担数据保护法之相关责任。

第 7 条　中止

(1)在示范诉讼程序由州高等法院于诉讼登记册公示之后,初审法院受命将所有已经提交法院受理或直至示范决定发出仍有待审理之诉讼程序中止,其决策受制于在示范诉讼程序中将作出之判决确证或于示范诉讼程序中将予以解释之法律问题。它与在一个诉讼程序中是否有示范诉讼申请被提出无关。当事方看法将获聆听,除非他们已将此权利放弃。中止决议不得撤销。

(2)初审法院必须毫不迟延地向开启示范诉讼程序之州高等法院告知中止事项,并附以请求权额度之说明,只要它系示范诉讼程序之对象。

第 8 条　示范诉讼程序之参加者

(1)示范诉讼程序参加者是:

1. 示范诉讼原告方,

2. 示范诉讼被告方,

3. 参加方。

(2)州高等法院以公平之方法通过决议形式由处于法院之原告中决定示范诉讼之原告方,其可获得示范诉讼决定书。须注意之处为:

1. 请求权之额度,只要它属于示范诉讼申请之对象,和

2. 原告们对示范诉讼原告方之谅解支持。

决议之撤销不成立。

(3)其他被中止之诉讼程序之原告与被告将加入示范诉讼程序。中止裁定具有使加入示范诉讼程序之效力。初审法院可伴随中止裁定告知诉讼参加方以下相关信息,

1. 参与示范诉讼程序之成本属于法律诉讼程序成本,和

2. 此情况根据本法第 17 条第 4 句将不再有效,当从中止裁定递交后两周以内此起诉于主案件上被撤回。

第 9 条　一般诉讼程序规则

(1)在第一审法律诉讼程序中于州法院适用之德国民事诉讼法规则可适用于示范诉讼程序,只要没有已获确定之例外情况。德国民事诉讼法第 278 条,第 348

至350条,第379条不适用。在决议中诉讼参加方不必被标示。

(2)对诉讼参加方之预约邀请之递交可通过公开之告示替代。公开之告示于在诉讼登记册上登记后生效。在公开告示与预约日期之间必须至少间隔四个星期。

(3)联邦政府与州政府可在其管辖领域中通过行政法规确定时间点,从此时间点开始,在示范诉讼程序中电子卷宗以及为此目的而生效之关于电子卷宗构成,运作与保管义务性技术框架条件将获推行。州政府可通过行政法规形式将这一授权权力转交于州司法行政机构。

(4)联邦政府与州政府可在其管辖领域中通过行政法规确定,在示范诉讼程序中书面声明可以电子档案形式被递交至法院,接收证明可以电子档案形式被回寄,参与当事人必须对电子档案经由法院向其寄送之可能性负责。行政法规可规范档案处理之所适合形式。州政府可通过行政法规形式将这一授权权力转交于州司法行政机构。

第10条　预约之准备

出于预约准备之目的,审判委员会主席或一个由其确定之审判委员会成员可委托诉讼参加人增补示范诉讼原告方或示范诉讼被告方之书面声明,尤其需要为已确定有解释必要性法律争议之解答设置一个期限。诉讼参加人予以准备之书面声明之增补将通告示范诉讼原告方与示范诉讼被告方。诉讼参加人之书面声明将不通告其他诉讼参加人。只有在诉讼参加人向审判委员会书面申请之后,示范诉讼原告方与示范诉讼被告方之书面声明可通告诉讼参加人。

第11条　撤回之效力

(1)一个示范诉讼申请之撤回对示范诉讼原告方或示范诉讼被告方不产生影响。

(2)示范诉讼原告可在示范诉讼程序进行中于主案件上撤回其起诉,由此法院可确定一个新的示范诉讼原告。这同样适用于关于示范诉讼原告财产之破产诉讼程序已开启情况,以及示范诉讼原告死亡,丧失诉讼能力,法定代表人之缺位,遗产管理机构之指令或遗产继承人加入此类情况,只要示范诉讼原告之全权委托人申请示范诉讼程序之中止。诉讼参与方起诉之撤回对示范诉讼程序之继续进行不产生影响。

第 12 条　诉讼参加方之法律地位

诉讼参加方必须确认,示范诉讼程序在其加入诉讼期间存在;他获授权,可使诉讼攻防手段生效,可有效履行所有诉讼行为,只要他的陈述与行为没有与主要当事方(示范诉讼原告或示范诉讼被告)陈述与行为产生冲突。

第 13 条　示范诉讼程序对象之扩展

(1)在示范诉讼程序确证目的之框架范围内,示范诉讼原告,示范诉讼被告和诉讼参加方直至示范诉讼程序结束之前可要求其他争议焦点之确证,前提是法律争议之决定取决于此,并且初审法院认为这具有相关性。

(2)由初审法院做出之呈送决议之扩展是不可撤销的,并且对州高等法院具有约束力。

(3)州高等法院将扩展后之呈送决议在诉讼登记册公示。本法第 6 条第 2 句适用。

第 14 条　示范诉讼决定书

(1)州高等法院基于口头协商以决议形式发出示范诉讼决定书。示范诉讼决定书题头区域不必标记诉讼参加方。示范诉讼决定书需向示范诉讼原告与示范诉讼被告寄送。示范诉讼决定书在形式不限之情况下被通知诉讼参加人。包括对示范诉讼原告与示范诉讼被告寄送行为在内之此类通知可由公开告示替代。

(2)中止法律程序之初审法院对于在示范诉讼程序中累积成本之决定具有优先权。

(3)德国民事诉讼法第 91a 条和第 306 条不适用于示范诉讼程序。示范诉讼程序具有相对性之终结被排除在外,只要并非全体参加者(第 8 条第 1 款)赞同。

第 15 条　上诉

(1)上诉可针对示范诉讼决定书产生。此事项在德国民事诉讼法第 574 条第 2 款第 1 项含义基础上始终具有原则性意义。上诉不能基于如下事由,即初审法院根据本法第 4 条第 1 款错误地收回示范诉讼决定书。上诉权利人为全体参加者(第 8 条第 1 款)。

(2)上诉法院通知示范诉讼程序参加方关于上诉提起之情况,只要上诉是在其所获允许限度内并以法定形式在法定期限内提出。他们可在通知发出后一个月之强制期限内加入上诉法律程序。通知之发出可由公开告示替代;本法第 9 条第 2 款第2句适用。加入书面申明应在一个月期限内被建构。此期限开始自依据第1句关于上诉提起通知之发出;德国民事诉讼法第551条第2款第5句与第6句适用。若诉讼参加人拒绝加入或者他没有在第2句所述之期限内宣布,则对其不予考虑,在上诉法院之示范诉讼程序将继续进行。关于加入上诉程序诉讼参加人之法律地位,本法第12条适用之。

(3)若示范诉讼原告针对示范诉讼决定书提出上诉,则其作为上诉审程序中之示范上诉引领人继续推进示范诉讼程序。若示范诉讼原告撤回其上诉,则上诉法院依据本法第11条第2款第1项以及本法第8条第2款从加入上诉审程序之诉讼参加人群体中确定一个新的示范上诉引领人,除非这些诉讼参加人同样放弃上诉继续推进之请求。

(4)若并非示范诉讼原告,而是一个或若干个诉讼参加人针对示范诉讼决定书提出上诉,则第一个提出此法律救济手段之诉讼参加人被上诉法院确定为示范诉讼引领人。第2款第1句在考虑示范诉讼原告与被告情况下适用。

(5)若示范诉讼被告针对示范诉讼决定书提出上诉,则示范上诉相对人为由州高等法院确定之示范诉讼原告。德国民事诉讼法第574条第4款第1句对诉讼参加人适用。

第三章　示范诉讼决定书之效力;费用;过渡规则

第16条　示范诉讼决定书之效力

(1)示范诉讼决定书对初审法院具有约束力,后者之决定取决于在示范诉讼程序中所做出之确证或在示范诉讼程序中将被解释之法律问题。在关于示范诉讼程序争议对象作出决定之框架内,决议具有法定效力。在无损于第2款前提下,示范诉讼决定书支持与反对示范诉讼程序全体诉讼参加人并不取决于诉讼参加人自身是否已明确有效提出了所有争议焦点。这同样适用于诉讼参加人已于主案件上将其起诉撤回之情形。随着具有法律效力之示范诉讼决定书通过示范诉讼程序一个参加者递交,此程序于主案件上将再次被开启。

(2)在示范诉讼程序达致具有法律效力终结之后,诉讼参加人于其法律争议中针对反对者而提出关于示范诉讼程序主要当事方错误推行示范诉讼程序之主张,仅在以下情况可获听取,即当他们由于加入期间示范诉讼程序之状态或由于主要当事方解释或行为而被阻止提出有效法律攻防救济手段,或者,对他们来说毫不知晓法律攻防救济手段,且由于主要当事方故意或具有重大过错的行为而未产生效力。

(3)示范诉讼决定书亦对没有参加上诉程序之诉讼参加人产生支持与反对效力。

第 17 条　初审程序中费用决定之对象

示范诉讼原告和与其同处一方之诉讼参加人在第一审示范诉讼程序中产生之费用作为各个初审程序第一审级费用之组成部分。示范诉讼被告和与其同处一方之诉讼参加人在第一审示范诉讼程序中产生之费用作为各个初审程序第一审级费用之份额。组成份额之确定依据由当下原告有效提出请求权额度和由示范诉讼原告及与其同处一方之示范诉讼参加人在初审程序中有效提出之请求权集合总额之比例关系,只要前一请求权是示范诉讼程序之对象,后一请求权集合是示范诉讼程序之对象即可。一项请求权在此将不予考虑,当依据本法第 7 条起诉从中止决议递交后两周以内被撤回。德国民事诉讼法第 96 条适用。

第 18 条　向州高等法院呈送条件之违反

初审法院之判决基本上不可由于以下理由导致无效,即州高等法院对示范诉讼决定书之发布不具管辖权或示范诉讼决定书呈送之前提条件尚未达成。

第 19 条　上诉程序中费用之决定

(1)由示范诉讼原告或一个与其同处一方之诉讼参加人提出之不产生效果之上诉费用必须根据参与程度由示范上诉引领人与参与示范上诉程序之诉讼参与人共同承担。

(2)上诉法院可在案件中自主决定,示范诉讼原告和所有与其同处一方之诉讼参加人依据其在第一审示范诉讼程序中参与程度必须承担一个由示范诉讼被告或与其同处一方诉讼参加人提出之富有成效之上诉费用。

(3)在部分胜诉与败诉之情况适用德国民事诉讼法第 92 条。

(4)若上诉法院撤销州高等法院之示范诉讼决定书,并将相关案件退回付诸新设之决定,则于同一时间州高等法院需伴随示范诉讼决定书之发出根据公平原则决定关于上诉程序费用之承担。在此应以示范诉讼程序之终结为基础。德国民事诉讼法第99条第1款适用。

(5)只要示范诉讼原告和与其同处一方之诉讼参加人被责成承担上诉法律程序之费用,那他们必须仅依据价值分别偿还由示范诉讼被告或与其同处一方诉讼参加人缴纳之法庭费用和示范诉讼被告或与其同处一方诉讼参加人支付之律师费用,其产生自他们在初审程序中有效提出并作为示范诉讼程序对象之请求权。

第20条 过渡规则

本法和依据推行投资人示范诉讼程序法第2至8条所更改之法律条款于2010年11月1日前之生效版本,对于在2010年11月1日前提出之示范诉讼申请之法律程序持续有效。

图书在版编目(CIP)数据

投服研究. 第4辑. 2018年 / 郭文英，徐明主编. -- 北京：法律出版社，2018
ISBN 978-7-5197-2639-3

Ⅰ. ①投… Ⅱ. ①郭… ②徐… Ⅲ. ①证券市场-投资者-法律保护-研究-中国 Ⅳ. ①D922.280.4

中国版本图书馆CIP数据核字(2018)第204535号

投服研究(第4辑·2018年)
TOUFU YANJIU(DI 4 JI·2018 NIAN)

郭文英 徐 明 主编

策划编辑 陈 妮
责任编辑 陈 妮
装帧设计 李 瞻

出版 法律出版社
总发行 中国法律图书有限公司
经销 新华书店
印刷 固安华明印业有限公司
责任校对 杨锦华
责任印制 吕亚莉

编辑统筹 财经法治出版分社
开本 787毫米×1092毫米 1/16
印张 13.25
字数 220千
版本 2018年9月第1版
印次 2018年9月第1次印刷

法律出版社/北京市丰台区莲花池西里7号(100073)
网址/www.lawpress.com.cn
投稿邮箱/info@lawpress.com.cn
举报维权邮箱/jbwq@lawpress.com.cn
销售热线/010-63939792
咨询电话/010-63939796

中国法律图书有限公司/北京市丰台区莲花池西里7号(100073)
全国各地中法图分、子公司销售电话：
统一销售客服/400-660-6393
第一法律书店/010-63939781/9782 西安分公司/029-85330678 重庆分公司/023-67453036
上海分公司/021-62071639/1636 深圳分公司/0755-83072995

书号：ISBN 978-7-5197-2639-3
定价：68.00元
(如有缺页或倒装，中国法律图书有限公司负责退换)